筑摩選書

三谷 博
Mitani Hiroshi

愛国・革命・民主

日本史から世界を考える

ふたたび梢に

愛国・革命・民主　目次

愛国・革命・民主

自由に生きるのは何よりも素晴らしいことだとは、いくら繰り返して語っても変わりない真理である。しかし、自由への修練ほど難しいこともない。専制はしばしば過去の苦難すべてを癒やす者として現れる。正義の後援者、抑圧された者の味方、そして秩序を確立する者として自らを表現する。国民は専制がもたらす一時の繁栄に眠気を誘われるが、目覚めたときには悲惨な境涯に陥っている。自由はこれと逆に嵐の中に生まれる。自由は社会の混乱の最中に自らを形作り、その恵みは長い時を経て初めて実感されるのである。

アレクシス・ド・トクヴィル『アメリカのデモクラシー』第二部第六章より

はじめに

日本の経験は今後の世界にとってどんな意味を持つだろうか。近代の日本は様々な経験をしたが、それはいまの日本人だけでなく、将来の日本人、さらに世界の人々にとっても、いまと未来を考えるために役立つはずである。学ぶべきこと、避けるべきことを教えてくれるはずである。これを、「愛国」、「革命」、「民主」という三つの政治課題に焦点をあてながら、考えてみたい。

出発点は江戸以来の日本の経験である。その中から、「普遍」を探ってみたい。日本の経験は「特殊」だと我々は考えがちである。近世の日本はつい最近までのミャンマーに匹敵するほどの孤立、そして二〇〇年以上にわたる長い平和を経験した。その残像がこうした日本の「特殊」性へのこだわりを生んでいるのかもしれない。

しかし、日本の経験には「普遍」に通ずる面もある。「特殊」を言いだしたら、地球上のすべての社会は、個々人すべてが異なる顔を持つように、それぞれ「特殊」である。しかしながら、我々の日常生活は、人が「個性」を超えた人として共通の性質を備えていることを頼りに成り立っている。社会同士の関係も変わりはない。そうした「普遍」性がいかなるものか、深く正確に知る方が、個別性にこだわるよりずっと大事なのではなかろうか。

一方、いまの日本人には、「普遍」があるなら、それは西洋人が考えることであって、我々は彼らのアイデアに従えばよい、それがいやなら日本の「特殊」性に閉じこもるまでだと考える癖がある。昔よく言われた、日本の大学は西洋の学問の輸入代理店だという揶揄《やゆ》は、いまも無効ではない。西洋知識人の永遠の弟子にとどまること、それが日本の大学のカリキュラムが暗黙のうちに教えていることである。

しかしながら、日本人でも身近な経験のなかから「普遍」を考えることはできる。この小著では、その実例を示してみたい。近代の西洋人は、自らの経験を「普遍」に照らし、かつ地球上の異世界と比較しながら、その洞察を表現し、鍛えていった。それと同じことは日本人でもできるはずである。しかも、日本史のなかには西洋世界には稀にしか見られない経験が混じっている。たとえば、はっきりとした原因が見えず、死者が少なく、にもかかわらず世襲貴族のほとんどがいなくなった大革命、明治維新はなぜ可能だったのだろうか。

このような問いに対し、日本や時代の「特殊」性をもって答えるのは賢明ではない。日本の経験を世界の眼から覆い隠すだけでなく、子孫たちからもその知的資源を奪い、試行錯誤のみに頼るよう導いてしまうからである。歴史はその時代を生きた人々だけのものではなく、子孫や世界の人々にも共有・参照されるべきものである。そのためには「普遍」性を備えた答えを求めねばならない。この本はまことに小さく、ここで十分な解答を導けるとは到底思われないが、こうした問題設定が日本人にも、日本史についても可能なことを示せるならば、幸いである。

「普遍」を求めるとき「比較」は不可欠となる。自らが自明としている慣習を一般化し、原則に高めることは不可能ではないが、それが他の時代や他の人々に有効か、また自分自身にとっても良いことか否かは不確かである。他者と比べながら自らを相対視するとき、初めて人は何が普遍的で、時間の試練に耐えうるかを悟りうる。そうした反省に当たり、近代の日本人は、欧米の経験を比較対象としてきた。欧米に近づきたい、我々は欧米に似ている、ここが違うのは残念だとか、逆に我々はあくまで欧米と異なる文化を持つのだとか、あるいは欧米と他の世界の架け橋となるのだとか、主張の内容は様々だが、常に西洋と比較して自らを位置づけるのが「近代」の習いだったのである。これは実は日本だけの習慣ではない。遠近を問わず、非西洋世界では共通の発想で、人々は隣国を無視しつつ、常に欧米を見つめ、気にかけていたのである。

しかし、いま、こうした思考習慣を続けるわけにはゆかない。ここ数十年、日本の近隣諸国との関係は極めて密接となった。東アジアの人々は、ビジネスでも観光でも互いに気楽に往来するのが日常的となった。日中韓をはじめ東アジアの住民は隣国を無視しては生きてゆけないようになったのである。とはいえ、我々の隣国についての知識は驚くほど乏しい。もともと東アジアの国々は漢字と儒教と仏教を共有しながら発展してきた社会であったが、「近代」という時代には、西洋によるグローバル化への対処に追われ、かつそれぞれがかなり異なる経験をしたために、隣国への関心が弱まり、理解への意欲も著しく低下した。いま東アジアに生じている問題のかなりの部分は、相互関係が深まる一方で認識がそれに追いつかないというギャップによるところが大きい。そのギャップを埋めるには、いま急速に存在感を増しつつある隣国をしっかりと見つめ、自らのアイデンティティをそれらとの対比の中で定位し直すことが必要不可欠となっている。この本が比較対象として主に中国・韓国を取り上げるのはそのためにほかならない。無論、筆者は日本史が専門だから、これらの社会に関する知識は乏しく、その言及には多々誤りがあるかもしれない。読者のご叱正・ご教示を切にお願いする次第である。

なお、日本の経験の中には、いまから見て誇るに足るべきものが稀でない。明治維新はその良い例であるが、残念ながらそう言い難い史実もある。以下ではそれらに言及する場合があるが、好んでそうするわけではない。他方、いまの日本は、人口の減少に見られるように、社会全体としての発展局面は過ぎてしまっている。それを耐え、なお誇りを維持しようとして、「日本は立派な国だ、美しい国だ」と繰り返し語ろうとする人がいる。その気持ちは同国人としてよく分かる。しかし、いま、そのように自らと日本全体とを同一視し続けるのは有効なのだろうか。国が沈もうとしているとき、一緒に沈んでよいものだろうか。国を浮上させるには、まず自分だけでも浮上する努力をせねばならないのではなかろうか。他の国々の人とも協力せねばならないのではないだろうか。「国と浮沈を共にする」のは解決にはならない。

この本で試みているのは、日本の「近代」自体をまるごと評価することではなく、その経験を素材として、世界に通ずる普遍的な教訓を引き出すことである。近代西洋や古代中国の知識人は、けっしてその社会の明るい面にのみ目を向けていたわけではない。その思想の深みは、むしろ自らが抱えこんでしまった悩みや難題に正面から立ち向かうことから生まれてきた。それと同じことがここでも言える。本書では正視に忍びない事実を指摘することもあるかもしれないが、それは我慢していただきたい。いま我々に必要なのは、過去の成功体験に寄りかかって自惚れの言葉を繰り返し、しばしの気休めを求めることでなく、思考を突き詰め、それを世界に向かって表現し、成果を世界と共有しつつ、共に考え行動するように誘うことである。そうした形を取る以外、日本の栄光は、これからは達成できないだろう。

本文は、二〇一一年一〇月から一一月、六回にわたり世田谷市民大学で行った連続講義の記録に加筆修正を施したものである。

第1講

愛国一

これから「愛国」、「革命」、「民主」という問題について、それぞれ二回ずつお話ししたいと思います。

この三つのテーマは、人類の「近代」が始まった頃、きわめて重要な課題として提出されたもので、いまもなお解決できたとは言えません。その後、経済、さらに人種間や男女間の平等など、新たな問題が追加されましたが、それでもなお未来永劫、人類がおろそかにできない問題であり続けるはずです。日本の経験を起点にこれらを考えたら、どんなことが言えるだろうか。それがこの講義の主題です。

それぞれがどういう意味を持っているのかは、その都度お話しすることにして、今日は早速、「愛国」という問題に入ってゆこうと思います。

1 【問題】なぜ「愛国」を論ずるのか

さて、「愛国」、あるいはナショナリズムという問題ですが、これがいまなぜ問題なのか。あるいは近代史を考える際になぜ重要なのかを考えてみましょう。

まず考えねばならないのは、皆さん、よくご存じのことと思いますが、現在の世界では、経済に牽引されて社会間の相互依存が急速に進んでおり、後戻りができない状態になっていることです。相手を痛めつければ、こちらもダメージを被《こうむ》らずには済まないという相互依存性が深まってきています。

このグローバル化については、世界各地で反対論があるにはあるのですが、もし本当にそれを貫こうとしたら、各国の経済は孤立します。貿易を徹底的に抑えると、極端な想定をすれば、江戸時代の日本に行きつく。いまの三分の一の人口と、ずっと低い生活水準を覚悟しなくてはならなくなります。そこまで極端にゆかなくても、国際社会と手を切って自分の雇用や生活が確保できるだろうか。そうした不安もまた、多くの人々は実感しているはずです。

たとえば、いまのEUの金融危機がそうです。ギリシアの財政危機はギリシア一国だけでは片付かず、ヨーロッパ全体の問題と切り離せなくなっている。国民国家を超えようとして創られたEUという組織が、ユーロという共通通貨を創った一方で財政の国家主権は維持してきたため、通貨の価値を維持することが難しくなっている。そういう現実があります。

また、ここ東アジアの場合には、もっと基本的なレヴェルで国家間の問題が生じています。貿易の相互依存が深まる一方で、中国、台湾、韓国、北朝鮮、日本などの国々がそれぞれの国家主権に固執し、ヨーロッパ以上に深刻な対立関係を引き起こしています。

相互依存が深まる中で対立を放置する。これが現状ですが、あえてすっきりした解決にこだわるなら、究極的には戦争に持ち込むことになります。東アジアでいま、そうしようとする政府はありません。すると、国家間の対立や紛争は、短期には解決がつかず、ずるずると引き延ばされることになる。しかし、対立は時に深刻な紛争になり、国民の間に強い敵対感情が生ずることもあります。たとえ戦争にはならなくても、そうした状態は、健全な住みやすい環境ではありません。したがって、問題が深刻化する前に、できれば関係が比較的安定しているときに、対立を和らげるための工夫を凝らす必要があります。この章で「愛国」の主張や制度、あるいはナショナリズムの性質を検討するのは、こうした問題に賢明に対処するためです。これは簡単には解決できない、なかなかに手強い問題なので、しっかりと考えておかねばなりません。

政治的死者の内外差を調べる

いま焦眉の問題として、さらには未来へ続く課題としてナショナリズムを考えねばならないと申しましたが、これは過去や歴史と深く関わっている問題です。その例として、あるいは考える手掛りとして、政治的死者の数という問題を取り上げましょう。人類はその長い歴史を通じて、政治的な理由で人を殺す、戦争や暴力革命に訴えるということをしてきました。そのようにして殺された人々の数が、一つの国家の内と外とでどの程度違っただろうか。まずこの問題について検討してみたい。

いま我々が主権国家と呼んでいる近代国家は、暴力を独占しています。そして、自国の利害のために他国と戦争をし、その人々を殺戮《さつりく》することは、かつては正当かつ合法的な行為だと考えられていました。いまは国際法上、戦争の正当性には厳しい制限がつけられていますが、現実にはいまでも暴力の行使はしばしばあって、その際に国家が責任を問われることは、他国民に対して と自国民に対してとを問わず、ほとんどありません。

一方、この政治的な殺人には、内戦やテロという問題もある。革命にはこれが伴いがちですが、その際、ある国民が同国人を殺した数はどれくらいに上ったのでしょうか。これまた、なおざりにはできない問題です。

では、近代の日本についてこの点を観察してみましょう。日本人は、近代にどの程度、人を政治的な理由で殺したのでしょうか、その際、殺された外国人はどれほどで、日本人はどれくらいだったのでしょうか。以下ではまず、その数を推定し、他国の例と比べてみようと思います。

多分、これまでこうした推計はほとんど行われてこなかったのではないかと思います。また、実のところ、こういう分析はけっして愉快なことではありません。しかし、大事な問題なので、あえて取り上げ、大まかな数字を紹介したいと思います。

まず、日本人です。日本人が日本人を殺した数は、少なくとも二万二〇〇〇人くらい。これを下回ることはありません。計算上の安全を見積もって多めに勘定すると三万人くらいかなという感じです。[1]

内訳はというと、まず明治維新では――ここではペリーが来た一八五三年から一八七七年の西南内乱までを指すことにしますが――その約二五年間で勘定すると、最低二万二〇〇〇という数字が出ます。

近代日本の政治的死者数
日本人：約3万（維新期3万人弱＋700人弱）
外国人：1000万人内外か?
うち帝国臣民化の過程で：6万1000人以上

それに対して西南内乱が終わってから現在まで、日本人はどのくらいの自国民を殺したのでしょうか。様々な事件での死者を足し合わせてみると、意外にも、とても少ない。七〇〇に届きません。[2] 六〇〇人以上だということははっきりしていますけれども、多分七〇〇人まではゆかない。これは驚くべき数字です。

ですから、明治維新とその後現在までの死者を足しても、およそ三万人に達するか否かという程度です。政治的死者をどう定義するかで勘定の範囲は変わりますが、ここでは戦時に戦線や後方で死んだり、軍法会議で死刑宣告された人の数などは勘定に入れていません。そうした限定つきで勘定するとこのくらいになります。

これに対し、たとえば、フランスがフランス革命の際にどの程度自国民を殺したかというと、六〇万人は下らない。[3] その当時のフランスの人口は維新当時の日本の人口の約八〇パーセント、フランスというのは日本に比べて小さな国です。にもかかわらず、同国人を殺した数は、少なく見積もっても日本より一桁は多かった。

西南内乱後の日本で政治的死者が七〇〇人未満だったという数字を人に紹介すると、たいてい「本当にそうですか?」と問い返されます。維新まで入れて三万人でもいいですが、それでも、かなり少ない。

では、次に、日本人が同じ時期にどのくらいの外国人、とくに中国をはじめとする隣国の民を殺したかを見てみましょう。これはしばしば政治問題になりますが、実際のところは信頼しうるデータがあまりにも少ないのです。しかし、これを考えるのは大事なことで、大まかな数字は推計が可能です。そこで、まず一番犠牲者が多かったと思われる日中戦争での中国側の数字を見ると、一九九八年に江沢民主席が早稲田大学で講演をした時、「軍民三千五百万人が死傷し」たと述べています。[4]この数字は戦死した人と怪我をした人の両方を含んでおり、どんなデータをどう計算したのかには、無論、触れられてはいません。

そこで、もっとはっきりした根拠が欲しいのですが、戦後の代表的な日本外交史研究者であった臼井勝美先生が書かれた本の改訂版に、集計表があります。[5]それによると、一九四七年に国民党がまとめた公式資料では、国民政府の兵士の死者が約一四六万人(行方不明を含む)、別の資料による共産党側の死者は約三一八万人、合計で約四六四万人になります。多分、中国側の犠牲者がこれを下回ることはないでしょう。というのは、軍隊というものは、戦闘力の維持が至上課題なので、兵員の確保に腐心しますし、戦死者が出たら遺族に補償せねばなりません。そこで戦死者の数は比較的ちゃんと数えていたはずだからです。

では、民間人の死者はどうかというと、これは数えるのが絶望的に難しい。同時に、この部分はかなり多かったはずで、無視するわけにもゆきません。昔のように人のいない平原が戦場に選ばれたわけではなく、住民が住んでいるところで戦争が行われたので、戦闘に巻き込まれたり、略奪がらみの暴行を受けたりした人は少なくなかったはずです。そこで、どうしたらよいか。一つの考え方は、他の戦争での兵士と非戦闘員の間の比率を援用することです。たとえば、第一次世界大戦では、死者の中で民間人が占めた割合は約五〇パーセント、後のベトナム戦争では約六〇パーセントだったといいます。無論、大まかな推計に過ぎませんが、いずれにせよこれらが夥《おびただ》しい民間人犠牲者を出した例に属することは間違いありません。これを日中戦争に適用してみると、民間人の割合が全体の五〇パーセントならば、その数は四六四万人、六〇パーセントだとすると軍人犠牲者の一・五倍で六九六万人という数字が出ます。すると、日中戦争での中国人犠牲者の総数は、九二八万人ないし一一六〇万人ということになります。

というわけで、日中戦争だけとっても、中国側の死者は最低でも四六四万人、おそらくは一千万人前後に至ったのではないかと思われるのです。

太平洋戦争でのアメリカ人や東南アジアの犠牲者、また日露戦争でのロシア人などを加えてゆくと、この数字はもう少し膨らむはずです。

このように、「近代」という時代に日本人は外国人をたくさん殺しました。しかし、注意していただきたいのですが、その同じ日本人が同国人を殺した数は約三万人に過ぎなかったのです。三桁も違うのです。近代における日本人の政治的殺人への態度は、相手が日本人であるか、非日本人であるかということによって、これほどまでに違っていた。面白くないことではありますが、大局的な事実であることは疑えません。

しかし、これは日本人だけのことなのでしょうか。日本人が本質的に強い民族的差別感を持ち、他国民に残酷だったと考えるのは、江戸時代の日本人が至って穏やかに暮らしていたことを考えると、無理があります。中国人やオランダ人が住んでいた長崎でしばしば民族紛争が起きたとは聞いたことがありません。むしろ、このような「他者」への差別感や酷薄さは、「近代」に生まれたナショナリズムに共通する、普遍的なものだったのではないでしょうか。先に見た事実は確かに我々に日本の近代史への反省を促さざるをえません。しかし、真に反省するなら、再発を防ぐ必要があります。それにはこのような自他差別観がどこから来たのか、その性質をしっかりと把握する必要があるのではないでしょうか。

先に進む前に、もう一つ、説明を加えておきます。ここで外国人に分類している中には、日本が台湾や朝鮮などを領有し、その住民を臣民にする過程で生じた死者が含まれています。植民地化が完成したあとには日本人と勘定されますが、それ以前のことです。領有のきっかけとなったのは中国やロシアとの戦争でしたが、実際の植民地化にあたっては現地住民との間に征服戦争が行われました。その過程とその後の抵抗運動で生じた犠牲者の数を足すと、どのくらいになるでしょうか[6]。

台湾の征服戦争。これは随分長く続きましたけれども、少なくとも三万三〇〇〇人以上は殺しています。朝鮮を植民地化した過程を見ると、初期の二年間だけで一万七〇〇〇人近くに上ります。それから、朝鮮で一九一九年に起きた三一独立運動では少なくとも七五〇〇人の犠牲者が出ています。その他で犠牲者が多かったのは、関東大震災の時に起きた朝鮮人・中国人の虐殺事件で、少なく見積もって約三三〇〇人、多い方の推計だと七三〇〇人くらいです。それらを足してゆくと、最低でも六万人を超える数になります。これらは外国人から日本人への強制的移籍過程に生じた出来事ですが、それだけでもこれほどの犠牲者が出ているのです。

話を戻しますと、近代の日本人の、日本人に対する態度は非常に穏やかで、できるだけ殺すのを回避したと、間違いなく言える。では、どうして外国人に対してはそうでなかったのでしょうか。これは、日本人が日本人だからだとか、その本質がそうだとかいう話ではありません。江戸時代にはそんなことはなかった。外国との関係を最小限にとどめていたとはいえ、二〇〇年以上の長い期間、日本人が外国人との関係をできるだけ穏便に済ませようとしていたのは確かです。ですから、日本人固有の問題とみるべきではなく、別の原因を探さねばなりません。似たような現象は、実は同時代の欧米にも見られました。政治的殺人における国家内外の差別、それは「近代」という時代にはしばしば見られた現象で、近代世界を席巻したナショナリズムという現象が持つ普遍的な特徴だったのではないかと思われるのです。

たとえば、中国の場合ですと、私は専門家ではないので確信を持っては言えませんが、二〇世紀に入って文化大革命が終わるまで、中国人が中国人を殺した数はとてつもない数に上ったのではないかと想像します。これはタブーに属する話で、公式には誰も勘定した人がいないようですが、文化大革命を経験した中国人、私と同世代以上の人たちは、言わず語らずながら、はっきりと認識しているように見えます。

それが、鄧小平が「改革開放」を行った後は、ぴたっと止まる。この事実から、いまの中国にはナショナリズムが確実にあるということが可能です。ということは、その反面、中国人以外であれば、どれだけ手荒な扱いをしても構わない、戦争して痛めつけても良いと思いがちな人が、いまの中国にはたくさんいるということにもなります。

これが問題の出発点です。

2 【定義】ナショナリズムの基本モデルと副次モデル

このような観察から出発して、次にナショナリズムを定義してみましょう。その上で、こういう現象がなぜ起きるのか、ナショナリズムの由来をどうしたらうまく説明できるのかを考えてみたいと思います。

特徴の共有では説明できない

ナショナリズムや「国民」について語る時、我々はよく言語、たとえば日本語という言葉を共有していたり、宗教を共有している人々の集団を思い浮かべます。

おそらく皆さんは日本語を話さない日本人はいないはずと考えながら生きていらっしゃることでしょう。例外は稀にあるかもしれないが、日常的に想定する必要はない。しかし、宗教になると微妙です。日本人の多数派が共有している宗教は神道と仏教の複合体です。生まれた時には神社に連れて行かれ、死んだ時にはお坊さんの読経で一生を終わる。[7]この神道と仏教の複合体というものが、江戸時代の間に、庶民に至るまで普及しました。そのような人々は、おそらく現代の日本人の九〇パーセントを超えているでしょう。キリスト教徒は一パーセントほどいて、中には何も宗教は信じていないという人もいるはずですが、お宮参りと法事の両方をしている人の割合が九〇パーセントを下回ることはありえないのではないでしょうか。

このほか、身体的な特徴もあります。ぱっと見た感じで、黒い髪をしていて、正面から見た顔の幅が広くて、肌の色が日本語で言う肌色をしている。そういう人たちです。日本国籍を持っている人の中にはそういう特徴を持たない人もいますが、数はとても少ないはずです。

こういうわけで、日本人とは、日本語を話し、神道と仏教が複合した民間信仰に従っている人々であって、さらにいまここにいる全員が共有しているような顔かたちを持っている。そういう性質を全部備えているのが日本人だというふうに考えがちです。

しかし、これは世界では通用しません。言語は共有しているかもしれないけれど、宗教は多種多様で、身体的特徴もかなり違うという社会がたくさんあって、その極端な場合がアメリカ合衆国です。そこでは、基準ごとに見えてくる集団が違う。言語、宗教、身体的特徴という三つの基準が重なる部分、数学で言う積集合ですが、それが圧倒的な人口を持っている社会は、世界を探してもそう多くはありません。日本は例外です。おそらく三つの基準全部を掛け合わせても九〇パーセントを超えるのではないでしょうか。

この十数年、「日本人は単一民族である」と語る人がいると、それに対して学者たちが厳しい批判を浴びせかけるということがよく見られました。しかし、事実として見ると、この三つの基準をすべて掛け合わせても同じグループになる人が圧倒的多数を占めるというのがいまの日本人です。

問題はむしろ、この地球上に、同じ国民であっても異なる宗教を信じたり、別の言葉を話す人たちがいることを、我々日本人がなかなか想像できないという点にあります。日本人は、いわゆる民族紛争をどう解決するかを考えるとき、しばしば、同じ言語と宗教を持つ人たちが集まって、それぞれ別の国をつくれば、世界は平和になるはずだと思い込みがちです。

しかし、こうした考えが通用するのは日本だけだと言っていいでしょう。もちろん、同じ言語と宗教を持つ人々が支配的な国家では、宗教上や文化上のマイノリティはとても苦しむことになるわけですが、社会全体にとっては比較的に安定的な解だと言えるかもしれません。現在の日本で「民族」に起因する紛争が比較的に少ないのも、一つにはそのせいではないかと思います。

ところが、お隣の韓国は、実は身体的特徴も言語も日本と同じように、かなり均質な、世界的に珍しい社会です。しかし、宗教だけは日本と違っていて、キリスト教徒が約三〇パーセントいる。宗教的には異質な社会なのです[8]。

このことからも、いかに日本が例外的な社会であるかが分かります。世界を見渡すと、村とか町とかいった人口レヴェルであれば、住民のほとんどが同じ言語・宗教・容貌を持っているという場合がしばしば見受けられるのですが、一億を超える巨大人口を持つ社会でそうだとなると、これはきわめて珍しいのです。この事実はよく意識しておかねばなりません。

ですから、単一民族国家説は、国内においては、そのマイノリティを苦しめがちな言説であるだけでなく、世界を理解しようとする時にも問題を引き起こすのです。世界が日本のように均質な社会に区画されてしまえば平和が訪れるはずだという勝手な思い込みを日本人が持ってしまうという問題があるのです。

こうしてみると、「国民」、あるいはネイションとか民族というものを、なんらかの特性を共有している集団と考えるのは無理があるということになります。世界規模で考える場合には、とりわけそうです。

定義してみると

では、ナショナリズムをどう定義し、考えたらよいのでしょうか。私は先人の本を読んだ上で、自分なりの定義を下してみました。この定義は、二段階を踏んだ、ちょっと変わった形をとっています[9]。

「ある国家を基準にして、「我々」と「他人」とを差別する心の習慣」というのが基本的な定義です。しかしながら、こうした心の習慣は、古代の国家にもありました。世界のどんな地域であっても、いつの時代でも、その政府を構成する人たち、つまり支配集団は、大昔から「我々」と「他人」とを、「我が国」を基準として差別してきました。

もっと小さい集団でも、これはありふれた現象です。家族でも会社でも、共同体と呼べるような組織は、「我々」と「他人」とを峻別する習慣を持ってきました。ここで言う「他人」とは、この語の日常的な用法通り、「関係ない」人、その運命を気にかける必要がない人々、共同体の外にいる人々のことです。

しかし、近代になると、それまではもっぱら国家エリートに限られていた心の習慣が、普通の庶民にまで浸透してしまう。あるいは、浸透させようという運動があり、実際にも浸透してゆく。そして、一旦このような差別習慣が定着すると、解消できなくなるという現象が世界中で発生しています。この「国単位の自他差別意識が庶民にまで浸透すること」というのが、私の定義の第二段です。

第二段がなぜ必要か、説明しましょう。二一世紀の初め、東アジアの近代史について、日本と近隣の諸国とでかなりの論争が行なわれました。いわゆる歴史認識論争です。しかし、いま、日本と近隣諸国との間だけでなく、中国と韓国の間にも、高句麗はどちらの国のものか、歴史の所有をめぐって対立が起きています。

韓国のテレビドラマを観ていると、ときどきびっくりすることがあります。ご存じのように、古代の東北アジアに高句麗という国がありました。好太王という有名な王様を主人公にした『大王四神記』というドラマが作られ、あのペ・ヨンジュンが演じましたが、そこでは、高句麗がしばしば、中国の山東半島にある「西百済」に兵を送るというシーンが出て来るのです。

いまの韓国では、中国の遼東半島、山東半島は、本来は自分たちの領土だったと信じたがる人が増えていると聞きます。テレビのような大衆メディアによって、「我々」と「他人」とを国単位で差別するという心の習慣が、遠い古代にまで遡《さかのぼ》り、地理的範囲を拡大して適用され、普及しているのです。庶民の中に領土の絶対視という発想が浸透した上で、さらに、それを古代に遡らせて適用することまで、至極当たり前に行われているのです。同様のことは中国側でも行われていて、それが国家のみならず、国民レヴェルでの紛争を生み出し、拡大・固着させています。

アンダーソンとスミスの内部生成モデル

では、どうしてこんなことが起きたのでしょうか。それをこれから考えるのですが、まず学者が最近どう考えてきたかということを、簡単に説明します。ナショナリズムについては、この数十年にいろんな議論が行われてきました。その中でとくに話題になったのは、ナショナリズムは近代に固有な現象なのか、それとも前近代から続いてきたものなのかという論争です。

近代固有の現象だというのは、ベネディクト・アンダーソンというアメリカの人類学者の説です。彼の『想像の共同体』という本は、この二、三〇年の間、世界中の学界でよく読まれ、大きな影響を与えました[10]。

それに対して、ナショナリズムは近代固有の現象ではなくて、前近代から存在したものだという説もあります。その代表的な論客がイギリスのアントニー・スミスという方です[11]。

この論争はいまは下火になっていますが、これを通じて、世界の学界では、ナショナリズムについてかなり共通した理解が定着してきました。それぞれの国のナショナリストの言い分では、民族、あるいは国民というものは、太古からずっと、自然にそこにあったものだと語られます[12]。しかし、実際は違う。歴史をよく観察してみると、それらは、長い時間をかけて、あるいはある時代にほぼ瞬間的に、構築されたものだということが分かるのです。しかも、ある「国民」が生成した時の「我々」と「他人」を分ける基準は、ある場合は言語であったり、別の場合は宗教であったり、まちまちで、世界に普遍的な基準というものは見いだせません。

とにかく、この論争の結果ナショナリズムは、近代という時代に、それぞれの場所に昔からあった要素を、その時と場の都合に即して組み合わせながら創られてきたのだという理解が、多くの学者たちに共有されるようになりました。

しかしながら、この論争のなかで見過ごされてきた問題があります。それは、アンダーソンにしても、スミスにしても、それぞれの社会の内部に目を向けている。社会の内部から「国民」としての統一性や均一性が生まれてきたというのです。しかし、現実の歴史では、それ以上に、その社会と他の社会の相互作用が重要です。その極端な場合が戦争です。戦時に愛国主義、ナショナリズムが最も高揚するという現象は、誰でも常識として知っています。新しい知識ではありません。しかし、なぜそうなるのかという点は意外に理論化されていないのです。あまりにも自明の現象なので説明する必要はないと思われている節もあるのですが、社会同士の相互作用が重要なのは、戦争に限りません。次回に詳しく説明しますが、外部との相互作用の役割は戦争以外の平時においても大事なのです。そうすると、理論化を避けて通れないことになります。

基本モデル――福島真人の境界生成モデル

さて、このナショナリズムという現象、ある国家を単位とした自他峻別の習慣ですが、その誕生はどう捉えればより深く理解できるのでしょうか。いろんなアプローチが可能ですが、その基本的な筋道について、私の同僚である人類学者の福島真人さんが、とても示唆的な論文を書いているので、まずその概要を紹介します[13]。

ナショナリズムというのは、「我々」という意識の一つです。「我々日本人」というように、日本という国家を単位にして「我々」を語る。こうした自己感覚、これを英語では一般的に「アイデンティティ」と言います。自分は自分である、他者・他人とは違うという意識をこう呼ぶのですが、日本語では自己同一性と訳されることがあります。では、このアイデンティティはどうやってできるのか。ナショナリズムに限らず、まずアイデンティティ一般について、議論してみましょう。

アイデンティティを考えるときに大事なのは、「違う」というところです。私と他人とは違う。この自他を差別する境界がどのようにして発生し、固定され、反復・意識されるようになるのか。そのメカニズムを福島さんは説明しています。

彼が言うには、我々のアイデンティティというものは、人と人の相互作用の中から生まれる。それは目の前に誰がいるかという文脈に依存しており、相手が変わるとその都度切り替わるのだそうです。

たとえば、いま、私はこうして皆さんの前でしゃべっています。この場合、講師と受講者という関係ですね。私は講師である。皆さんは受講者だと意識なさっていると思いますが、その中で、たとえば、女性を見た場合、私は時おり男性としての目線で見ることもあります。文脈の取り違えです。滅多にないと信じたいですが、それが目立つと顰蹙《ひんしゅく》を買ったり、場合によっては爆笑を誘うことも起きる。でも、同じ女性を見ていても、我が娘だったら、父と娘という文脈以外で見ることはありません。

という具合に、あまり意識しない、まったく無意識のうちに、目の前にいる人との関係に合わせて「私」の内容が切り替わっているのです。したがって、このアイデンティティというものは、元来は、我々がよく想定しがちなように、「私は私だ」という形で固定されているのではありません。むしろ、我々はたくさんの「私」を無意識のうちに切り替えながら暮らしているのです。

ところが、この瞬時に切り替わる流動的なアイデンティティが、その文脈を抜けだして、固定された、いわばモノとして我々を拘束しているかのように見えることがあります。

その典型例が、実は「国民」というアイデンティティなのです。たとえば、戦争が発生した時、我々は日本人だ、我々は中国人だという意識が生まれ、同時に、そうした自己規定が記憶の中にしまい込まれる。そして、一旦しまい込まれた記憶は、また別の紛争が起きた時に、瞬時に思い出される。

たとえば、二〇一〇年の尖閣列島で、中国の漁船が日本の巡視船に衝突するという事件が起きました。その時に、日本人は「日本の領海で何だ。中国人はけしからん」と言いましたが、中国人たちは、「日本人にまた痛めつけられた」と思い込んでいました。これは私自身、事件の一カ月くらい後に別の用件で上海に行った時に確かめたことです。日本の事情に詳しいはずの私の友人ですら、「また日本人が横暴な挙に出た」と見ていました。日中戦争の時に徹底的にやっつけられたが、今回もまた、小規模ではあるが、まったく同様に攻撃されたと捉えていたのです。

そういう具合に、ある事件をきっかけに集合的なアイデンティティが生まれ、それが記憶として定着すると、ちょっとした刺激があるだけで、すぐそれを思い出します。それが痛い記憶であれば、新しく起きた事件でも、同じ関係の再現と認識されがちで、それは当事者双方をがんじがらめに縛り、別の可能性を考える力を奪うことになりがちです。

もう一つ、具体例を出しましょう。ちょっと古い話ですが、一九八〇年代に日本とアメリカの間で、当時「貿易戦争」と呼ばれた経済紛争がありました。[14] いま中国とアメリカの間で起きていることを、日本はずっと前に経験しているのです。その時は、基本的にはアメリカが日本に対して抗議しました。日本は自動車をどんどん輸出する、そうするとアメリカの自動車産業が衰退する、基幹産業が衰退するのは我慢ならない。そういう具合に、アメリカ側は日本に抗議してきた。その一方、アメリカは反対に、日本に米や牛肉やオレンジなど様々な農産物を輸出したいのだが、日本は高い関税をかけて輸入を阻んでいる、けしからんとも主張しました。

日本側は、自動車に高い関税をかけないでくれ、自由貿易を貫きたいと求めましたが、アメリカ側は農業について自由貿易をやりたいと主張しました。

その当時、新聞やテレビのニュースを見ていて不思議に思ったのは、この問題がいつも日本対アメリカという国家利益、ナショナリズムの対立として報道されていたことです。

しかし、それぞれの社会の内部で見るとどうだったのでしょう。日本の場合ですと、自動車業界の味方をするのか、それとも農業の味方をするのか、産業間の利害対立でもあったのです。同じことはアメリカについても言えて、自動車産業を守るのか、農業を振興するのかという、やはり産業間対立があったのです。

ところが、当時の報道は、産業間対立ではなくて、ネイション間の対立として語っていた。産業間対立、つまり国内の経済利害の側面が、ナショナリズムによって覆い隠されていた。私は農民であるとか、自動車会社の社員だという自己規定より、日本人とアメリカ人というナショナリズムの文脈の方が、はるかに重要という扱いを受けたのです。

無論、ナショナリズムを金科玉条とし、徹底的に自己本位に振る舞うとすれば、日本の場合、自動車は自由貿易、農産物は保護貿易と使い分けをすればよい。自己利益を守るためならダブルスタンダードで構わないという立場もありえます。しかし、あの当時と比べると、いまは経済の越境が進み、経済の相互依存が進みすぎていて、それはできそうもありません。製造業の場合、世界的競争の中で会社が生き残るには、国内の雇用を犠牲にしてでも、中国や東南アジアに工場を移さざるをえないという状況が生まれています。市場の原理がナショナリズムをオーヴァー・ルールしているわけです。

しかし、それでもナショナリズムは強い。議論の場では優越しがちです。実際、働く場がなければ生活は成り立たないし、普通の人はやすやすと国境を越えて海外で働くわけにはゆきませんから、何としてでも国内に雇用を見つけなければいけない。そうした事情もあって、個々の企業の経営事情は棚に上げられ、表向きの議論ではナショナリズムが人々を強烈に縛ることになります。選挙に勝たねばならない政治家たちは、企業の生き残りより雇用や領土問題の方を優先的に語ることになる。また、いまは戦後と違って、左翼を自認する人たちもナショナリストになってグローバル資本主義を批判しています。いまの中国ではこのような傾向が一段と強いように見えます。

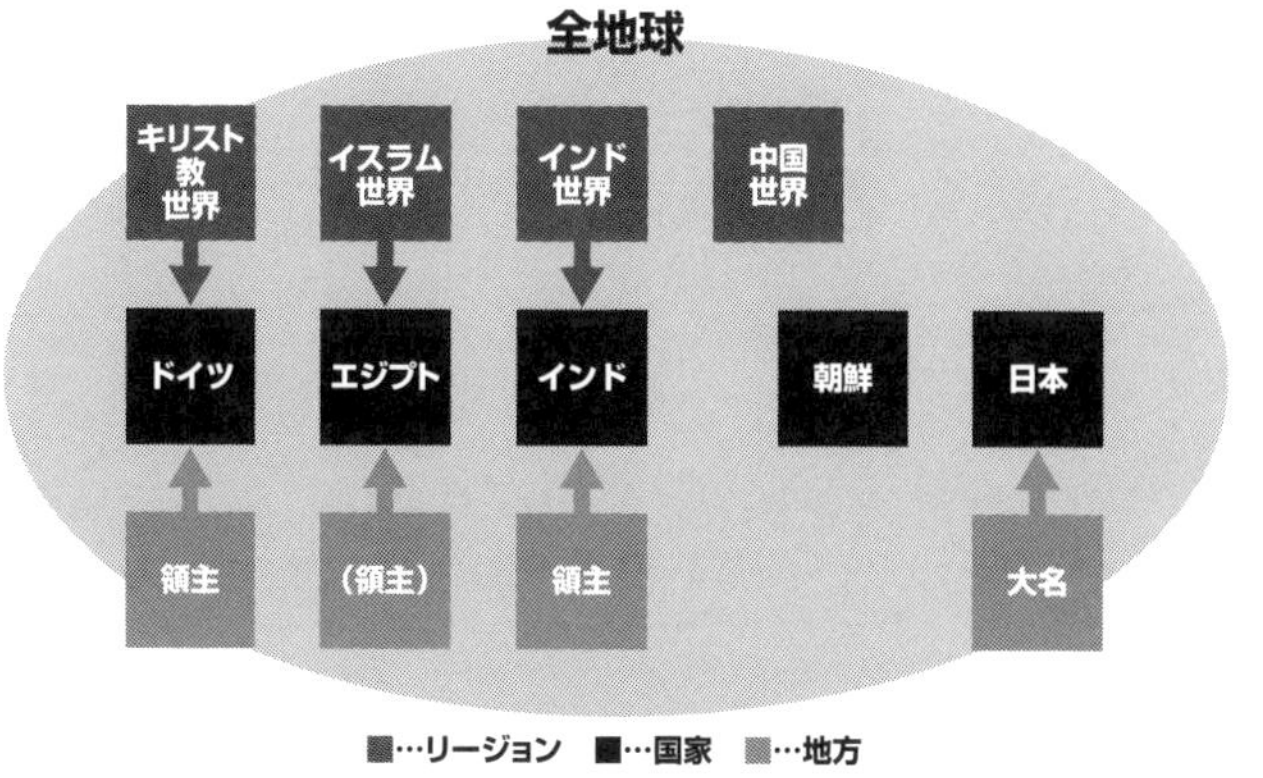

図1　副次的モデル　多層世界のなかの境界昇降

第二のモデル――多層世界のなかの境界昇降

もう一つ、ナショナリズムを理解するためのモデルを考えてみましょう。これは人類の生活空間をいくつかの階層に分けたものです（図1）。一番上には、地球全体という広い空間がある。逆に、一番下にはローカルな社会、たとえば東京なら東京という社会がある。その上のレヴェルに、いまの我々が言う国家、stateがあります。そして、その上に国家を超えたリージョン、例えばEUのような地域的なまとまりを考えることができる。[15]

このリージョナルな空間というのは、たとえば江戸時代の世界を輪切りにし、大まかに見ると、西からキリスト教世界、イスラム世界、インド世界、中国世界があり、中国世界の東端に朝鮮や日本があります。実は日本の位置はかなり曖昧で、本当に中国世界に含まれているのかどうかはよく分からない。

いわゆる近代の直前にこういう世界があったと想定するのですが、この枠の中で観察すると、近代の「国民国家」と言われるものは、それより大きな社会が分解することによって生まれてきたことが分かります。

たとえば、キリスト教世界ですと、ローマを中心とする緩やかなまとまりが宗教改革をきっかけに分解し、主権国家という、その領域内でオールマイティの権力を持つ組織が登場してくる。その中央部には神聖ローマ帝国という広域秩序がありましたが、後にそれがオーストリアとドイツ、その他の国々に分かれます。一九世紀には他の世界でも、たとえばオスマン帝国という大きな国が分解して、エジプトやギリシアなどが独立してゆきました。政治的なまとまりを区切る主な境界が上から下へ動いたのです。

これに対して、下から上へという動きもあった。たとえば、ドイツの場合では、いくつもあった小さな領邦国家がナポレオンの征服や普仏戦争の後に統一され、オーストリアを例外として、ドイツ語を話すドイツ人たちの国家が生まれました。

この場合は、境界が下から上に上がったわけです。一六世紀にキリスト教世界が分裂し、上にあった境界が下に降りてゆき、次いで一九世紀には下にあった境界も上方に移動した。上下、両方の動きがヨーロッパでは見られました。

日本に眼を移しますと、江戸時代の日本は二百数十の国家が連合した連邦国家でしたが、明治維新では、大名の国家の間にあった仕切りが取り払われ、日本という単位だけが境界を持つ国に変わりました。この場合は同時代のヨーロッパと同じように境界が上昇したのです。

　ところが、このモデルが使いにくい場所があります。それは中国や朝鮮です。中国では、我々が言う国家に当たるレヴェルの境界が、随分昔になくなった。[16]秦の始皇帝が郡県制を敷いて、周の時代までの国家連合を廃したのがその始めだということはよくご存じと思います。しかしその後でも、皇帝たちは領域の一部を親族や功績のあった将軍たちに与え、統治をまかせていました。連邦国家に近い形態だったわけです。しかし、宋朝の時代、一一、一二世紀頃からは、地方の軍事権力は一掃されました。都から地方に皇帝直属の役人や将軍たちが派遣され、短期間で交代する仕組みができました。そのため、地方には独立した軍事権力がなくなり、したがって叛乱が抑制されて、あの広大な帝国がかなり長い安定を享受することになります。城壁で囲まれた都市を中心に、狭い土地を緻密に統治していた国家がなくなり、それらの間にあった境界も消滅して、人々は広大な領域を自由に移動するようになったのです。

　この図でローカルなレヴェルに書き込んであるのは領主です。日本の大名に当たる地方の軍事権力で、それは民のすぐ近くにいて、何やかやと生活に干渉するのですが、それが中国の場合だけは、なぜか古い時代からなくなった。世界的に非常に珍しいタイプの統治組織ができたのです。

　ですから、この境界昇降モデルは、ヨーロッパと日本を説明するには都合がいいのですが、中国の場合は難しい。また、明朝を模範に国家をつくった朝鮮の場合もちょっと困ります。中国と同様に、早くに地方の軍事権力がなくなったからです。とはいえ、朝鮮にはもともと、日本やいまのヨーロッパ諸国に近いサイズの国家があったので、それが「国民国家」に変化したという事実にあまり違和感が生じないのですが、あの巨大な中国の場合、どうしたら説明できるのでしょうか。もとからあった帝国が分解せず、どうしてほぼそのままの大きさでいまのような「国民国家」ができたのでしょうか。このように、この副次モデルには当てはめるのが難しい地域があるのです。

しかしながら、それでもなお、このモデルを持ち出したのは、いま、ヨーロッパのように、もとのキリスト教世界というリージョナルなまとまりに戻りかけている地域があり、それによって、ドイツやフランスなど、個々の国々の権限が、より上に委譲されたり、下に委譲されたりしている事実があるからです。たとえば、いま問題を起こしているEUの通貨統合のように、上のレヴェルに権力を移している一方、イギリス、正式名は「連合王国」の場合は、スコットランドとかウェールズといった昔の政治単位、下のレヴェルにかなりの権限が委譲されつつあります。近代の初期とは逆行する動きが、二〇世紀の後半から起きているのです。

人によっては、このモデルを東アジアに適用し、東アジア共同体というものを実現すれば、中国と北朝鮮、韓国、日本といった国々の対立が緩和できるのではないかと考えているようです。私自身は、これは絶望的に無理だと思っております（笑）。サイズも政治体制のあり方も違いすぎる。

以上のように、世界はかなり多様で、同じモデルを均一に当てはめるのは難しい。さっきの基本モデルは全部に使えると思いますが、二番目のモデルのようにもっと具体的なものになると、どこでも同じようなモデルが使えるわけではない。そうは言っても、緩やかな地域共同体ができれば、個々の主権国家のわがまま、自己中心性を緩和する見込が少しは出てくるかもしれません。

3　ナショナリズム形成の三局面——東アジア三国

さて次に、東アジアでナショナリズムがどのようにして形成されたのか、具体的に考えてみましょう。日本とお隣の朝鮮、中国を比べてみると、実はどこも大体同じような順序で変化しています。最初にナショナリズムのイデオロギーが生まれる。その次に政治運動が生まれ、それからそのナショナリズムのイデオロギーが庶民、その末端まで浸透してゆく。そんなプロセスが見られます。ただ、日本の場合、この三つの局面がはっきり分かれているのですが、朝鮮・中国の場合は、イデオロギーと政治運動はほぼ同時に生まれています。[17]

日本

日本でイデオロギーが生まれたのはかなり早い時代で、次回詳しくお話ししますが、一八世紀の後半に、いわゆる国学、日本の中に古典を探しだし、そこに記された神話を研究する学問が生まれました。それは当時の二百数十の国からなる連邦国家が、実は日本という一つのまとまりとして昔から存在し続けてきたのだという認識を強調し、さらにその真の中心は江戸ではなく、京都にあるのだと主張しました。このような考えが、ゆっくりと浸透してゆき、一九世紀の半ばまでには、武士を含む多くの知識人たちがそう信じるようになっていました。このイデオロギーが、三国の中で日本でいち早くナショナリズムが形成された前提条件となります。

アメリカの使節ペリーが来た時、つまり外からほんの小さな刺激が加わった時、このイデオロギーは瞬時に爆発的な政治運動を生み出しました。有名な尊王攘夷運動がその代表です。他のタイプの政治運動、後の回で詳しく見る「公議」を目ざす運動もあったのですが、それもまた、一つ一つの大名の国家ではなくて、日本というまとまりを外敵西洋から守ろうと主張し、政治改革を提唱する点では、尊攘運動と同じでした。これらの政治運動が明治維新をもたらし、内部の仕切りを取り払い、絶えず均質化を図ろうとする近代の日本国家が誕生したのです。

しかし、このようなイデオロギーを信じていたのは、幕末から明治の初年にかけては、武士と庶民の上層からなる知識人エリートだけでした。庶民は基本的にはどこ吹く風と暮らしていたのです。

ところが、その後、庶民までが、このナショナリズムのイデオロギーに巻き込まれてゆきます。天皇を中心に作られた日本という政治的なまとまりを大事にし、いざとなったら自分の命を犠牲にしてでもこれを外敵から守ろうと考えるようになります。それがはっきりしたのは日清戦争の最中のことだったと思われるのですが、それは後で詳しく説明しましょう。

中国

ところで、こうした発想が隣国の朝鮮や中国でいつ頃生まれたかといいますと、まさにその日清戦争の頃です。ナショナリズムのイデオロギーが誕生し、同時に政治運動も生まれました。

その様子は中国が一番説明しやすい。日本と戦争して負けた。当時の青年知識人の中に、後に大活躍することになる康有為《こうゆうい》という人がいましたが、彼はこの戦争の最中に日本とあくまで戦えという上書を皇帝に差し出しています。いま中国は戦場で「一小島夷」、あの夷狄《いてき》どもの住むちっぽけな島国に負け続けているが、講和はけっしてしてはならない、あくまでも戦いを続け、屈服させるべきだと述べ、さらに中国自体もいままでの態度を改めて大改革に踏み切るべきだと主張し始めたのです[18]。

光緒帝《こうしょてい》はこれを容れ、一八九八年、日清戦争が終わってから三年後にいま戊戌《ぼじゅつ》の変法と呼ばれている改革を発動しました。いわゆる百日維新で終わるのですが、ともかく中国はいまのままではいけない、内部を変革せねばならないという主張が、初めて出てきた。

康有為の主張をもう少し紹介しましょう。彼によると、中国の人々は世界をいままで「一統垂《すい》裳《しょう》」というモデルで見ていた。天命を承《う》けた皇帝の裳裾《もすそ》、いわばスカートに周辺国の君主たちがぶら下がり、子が親に対するように従っている。世界は単極で、その「中国」と諸国が上下の君臣関係で結びついている秩序、これが世界だと考えていた。彼はしかし、いまの現実はそうではないと指摘します。むしろ世界では、様々な国々が対等な立場で競争している。戦争して互いを支配しようと企んでいる。列国競争の時代である。我々はそのように世界観を変えねばならない。そして、この世界的競争の中で中国が生き残るには、あえて政治の仕組みに大改革を加え、国内の政治的リソースを有効に動員できるようにせねばならないと言い出したのです。

日清戦争という事件をきっかけに、イデオロギーも出てくれば、それを実現しようとする政治運動も生まれた、というわけです。

しかしながら、この中国の愛国主義、つまり中国という政治組織をあらためて意識して、世界的競争の中で生き残らせようというイデオロギーが庶民にまで浸透したのはずっと後のことでした。その説明として、一九三〇年代に日本が大規模な侵略を始めたため、抗日戦争を発動せざるをえなくなり、その時初めて、本気で庶民をナショナリズムの中に引き入れ始めたのだという物語がよく語られます[19]。中国共産党は庶民たちを解放軍に組織する時、理由の一つに愛国を使った。また国民党の方では、知識人たちが農村に入ってゆき、中国を守れという寸劇を演じて、庶民に愛国主義を吹き込もうとした。庶民が日頃愛好していた演目と違ったので、初めはなかなか受け入れられなかったそうですが。

とにかく、国民党も共産党も庶民の動員をはかり、そうして日本に抵抗しているうちにアメリカが大日本帝国の本国を崩壊させた。その後、両者は激しい内戦を行ったが、一九四九年になって、共産党の下にようやく中国再統一ができたというわけです。

その長い時間の中で、特に抗日戦争という十数年にわたる大戦争の最中に、庶民もまた中国というまとまりが一番大事なアイデンティティだと認識し始めた。細部はともかく、この大筋は専門家の間でも承認されているようです。

朝鮮

朝鮮の場合も、少し違う面もありますが、似たようなことが言えます。やはり日清戦争の最中に、愛国を目ざす政治改革が始まった。建国以来の伝統であった中国への従属を止めて、西洋的意味での主権国家になろうとし、同時に大胆な政治と社会制度の改革を始めました[20]。

政治改革は国王高宗と民間の知識人の双方が企て、その内容は民主化への態度では異なっていたのですが、清朝からの独立という点は共有していました。高宗は一八九七年、戦争が終わった二年後に、かつて明の皇帝から授けられた「朝鮮」という国号を「大韓帝国」と改めました。一方、民間の知識人たちは「独立協会」という組織を創り、かつて中国から来た朝貢を促す使節、招撫使《しょうぶし》を迎えた門と館を取り壊し、「独立門」という門を造りました。今でも西大門外に少し場所を移した上でのこされています。そういう大胆な改革が行われています。

ところが、ご存じのように、大韓が成立し、一国で世界の主権国家と対等に渡り合おうというナショナリズムの運動が生まれた直後に、日本がこれを併合しました。誕生の直後にナショナリズムの生成は停止を余儀なくされたのです。併合のあと、各地で義兵が立ち上がって抵抗しましたが、次々に鎮圧され、一九一九年に起きた三一独立運動も多大な犠牲を払いながら失敗しました。上海に小さな亡命政府、大韓民国臨時政府を作るという状態に追い込まれてしまったのです。

しかしながら、日本によって植民地にされた後も、朝鮮や韓国というナショナリズムの枠組みはなくなったわけではありません。むしろ文化面では浸透してゆきます。

その典型がハングルという文字の普及です。[21]ハングルは一五世紀に国王世宗《せいそう》が制定した極めて合理的な文字体系ですが、王朝の間は漢文を常用していた両班《ヤンバン》知識人からは軽視され、女性や庶民だけが使うものと見なされていました。しかし、日本による植民地化が進行する中で、ハングルは補助的な文字から民族を代表する文字へと意味が変えられてゆきます。ハングルを改良して新聞や雑誌に用い、それを通じて民族の啓蒙と実力養成に当たろうという運動が始まり、ハングルは次第に浸透してゆきました。一面では総督府の動きを巧妙に利用しつつ、ハングルは民族の文字として民衆の間に浸透していったのです。

スタートのずれ

以上が東アジアでのナショナリズムの誕生の概略ですが、もう一度この過程を見直してみましょう。今の東アジアは、どの国も強烈な愛国心を持つ人々で構成されていますが、最初はそうではありませんでした。日本はナショナリズムをいち早く創り出しましたが、中国、朝鮮は出遅れ、そのために、後に日本による侵略や植民地化という苦境に陥ったわけです。

この歴史を顧みると、なぜナショナリズムの形成に当たって日本が先行し、中国、朝鮮が出遅れたのかという問題を考えざるをえなくなります。いまさら過ぎたことを論じても意味がないのではと思われるかも知れませんが、なぜという問いを立てると、より深い、現在と将来を通ずる洞察が可能になるのです。しかし、これがなかなか説明しにくい。

本当は不思議なのです。と言いますのは、日本はもともと分権的な国家でした。連邦国家であって、日本というまとまりを意識しにくい形の国家だった。それに対して中国、朝鮮は元来、内部に地方軍事権力を持たない集権的な国家でした。その集権国家でこれを単位とするナショナリズムがなかなか生まれず、かえって分権的な国家で先に誕生したという逆説がここにはあるのです。

原因をたどると、多分、中国、朝鮮の場合は、さきほどの康有為の主張から察すると、エリートたちの思い込みが問題だったと思われる。我々の国は、非常に古くから広大な空間に安定した秩序を与えてきた世界に稀な大国であり、しかもその秩序は道徳的な真理に裏付けられ、科挙という公正な制度で支えられている。世界唯一のまともな秩序であって、これを超える秩序はあるはずがなく、変えようなどとは狂気の沙汰である。そのような、後知恵で言えば自信過剰がついてまわっていた。

中国、そしてそれを模範にした朝鮮は、いくらかの盛衰はあっても、一八世紀までは大枠としてそういう自信を持ってよい国だったかも知れません。しかし、一九世紀には外部環境が変わった。西洋があらゆる面で抜きん出た文明を築き、しかも世界にそれを押しつけ始めたのです。外部の環境が大きく変わったのですが、中国と朝鮮はなかなかその変化に気がつかなかった。

日本と中国・朝鮮との間には、ナショナリズムが生成したタイミングにかなりの差がありました。政治運動の発生をとって見ると、幕末と日清戦争、約四〇年の差があった。どうしてこんな違いが生まれたのでしょうか。これを考えるには、まず出発点で各国が持っていた初期条件、ついで変化の過程自体を観察する必要があります。以下では、日本から見てゆきますが、それぞれの初期条件を比較した表をまず見ておきましょう。

4　分権体制からの出発——日本

初期条件

さて、この表を見ると、日本は中国・朝鮮と違って、もともと政治権力が分権的であった。しかも中心が江戸と京都に二つありました。また、日本のエリートには中国や朝鮮のような共有された正統的な教学はありませんでした。

東アジア諸国の初期条件

	中国・朝鮮	日本	日本2
権力・経済	集権	分権	全国市場
正統教学	朱子学	なし	官僚制

中国・朝鮮には、朱子学という、いわば国家公務員試験を受けるための共通科目がありまして、中国・朝鮮で官僚になるには、朱子学を勉強し、それに基づいた試験、つまり科挙を受けなくてはなりませんでした。これを通過しない限りは支配層になれない。そういう制度が綿々と続いていました。

それは先ほど指摘したような思考の固定化を産みました。それに対して、日本には正統教学がなかった。近世を支配した武士たちは、もともとは書物を軽蔑していた人々でした。我々が日本を統一し、さらに安定した秩序を創り出すことに成功したのは、武力、そしてそれを基礎とする優れた統治術のおかげであって、別に体系化された宗教や学問に頼る必要はない。それが一七世紀の武士たちがしばしば語ったことで、そうした考えは一九世紀にも一部はのこっていました。[22]

その無関心のおかげで、日本には儒学の中に朱子学以外の様々な学派が生まれ、さらに儒学以外の学問もできました。一八世紀に成立した国学や蘭学です。その頃には武士たちも漢学に親しむようになっていましたが、それは政治的栄達とは無関係だったので、何を学ぶかに制約はありませんでした。統治者の心得として儒学を学んだ後は、何を学んでもよかった。こうして学問に多様性が生まれ、それが後に、様々の知識を必要に応じて組み合わせ、使いこなすことを可能にしたのです。

一方、分権体制でありながら日本としての統一性も熟してゆきました。江戸時代は世界記録と言って良いほどの長い平和を経験しましたが、その中で、大名の領国を越えた日本全体としてのまとまりが、静かに、ゆっくりゆっくりと熟してゆきました。

その第一は市場です。個々の大名の領国の内部だけでなくて、日本全国を結ぶ市場が、最初は大名の領国と上方《かみがた》、つまり京・大坂、さらに江戸を結ぶネットワークとして成立し、後には、大名の領国同士も結びつける、もっと緻密な網の目の形でできてゆきました。[23] 一八世紀の後半から一九世紀の前半にかけては、同時代中国の長江中下流域、いまの上海のあたりと同じようなレヴェルの市場経済ができていた。少なくとも西日本は当時の世界で最も発達した経済地域の一つと見てよいのではないかと言われています。ただし、これは土地によってバラツキがありました。街道沿いや港の周辺は非常に発達しているのですが、ちょっと山奥に入るとそうでもない。そういうムラはあるのですが、大づかみに言えば、日本を単位とする広域市場が発達していたのだそうです。

第二に、個々の大名の領国について見ますと、その中で官僚制化が進んだ。武士たちが職業軍人から実質的な文官に変わり、かなり効率的な統治をするようになっていました。官僚統治の制度と実務経験を持つ人材とが生まれていて、これを日本大に拡大すれば、大名領国での緻密な統治を全国大に展開できる素地ができていたのです。

一八世紀の後半以降は、全国市場とか、使える官僚制ができていたという点で、中国の中での先進地帯と似たような条件が生まれていた。しかも武士官僚は民に直接向き合い、責任を持つ存在で、中国の官僚よりは緻密な統治を自ら経験していたのです。

ナショナリズムの形成にあたっては、国ごとに障害、あるいは克服すべき課題が違うのですが、日本での問題は分権体制がそれでした。個々の大名領国より日本というレヴェルの国家のほうがずっと大事だという認識が生まれない限り、ナショナリズムは生まれないのです。主要な境界を、大名の国家から日本レヴェルに押し上げなくてはなりません。

江戸時代では、遠くに旅行するには領国の境界をいくつも越える必要がありました。たとえば、ある大名領から他領に行くには、いまのパスポートにあたる通行許可書を持たなければいけません。武士は宮仕えの身なので、主人から許可をもらうのは当然でしたが、庶民も名主さんのところに行って証明書をもらわないと、関所を通れない。その必要が明治維新のおかげでなくなったのです。どうしてそうなったのでしょうか。

徳川公儀による国境形成

まず、日本レヴェルを担った政府の行動を見ましょう。一六世紀末にご存じの秀吉が、うまい方法を使って日本をごく短期間に統一しました。信長と違って大名を滅ぼさず、いま豊臣平和令と呼ばれている政策によって、大名の連邦を自分の周りにつくった。[24]彼は海賊禁止もやって、それまではぼやけていた日本と外部の境界もはっきりさせました。こうした枠組みを徳川家が引き継いだのですが、引き継いだ後、徳川家がやったことで、昔から指摘されながら、なかなか理解しにくい政策があります。

それは、キリシタンをなぜあそこまで排除したのかという問題です。関係する論文や本を読んでも、私は一度も納得できた試しがありません。キリシタンが個々の大名や徳川将軍家にとって、非常に危険な敵であったかというと、私はそうではなかったと思います。そんな力はない。[25]大名がキリシタンだったら困るという面があったそうですが、それは特定人物を国外に追放するだけで済む。どうしてキリシタンを根こそぎ排除したのか。

私は、いわゆるスケイプ・ゴウトをつくったのではないかと睨《にら》んでいます。日本という秩序と相容れない敵をわざと創り出す。その敵は外から来た者で内部に通謀する者がいる。彼らは内外呼応して、徳川家がやっと創り出した日本の平和と秩序を壊そうとしている。つまり、徳川家に守護された日本という、できたばかりの秩序をキリシタンが壊そうとしているというイメージを創り出した。実際、そういうイメージが江戸時代を通じて広まってゆくのですが、将軍家の老中たちは、将軍家光の神経質さに迎合し、あるいはつけ込んで、意図的にそう企んだのではないか。そう私は睨んでいます。それを直接に語った史料はのこっていないので、証明はできないのですけれど。

日本の内に入り込んでいる外部勢力の代理人、裏切り者というイメージを創り出して、それを外部に排除する。日本の国境の外に追い出す。そういう操作をやったのではないかと私は考えています。

そして、もう一つ大事なことが行われた。キリシタンだけでなく、それ以外の日本人一般の出入国も厳禁したのです。自分の意志で出て行くことはいけない。それでも出てゆく人は出てゆくでしょうが、出たら最後、絶対に再入国はさせない。再入国した場合、捕まえて必ず処刑する。

もちろん例外はあります。自発的に出たのではない人々です。たとえば、太平洋の沿海部の漁民は、よく嵐に遭って、吹き流されてしまう。中には運良く外国船に助けてもらったり、島に漂着したりして、連れ帰ってもらうことがあります。それを受け入れないのは、いくらなんでも良い政府とは言えない。ですから、近海で漂流した人の場合は、朝鮮や中国を経由して長崎に戻してもらい、受け入れる。また、太平洋の東に流された人は、たとえばオランダ船に乗せてもらって長崎に帰ってくる。これはちゃんと手続きが決まっていて、各国お互いに漂流民を交換していました。[26]

しかし、これは非自発的な国外流出だから許されることなので、自分の意志で出て行った人は、絶対に帰ることを許さない。そういう禁令を出し、人々の心にあらかじめ恐怖の念を植え付けておいて、出て行こうとする意思自体を挫いたのです。

この禁令は、不思議なことに、徳川将軍家の役人すら縛ってしまいました。江戸時代を通じ、徳川将軍家のために隠密が世界を巡り、世界の現況を調査したことはないのです。実は全くないわけではなくて、一九世紀の初期、間宮林蔵が北方に出かけ、カラフトから大陸に渡り、アムール川沿いにあった清朝の役所を訪ねて帰ってきたことがあります。彼は公儀末端の役人でした。明らかに国境を越えたのですが、これは非常に珍しいケースです。[27]

水戸の徳川斉昭の臣下で、尊王攘夷思想の原典と言われる『新論』（一八二五年）を書いた会沢正志斎《せいしさい》は、その中に、昔、徳川公儀が隠密を外国に送ったことがあると書き込んでいます。もう一度それをやらないと、世界の情勢が分からないではないかと言わんばかりの書き方です。[28] しかし、それはロシアと直接の紛争が生じた北方を例外として、行われなかった。徳川の官吏ですら、この出入国厳禁という制度、そして長年の慣習は縛ったのです。

無意識下の境界形成――文字と話し言葉

次に政府の政策以外の面を見ましょう。一八世紀になりますと、様々なメディアを通じて日本というアイデンティティの枠組みが、無意識のうちにじわじわと浸透してゆきます。そのメディアの一つは先ほど説明した全国市場です。

他にも注目すべきものがあって、その一つは印刷物、あるいは文字言語です。先に紹介したベネディクト・アンダーソンという人は、印刷業の重要性を強調しています。ドイツやラテンアメリカを取り上げて説明していますが、ドイツの例が分かりやすいので、まずこれから紹介します。

ドイツという国は、一九世紀後半、ちょうど日本の王政復古の直後にできましたが、そのような存在は一八世紀の初期には想像もできなかったようです。ドイツ語を話す人たちは、ヨーロッパ中部のあちこちに住んでいて、大小様々の国々に所属していたのです。

ところが、ルターが宗教改革を始め、その時、人々を神に直結させるために、ラテン語で書かれていた聖書をドイツ語に訳して出版した。この聖書のドイツ語訳が出発点になって今のドイツ語ができたと言われます。一八世紀には有名なグリム兄弟がドイツ語民話を収集し、辞書も作った。その結果、ドイツ語の書物を読み書きする文化集団が中部ヨーロッパのあちこちにできてゆきました。

一九世紀になると、ナポレオンによる大陸制覇の刺激を受けて、ドイツ文化運動は政治運動に変わります。曲折の末、一九世紀の後半になって、やっとドイツ語を話す人たちを主人公とする国家ができますが、政治的事情からオーストリアは外されました。やや不完全ではありますが、ドイツという国は、印刷物を通じてドイツ語を読み書きする人々とそうでない人々との間に生まれた境界を元として創られたのです。

ラテンアメリカの場合はどうでしょう。ここには昔ヨーロッパのスペインやポルトガルがつくった広大な世界帝国の一部がありました。一九世紀の前半に、北米に続いて中南米でも現地住民が独立を図りました。帝国が小さな国々に分解してゆくのですが、その時の分かれ目はどのようにできたかというと、アンダーソンによれば、印刷機がどこかの町にあって、そこで発行される新聞が読まれた地理的範囲が大事だったのだそうです。
本国からの独立の際、ポルトガル語とスペイン語という言語の差でブラジルとその他の地域とが分かれましたが、広大なスペイン語圏の中では、ジャーナル、定期刊行物が届く範囲で区切れ目ができたというのです。

では、江戸時代の日本ではどうだったのでしょう。日本で印刷業が成立したのは一七世紀のことでした。[29] 初期には仏教や儒教の経典が刷られましたが、これは政府が仏閣などへ奉納するために作ったので、数は百部くらい。ごくわずかでした。その後、かなりの部数の出版が始まりましたが、その中身は実用的な書物、たとえば暦や往来物と呼ばれる読み書きの教科書などでした。それから、あまり褒《ほ》めた話ではないかも知れませんが、遊女の評判記。どこそこの遊郭にはこんな遊女がいてこんな評判だと、これがかなり売れたそうです。もう少し後になりますと、実用書に農業技術の本が加わる一方、いろんな文芸作品が著されて、それが高級な娯楽として楽しまれるようになりました。西鶴の本などですね。

そういう形で、主に実用と娯楽のために、印刷業が成立しました。一七世紀の末には、出版目録自体が印刷されていますが、そこには七〇〇〇点以上が掲載されているそうです。

なお、近世日本での読み書きの実態を見るには、印刷物だけでなく、写本も勘定に入れねばなりません。人々は知り合いや貸本屋から本を借りたとき、しばしば写本を作りました。写すと勉強できるし、できたのを売ることもできる。印刷物に加えて、写本が膨大に作製され、それに見合う形で識字人口が増えてゆきました。

江戸時代の初めには、漢字仮名交じり文で書いた書物が出版され、写本も作られるようになって、それらが日本の津々浦々まで、お金持ちたちの間に普及した。読み書きができたのは最初は村役人や商人だけだったようですが、一九世紀の半ばまでには、庶民にもできる人が増えてゆきました。

ロナルド・ドーアさんという戦後を代表する優れた日本学者がいますが、かつて明治の初めの史料を調べて、男性は四三パーセント、女性は一五パーセントくらいの人が自分の名前くらいは書けたのではないかと推定しました。[30] ただし、その後、リチャード・ルビンジャーさんというアメリカの歴史家が徹底的に調査したところ、一概にそうは言えないのではないかということになった。[31] 何しろ、読み書き能力を調べるためのデータが全国むらなくあるわけがなく、何を基準に読み書き能力を判定するのかも難しいので、確たる平均値は出せないのです。しかし、各地を比較すると大まかな傾向は言え、三都や街道筋では寺子屋へ行く男の子が六〇パーセントを上回ることもあり、そういう所では男女差もほとんどなかった一方、山奥や辺地になると手習いにゆく男の子が一〇パーセントを切ったり、女の子はほとんど文字を習わないところもありました。商業や交通の盛んな土地とそうでない場所で大きな差があり、それは男女差の面でもっとも甚《はなは》だしかったようです。また、文字が読めるとは言っても、名前が書ける程度を越えて、様々の文書を読み書きする仕事をしたり、さらに読書を楽しむとなると、数はぐっと少なくなったようです。

大まかにまとめると、幕末までには、流通網の中やそのすぐ傍に暮らしていると、庶民でもある程度は読み書きできるようになっていた。漢文は無理としても、証文の読み書きぐらいはできる人が増えつつあった。これを地図上に落として考えると、日本列島の各地でほぼ同じ様式の漢字仮名交じり文が読み書きできる人々が存在するようになっていたことになる。それをさらに別の角度から見直すと、もし知識人エリートたちがプロパガンダをやったら、その意味がすぐ分かる人たちが増えていたということができます。先に見たように、ドイツという国民はドイツ語を読み書きする集団を基礎に生まれたのですが、日本でもこの側面はあって、中間層までのことではありますが、漢字仮名交じり文の識字能力の有無で日本人と非日本人の境界ができつつあったのではないかと考えられます。

しかし、国民の境界を作るのは文字だけではありません。話し言葉も同様の働きをすることがあります。

次の図2を見てください。これは守屋毅先生の『村芝居』という本から借用した地図です。[32] 一八世紀の後半から、日本の村々で村人が祭日に自ら歌舞伎や浄瑠璃《じょうるり》を演ずることが多くなり、その専用舞台を村の神社やお寺の境内に造ることが流行し始めました。

守屋先生と、その本の元になった調査によると、いま舞台遺構がのこっているのは、北の端が山形県の庄内、今も黒川能で有名なところです。この地図は、能舞台や歌舞伎の舞台、人形浄瑠璃の舞台が密に分布しているところを線で囲み、グレーで塗りつぶしてあります。そうした場所

地方名	都道府県名	歌舞伎舞台数
	北海道	
東北	青森	
	岩手	
	宮城	
	秋田	
	山形	4
	福島	20
関東	茨城	
	栃木	
	群馬	99
	埼玉	2
	千葉	4
	東京	21
	神奈川	92
中部	新潟	7
	富山	
	石川	
	福井	
	山梨	13
	長野	202
	岐阜	184
	静岡	41
	愛知	183
近畿	三重	27
	滋賀	
	京都	25
	大阪	
	兵庫	234
	奈良	
	和歌山	7
中国	鳥取	7
	島根	
	岡山	100
	広島	
	山口	13
四国	徳島	1
	香川	32
	愛媛	
	高知	61
九州	福岡	14
	佐賀	52
	長崎	
	熊本	29
	大分	37
	宮崎	1
	鹿児島	
合計		1512

※常設のものにかぎる

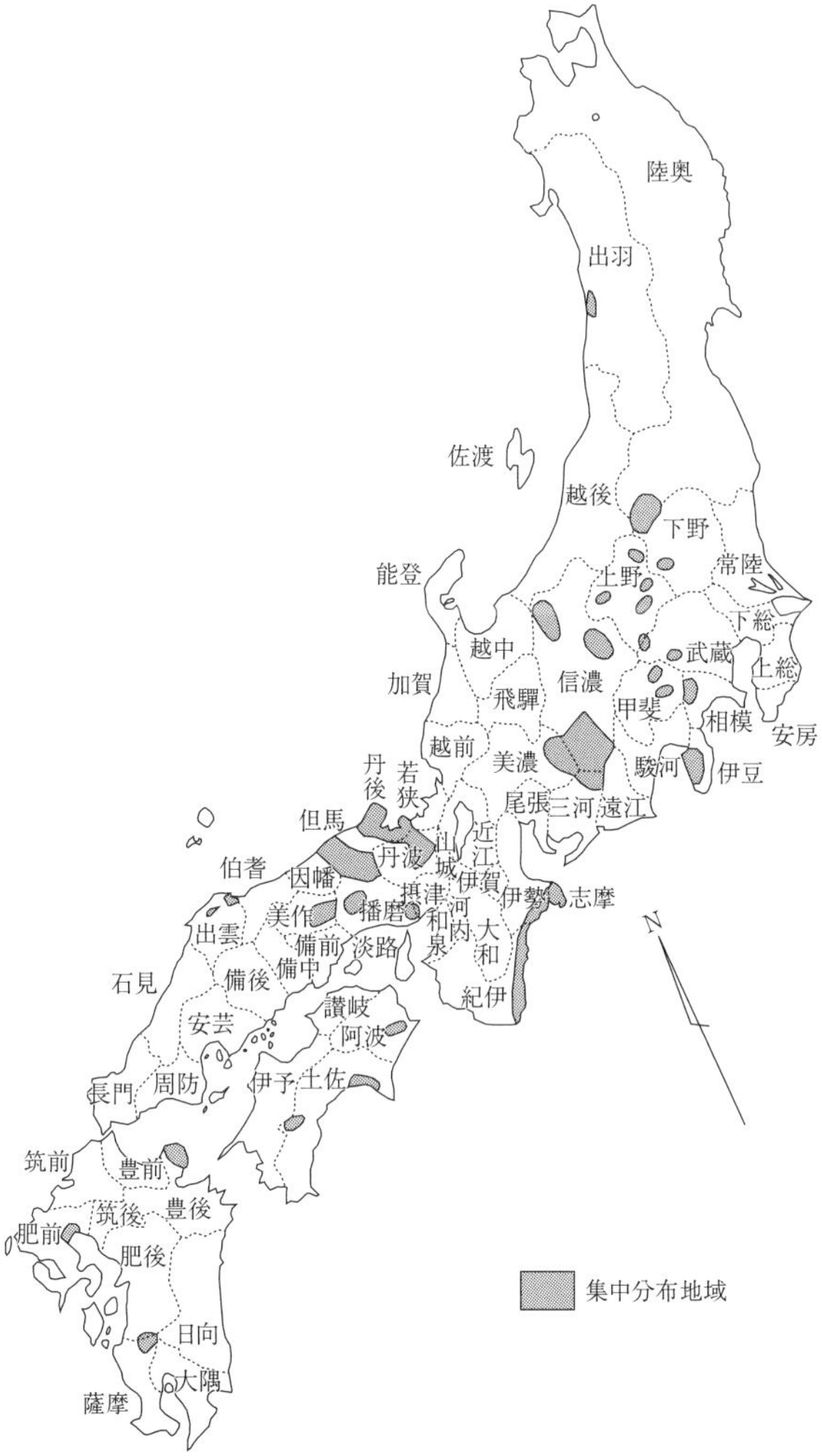

図2　農村歌舞伎舞台の分布（守屋毅『村芝居』より。表は角田一郎編『農村舞台の総合的研究』より）

が、庄内から飛んで福島県、そこから西に、関東、中部、関西、四国、九州とずっと来るんですけど、空白地帯もあります。たとえば、中国地方の西部にはありませんが、それは祭りの際にもっぱら神楽を演じていたところです。南九州も少ないようですが、その理由はよく分かりません。

ここに図示された地方では、村人が、神社や仏閣の祭礼の時に、神々をもてなすためにいろいろな芸能、催し物をやった。芝居などはもとは外から旅芸人を呼ぶのが普通だったそうですけれど、江戸時代後半になると、彼らは自分で演じたくなってきたのです。

村芝居をやると決まると、彼らは近くの町からお師匠さんを呼んできて、祭りの一カ月ぐらい前から毎晩練習する。衣裳も本番では本格的なものを借りてくる。村の若者組が日頃から少しずつ費用を貯めていて、それを払っている村人は、全員ほぼ平等に、交替で演じるのです。

そうすると、どんなに貧しい男性でも、一生のうち二度と着られないような豪華な着物が着られます。当時流行《はや》った演目は何でしょう。心中物、男女の恋愛ものが都会で流行っていたので、そちらに人気が集まっただろうと我々は思いがちですが、そうではなくて、村人たちは歴史ものが好きでした。それを何と呼んだか。「金ぴかもの」。要するに、金糸銀糸を織込んだ豪奢な着物を着て、自分がお殿様やお姫様になれる。それで歴史物が大人気だったようです。

さて、ここで大事なのは、演じる人たちは、舞台では日常使っている言葉とはまるで違う言葉を話さねばならない。セリフを覚えなければいけない。それは上方の言葉や江戸言葉です。その結果、彼らはバイリンガルになった。地元の言葉に加えて、日本の中心にある都の言葉をある程度理解できるように変わってゆく。上方と江戸の言葉はかなり違うので、三種類の言葉が理解できるようになったと言ってよいかもしれません。

では、観客たちはどうでしょう。我々がミュージカルやオペラを見たりする時と同じで、役者が何を話しているか、よくは聴き取れないが、少しは分かるという程度だったのかもしれません。しかし、演じた人たちは一応は分かるようになったはずです。

こうして、江戸時代の末期には日本のあちこちに都の言葉が理解できる人が増えていた。先のアンダーソンは、ナショナリズムの成立条件に二重言語生活があると指摘しましたが、私は文字だけでなく、口語でもそれが言え、その際には大衆芸能の果たす役割が大きかったのではないかと考えています。

さて、農村舞台の遺構は日本全国をむらなく覆っているわけではありませんが、大まかに言えば、庶民が歌舞伎や能、浄瑠璃を楽しんだ範囲が日本であり、またこれらの演芸が日本人と非日本人の境界を無意識のうちに作りだしたと言って良いと思います。本州の北端、津軽地方でも、人々は自ら舞台で演ずることはしなくても旅芸人の芝居は楽しんでいたそうですから、そう考えてよいでしょう。しかし、旅芝居すら見なかったところがあります。それは琉球です。

江戸時代の琉球では、琉球独自の演劇が行われていました。いま組踊りと呼ばれている舞踊が、政治的儀礼のために王宮で演じられ、士族の重要な教養とされていました。でも、歌舞伎は演じられた形跡がない。少なくとも舞台遺構はない。

そこで、江戸時代には琉球が日本とは別の秩序をつくっていた、芸能から見ると日本の範囲に琉球は入っていなかったということが、国家組織以外の面からでも指摘できるのです。ただし、この時代の琉球は行政言語では漢字仮名交じり文を使っていました。文字では日本に取り込まれたが、話し言葉や演芸では大きくかけ離れていた。近世の琉球は王国であると同時に二重朝貢体制の下にあったと言われますが、言葉の使い方や文化の面でもそのような二重性・三重性を見いだすことができます。

以上をまとめますと、この村芝居の分布は意識的に日本人という枠組みをつくったわけではありません。しかし、無意識のうちに遠隔地に住む人々が共通の文化要素を共有するようになり、特に話し言葉を理解できるようになった。日本という想像力を担う都の言葉を、あちこちに暮らす地方人、それも読み書きのできるお金持ちだけでなく、庶民までがある程度は分かるようになっていた可能性があるわけです。いざ必要となると、話を交わし、直ちに協同行動に入れるような基礎条件が生まれ、それが同時に日本の外部との境界をつくっていたということです。

なお、いま都の言葉と言いましたが、皆さん、江戸と上方の言葉はかなり違う、同じ都の言葉として語るのは変だとお思いになりませんでしたか。私も長い間疑問に感じていたのですが、最近私の同僚の野村剛史先生が書かれた『話し言葉の日本史』という本を見つけてそれが解消したので、ちょっと紹介をいたします[33]。

野村先生によると、江戸時代の上方と江戸のエリートが使っていた言葉は、かなり近い言葉だったのだそうです。我々、関西弁と東京の標準語とは随分違うと思っていますが、この両者は元来は同根でよく似ているのだそうです。東北地方の人たちや薩摩の人たちが日常で使ってきた言葉と江戸弁との差異や距離は、京と江戸の間の差異よりは大きかったのだそうです。

近世の初めに日本は政治的に再統一されましたが、それが背景にある。統一に向かう過程で武士たちが京に上りましたが、都の言葉が分からないと外交ができない。恥をかく。特に秀吉が統一国家をつくったときには、大坂や伏見に大名たちを集め、城内の屋敷に住まわせた。そこで、大名たちは共通に使える言葉を学ばざるをえなくなった。その基準となったのは当時の上方の丁寧語だったのだそうです。

その直後、家康が江戸に中心を移し、大名たちはまた引っ越しをさせられた。江戸に来た侍たちは、自分の屋敷ではお国言葉を話していましたが、外出したら上方起源の丁寧語を使わざるをえない。それは今の歌舞伎の言葉に近い言葉だったようです。野村先生のあげる証拠には学者たちの講義録があります。彼らは私塾を開き、教育で生計を立てましたが、その講義の記録が一七世紀から残っています。そこに記された言葉は江戸と上方でかなり似ているということです。

いまの話の元になった論文を書いた時、私は内心、地方の人たちが中央の言葉を覚えたとしても、京・大坂と江戸とではえらく違うではないかと考えて、何となく落ち着かなかったのですが、野村先生のおかげで解消しました。両者は、「日本」を表現する言葉であったがゆえに、近い親戚関係にあったのです。

政治運動と制度改革

これ以後の時代については、皆さんよくご存じのはずなので、要点を確認するだけにします。幕末の日本には、ナショナリズムが成立するためのいろいろな条件が熟しており、そこにペリーが来た。いわば過飽和溶液ができていたところに、外から小さな刺激が加わった。小さな種が放り込まれて、あっという間にナショナリズムが結晶してゆく。比喩的な言い方ですが、実際に起きたことに近いのではないかと思います。

次いで、尊王攘夷という言葉が、一八五八年、安政五年の政変以後、非常に流行って、これが幕府を倒すための言葉に変わります。詳しくは革命の回でお話ししますが、尊王攘夷という言葉とともに、日本の本当の中心は京都にあって、日本を救うには天皇を中心に結束せねばならないと、多くの人々が思い込みます。思い込んだだけでなく、京都を新しい国家聖地に造りかえる共同事業を始める。最初はいろいろ対立がありましたが、最後は王政復古という形で、ほとんどの人たちがここに雪崩《なだ》れ込んだ。

一緒に仕事をすると、結束力が強まる。我々は同じ日本人だという意識が強くなります。武士たちの間では、王政復古の後、廃藩置県の頃までには、日本人として結束しようという意識が共有され、その政治主張の大前提になります。

その中で、政府はこの日本人意識を武士以外にも拡げてゆこうとします。その最初の関門となったのは、国内にあった大名の国と国の垣根を取り除き、日本という単一の国家をつくることでした。

次いで、世襲的な身分もほとんどを廃止する。日本に生まれ育った住民は同じ日本人、平等な権利を持つ「国民」だと言えるように変えてゆく。この時、もとの大名と公家、足して約四〇〇家は華族として例外扱いとされましたが、しかし、江戸時代までと異なって、彼らも同じ刑法に服すことになります。維新でのもっとも大きな変革は、かつて支配身分の中核をなした武士を庶民と同列におき、旧来の被差別民もすべて原則上は同じ権利を持つ人々に変えたことでした。

こうして、日本は内部に地理的仕切りがない単一の政治組織になり、さらに同じ権利を持つ人々からなる均質な集団、つまり国民の住み家なのだという見方が生まれ、それが制度として強制すらされるようになりました。

これを実現したのは、小学校という教育強制の組織や徴兵などの制度ですが、これらの目標はすぐには実現しなかったものの、長い時間をかけて着実に、日本人、日本国民という枠組みを庶民の中に浸透・定着させてゆきました。

仕上げと言うべきものは、憲法を作って議会を開き、その議員の半分を民間から選挙によって選ぶようにしたことです。日本の基本政策を決める間接的な権限を庶民にも与える。最初はお金持ちだけが選挙・被選挙権を持ちましたが、教育の普及や戦争への動員を経て、次第にこれを下方に及ぼし、最後は普通選挙にまで持ってゆきました。男性に限ってという、いまから見ると大きな限界がありましたが、当時の社会観では、国民は政治的に平等な権利を得たと見なされたのです。

庶民の国家への巻き込みについては、最近、義務教育や徴兵制、立憲制などの装置に注目が集まり、研究されてきたのですが、ここでは、その種はすでに幕末にまかれ、そうした志向性ができていたために、そうした輸入装置が有効に機能しえたのだという点を強調しておきます。[34]

しかしながら、庶民はそうした上からの改革、上からの愛国心鼓吹、つまりナショナリズムの宣伝に、必ずしもすぐ靡《なび》いたわけではありません。

前近代の庶民が考えることは世界みな同じで、エリートというものは、自分たちから税金をふんだくって栄耀栄華《えようえいが》を極めるものである。一応は従わないとまずいことになるが、彼らは所詮《しょせん》、我々とは別ものなのだから、適当に付き合っておくことにしよう。こういう態度が常識だった。明治初期の庶民は新しい政府が何をやろうと、すぐには自分の生活を良くしてくれるとは信じない。適度に距離をとって見ておこうとした。地方の有力者も例外ではありません。たとえば山梨県の資産家たちは、もともと徳川の天領の住民でしたから、明治政府を疑ってかかっている。具体的に言えば、明治一〇年代の末に中央政府は各県に一個ずつ中学校を作りましたが、山梨の人たちはそれを拒否し、自分たちでお金を集めて私立の中学校を作りました。[35] 明治政府を信用しないのです。

ところが、その山梨県の人たちも、日清戦争の後には中央政府からお金をもらって中学校を作ることにしました。日清戦争の勝利は、明治政府を疑っていた人たちも、同じ日本人として政府に協力するように変えたのです。

具体的には、清国という世界の大国を相手に戦争し、負けるかもしれないと恐れていたら勝ってしまった。強敵に勝った事実が非常に強い動機になる。しかも、日本という国家への巻き込みは身体の動員を通じて行われました。徴兵された兵士だけではなく、銃後の村人も、兵士が帰ってくると戦勝凱旋《がいせん》式に動員される。各村、各町で凱旋式をはでにやりましたが、そのとき先頭に立ったのは小学校の子どもたちでした[36]。

という具合に、それまでは国家と疎遠に暮らしていた末端の人々が、戦勝に踊り狂う空間に巻き込まれ、閉じ込められる。上も下も皆がナショナリズムの熱狂にはまってゆきます。

皆さん、神社に行かれたらちょっと注意してみて下さい。大きな神社へ行くと、そこには日清戦争と日露戦争、場合によっては大東亜戦争の記念碑が建っていると思います。中でも日清戦争の記念碑は独特です。私の近所の神社ですと、戦死者だけでなく、生還した兵士の名も、どこそこ村の何某と、村単位で全部刻んであります。当時の村人が、最初の大規模な対外戦争にどれほど強い関心を持ち、記憶に留めようとしたか、それが分かると言えましょう。

今日の話をまとめます。日本には日本という国家の枠組みが古くからありましたが、一八世紀の間に、それが個々の大名領国よりも重要な秩序だという意識がじわじわと全国に浸透してゆきました。一九世紀の半ばに外からの圧力が加わると、瞬時にその枠組みを基礎とする政治運動が登場し、秩序の主要な境界を大名の領国の上にある日本というレヴェルに押し上げました。

その結果、新しい統一政府ができたのですが、それを作ったナショナリズムのイデオロギーが庶民にまで浸透するにはかなりの時間がかかった。それが一気に進むきっかけは日清戦争という対外戦争だった。ざっとこんな感じです。

1 三谷博『明治維新とナショナリズム——幕末の外交と政治変動』山川出版社、一九九七年、第八章。
2 主要な事件については、『国史大事典』吉川弘文館、その他から算出。
3 ルネ・セディヨ『フランス革命の代償』草思社、一九九一年。
4 早稲田大学の公式訳文による。http://www.waseda.jp/jp/news98/981128k.html（二〇一三年二月一五日閲覧）。
5 臼井勝美『新版 日中戦争』中公新書、二〇〇〇年、二〇八～二〇九頁。
6 柳沢遊、岡部牧夫編『帝国主義と植民地』東京堂出版、二〇〇一年、七二頁。鄭在貞『新しい韓国近現代史』桐書房、一九九三年、一〇四、一二二頁。松尾章一『関東大震災と戒厳令』吉川弘文館、二〇〇三年、五五頁。
7 尾藤正英『江戸時代とはなにか——日本史上の近世と近代』岩波現代文庫、二〇〇六年、第四章。
8 浅見雅一・安廷苑『韓国とキリスト教』中公新書、二〇一二年。
9 三谷博『明治維新を考える』岩波現代文庫、二〇一二年、第一章。
10 ベネディクト・アンダーソン『定本 想像の共同体』書籍工房早山、二〇〇七年。
11 アントニー・スミス『ネイションとエスニシティ——歴史社会学的考察』名古屋大学出版会、一九九九年。

12 E・ルナンほか『国民とは何か』インスクリプト、一九九七年。
13 福島真人「差異の工学」『東南アジア研究』京都大学東南アジア研究センター、三五(四)、一九九八年。
14 I・M・デスラー、佐藤英夫編『日米経済紛争の解明――鉄鋼・自動車・農産物・高度技術』日本経済新聞社、一九八二年。
15 ヒントとして、田中明彦『新しい中世――相互依存深まる世界システム』日経ビジネス人文庫、二〇〇三年。
16 小島毅『中国思想と宗教の奔流 宋朝』講談社、二〇〇五年。宮島博史ほか編『植民地近代の視座――朝鮮と日本』岩波書店、二〇〇四年。
17 三谷博『明治維新を考える』前掲、第一章。
18 坂野正高『近代中国政治外交史――ヴァスコ・ダ・ガマから五四運動まで』東京大学出版会、一九七三年。
19 古い文献だが、チャルマース・ジョンソン『中国革命の源流――中国農民の成長と共産政権』弘文堂新社、一九六七年。
10 趙景達編『近代日朝関係史』有志舎、二〇一二年、第九章。
21 三ツ井崇『朝鮮植民地支配と言語』明石書店、二〇一〇年。李榮薫『大韓民国の物語』文藝春秋、二〇〇九年。
22 武士の経験知をまとめた教説について、若尾政希『「太平記読み」の時代』平凡社、一九九九年。
23 速見融・宮本又郎編『経済社会の成立』(日本経済史1)、岩波書店、一九八八年。
24 藤木久志『豊臣平和令と戦国社会』東京大学出版会、一九八五年。
25 キリスト教史については、五野井隆史、『日本キリスト教史』、吉川弘文館、一九九〇年。鎖国との関わりについては、清水有子『近世日本とルソン 「鎖国」形成史再考』東京堂出版、二〇一二年。

26 荒野泰典『近世日本と東アジア』東京大学出版会、一九八八年。小島毅監修、羽田正編『海から見た歴史　東アジア海域に漕ぎだす1』東京大学出版会、二〇一三年。
27 間宮林蔵『東韃地方紀行』平凡社東洋文庫、一九八八年。
28 三谷博『明治維新とナショナリズム』前掲、第二章。
29 今田洋三『江戸の本屋さん――近世文化史の側面』日本放送出版協会、一九七七年。鈴木俊幸『江戸の読書熱――自学する読者と書籍流通』平凡社、二〇〇七年。
30 R・P・ドーア『江戸時代の教育』岩波書店、一九七〇年。
31 リチャード・ルビンジャー『日本人のリテラシー――一六〇〇―一九〇〇年』柏書房、二〇〇八年。
32 守屋毅『村芝居――近世文化史の裾野から』平凡社、一九八八年。三谷博『明治維新を考える』前掲、第一章。
33 野村剛史『話し言葉の日本史』吉川弘文館、二〇一一年。
34 牧原典夫『文明国をめざして』小学館、二〇〇八年。
35 有泉貞夫「明治国家と民衆統合」『岩波講座　日本歴史17』岩波書店、一九七六年。
36 佐谷真木人『日清戦争――「国民」の誕生』講談社現代新書、二〇〇九年。大谷正・原田敬一編『日清戦争の社会史――「文明戦争」と民衆』フォーラム・A、一九九四年。

第2講

愛国 二

おはようございます。第二回目は、愛国、あるいはナショナリズムの話の後半です。

今日は、ナショナリズム形成の具体例として、前回の日本に続いて隣国、主に中国についてお話しし、さらに各国の中に形成された歴史の記憶がどう相互作用するかを観察したいと思います。今回まず注意を集中するのは、先に基本モデルとして見ていただいた国家同士の相互作用です。各国の内部に何が起きるか、ナショナリズムがどのようにして生まれたのかという問題を、外部との相互作用のなかに位置づけて説明します。

その後、記憶の問題をお話しします。生の、その都度の政治的・経済的なやりとりだけでなくて、相手の国について憶えていること、それ自体が互いに相互作用を始める。その歴史記憶がどんな性質を持っているのかというのが後半の話題です。おそらくこの点は、これまであまり論じられてこなかったことと思います。

1　科挙体制からの出発――中国

まず、中国の話をしますが、日本と比べるために、前にもご覧いただいた表（四九頁）でその初期条件を確かめておきましょう。

初期条件

中国・朝鮮は日本と違って政治体制が極めて集権的で、地方に軍事政権がありませんでした。そして、科挙という試験制度で統治者を調達していた。その全版図《はんと》から有能な人物を中央にリクルートし、彼らを地方に送って広大な帝国をまとめていました。科挙の基準は朱子学です。それは官僚登用試験に使う正統教学、自明の正しさを持つ教えで、これ以外の学問を奉ずる人たちには統治者の資格を与えない。出世を度外視しない限り、朱子学を学び、信奉せざるをえない。そういう強い、排他的な価値観が中国、朝鮮には制度化されていたわけです。それは近世の日本とはかなり異なるシステムでした。[1]

では、この初期条件はナショナリズムの成立とどう関係したのでしょうか。ナショナルという と、一つの国が強く統合されている状態をイメージしがちなのですが、そうすると、もともと日本よりは中国・朝鮮の方が集権的で、統合度が高かったように見えます。ところが、中国・朝鮮の方が分権的な日本よりはナショナリズムの成立が遅れた。このパラドックスをどう理解したらよいのでしょうか。

前回、世界の多層モデルを提示しました。ローカルなレヴェルと国家のレヴェル、リージョンのレヴェル、そして世界のレヴェル、四つのレヴェルが積み重なって世界が成立していると考えたのですが、中国と朝鮮は世界の他の地域と違って、このモデルをあてはめにくい。とくに中国の場合、秩序の安定していた時代には、いまはリージョンと呼んでいるような広大な土地を単一の政権が統治していました。西洋諸国や日本みたいなレヴェルには、王朝末期や分裂期以外には政治組織がなかったし、ローカルなレヴェルでは、確かにお金持ちや実力者はいるけれど、それが自分の軍隊を持って独立に行動することもない。世界的に珍しい政治体制ですが、それが非常に古くから、遅くとも宋朝の時代から続いてきた。

そのため、いまだに我々日本人は、中国があのように広大な領域を一つの国として統治できていることが理解できません。アメリカだったら、基本単位として州があり、東海岸にできたそれらの連合体が西に拡がり、大きな連邦国家になった。州自体は大きなものでもヨーロッパ諸国なみのサイズで日本人にも想像しやすい。しかし、中国は州に分かれているとはいえ、それらを中央の派遣する官僚ががっちり支配しているので、アメリカとはかなり違う。

こういう政治体制でナショナリズムの形成に大きな障害になったもの、あるいは克服せねばならなかった課題は何かと言えば、それは中国のエリートたちの秩序観だったのではないかと思います。

皇帝が科挙によって選んだ官僚たちが、期を限って全国のあちこちに赴任し、一つの国として均しく統治するという体制があった。それが六、七〇〇年、九〇〇年、少なくとも明朝の時代からは一貫してそういう仕組みがあり、うまく運営できてきた。だから、これを変える必要はない。おそらくそういう秩序観です。

科挙は、男性なら誰でも受験できる。身分は関係がない、生まれは関係ないという、ある種非常に公平な体制なのですが、しかしその科挙を通った人はとても少ない。一九世紀前半で任官資格を持っていた人は一二万人、人口の〇・〇二五パーセントにすぎませんでした。[2] 日本の武士が約六パーセントだったのとは二桁の違いがあります。しかも、科挙を通った人とそうでない人の権利には大きな差があり、その間の差別はきわめて厳しいものがありました。

皇帝の直接の代理として科挙官僚たちが統治する。皇帝の赤子たる人民たちはそれに依存しておればよい。こういう価値観が厳としてあった。したがって、人民、すなわち被治者たちを巻き込み、動員してゆくナショナリズムへの要請は、王朝時代には想定外であったのではないかと思われるわけです。

そこで、次には、統治エリートたちが持っていた価値観がどのようにして変わったのかを見ねばなりません。[3]

対外戦争が連続しても火がつかない

ナショナリズムの形成の基本モデルとして、私は外部との相互作用が大事だと強調し、日本についてその具体像を示しました。しかし、中国の場合は、このモデルも万能ではありません。外部との相互作用がとてもきつかったのに、なかなかナショナリズムの火がつかなかった。アヘン戦争から日清戦争までに大きな戦争が五回もあったのに、です。

日本の場合は、関門海峡や鹿児島でちょっとドンパチやったぐらい。いずれも小規模の戦いで、その程度の軍事衝突だけであっという間にナショナリズムができてしまったのですが、中国の場合は、大戦争を五回もやってやっと生まれた。非常に長い時間がかかったわけです。

アヘン戦争は、最初の戦争とアロー戦争と呼ばれる二度目のものとがありましたが、それで統治エリートの考えが変わらなかったかというと、少しは変わりました。西洋が優越する軍事技術、またそれを支える工業技術を導入すべきだという考えです。当時「洋務」と呼ばれましたが、幕末日本とほぼ同時代に、中国でも技術的対応が始まったわけです[4]。

しかし、中国は日本と違って、この改革は技術導入から進んで政治体制を変えるレヴェルまではゆかなかった。しかも、現実に中国で起きたことは、北京の中央政府に権力を集中して、外国と対抗することではなくて、むしろ分権化でした。明朝以後にはタブーとなっていた地方勢力による軍隊の組織まで許しています。

これはかつて同僚だった故並木頼寿《よりひさ》さんに教えていただいたことですが、対外関係より国内の問題がはるかに重視された。太平天国、一度目のアヘン戦争の直後に中国南部に発生し、経済先進地帯の長江流域に及んだ大反乱で、一時は南京に都を置きましたが、同時に北部では捻軍《ねんぐん》というやはり大規模な民衆反乱が起きました。それらを克服するために、清朝は、曾国藩《そうこくはん》や李《り》鴻章《こうしょう》などの漢民族の大官たちに、出身地で私的な軍隊を組織することを許すという緊急措置を取りました。

また、そういう上からの動きだけではなくて、基層社会の人々も自ら軍隊を組織し、自分の町や村を守ることを始めました。そういうわけで、対外的に深刻な問題が発生したにもかかわらず、二度も戦争をし、二度目は首都北京にまで攻め込まれて英・仏から酷い目に遭わされたにもかかわらず、それよりは民衆による内乱の方がずっと深刻な問題だと統治エリートは判断していたのです。

対外危機に対処するには集権化する方が効率が良かったはずですが、この時は逆に、分権化が進んでしまった。

対外戦争は英仏だけが相手ではありません。ロシアも強敵だった。二番目のアヘン戦争の時に、ロシアは清朝の故地満洲に属する広大な土地を奪い取り、沿海州と名づけました。その後、西北の奥地、いま新疆《しんきょう》ウイグル自治区と呼ばれている地方にも、勢力を伸ばします。ロシアはその西側にある中央アジアの国々を次々と征服し、そうした状勢で新疆には独立政権が生まれました。一八七〇年代にはさらに東南部でも問題が起きます。日本が台湾に出兵したのです。清朝は二カ所、腹背で同時に、外国との軍事紛争、大規模ではなかったものの、無視しえない紛争を経験します。その後、日本は琉球を併合し、さらにフランスが清仏戦争を経てベトナムを植民地にしました。中国は琉球やベトナムという身近な朝貢国を失ったのです。

こういう状況では、知識人の中から中国の一体性を強めるべしというナショナリズムの声があがってよさそうなものです。

実際、清朝は、ロシアと紛争が起きた新疆に初めて中央政府が直轄する省を立て、そこに北京から官僚を派遣して統治を始めました。また、台湾についても同様の措置をとりました。辺境地帯に初めて中央政府が直轄する省を創ったのです。また満洲にも、支配民族の満洲族の故郷だったため漢民族の立ち入りを禁じていた、いまの中国の東北部にもやはり省を置きます。黒竜江省、吉林省、遼寧省、三つの省を創り、中国本体と同じ形の統治を実行することにしました。ロシアや日本との紛争をきっかけに、辺境に対する統治を強化したのです。

日清戦争による創発

しかしながら、中国の統治エリートが伝統的な外国の扱い方を変え、さらに国内体制を抜本的に改革する必要を意識するようになったのは、もっと後、日清戦争で日本に負けそうになった時です。後に清末の政治改革の口火を切った康有為が、ちょうど科挙の最終試験を受けるため北京に出てきていたのですが、皇帝に上奏を差し出しています。その中で彼は政治変革の必要をはっきりと述べています。[5]

彼は上書で、あの「一小島夷」、ちっぽけな島国の夷狄、つまり日本人ですが、彼らに負けるのは面白くない、我々が見下し、無視していた日本人と戦争に入り、各地で負け続けているが、李鴻章のようにいま講和を図ってはいけない、首都を南京に移してでも徹底的に抗戦すべきだと主張しました。しかし、彼がそれ以上に大事と考えたのは、これを機会に中国が大改革を始めることです。

康有為は、それには伝統的な世界観を変える必要があると主張します。それまでの中国人の世界観は「一統垂裳」と表現できる。世界の中心に一人皇帝がいて、そのスカートに人民と諸国の君主たちがぶら下がっている。周辺国の首長たちは皇帝に朝貢していて、中には国王に冊封されている者もある。彼らは個別に皇帝と君臣関係を結び、それらが束となってこの世界ができている。いま私たちが生きている世界と異なって、世界は一極を頂点とする上下関係の集合体として存在していると観念されていました。

康有為はこのような世界観を変えねばならないと主張しました。いま世界では列国が競争している。対等な立場で各国が競争し、攻伐しあい、そして勝利した国は他国を併呑して大きくなっている。そういう横並びの競争世界なのだと強調したのです。そうなった以上は、中国も今まで通り安閑と構えていてはならず、大改革をせねばならない。後に彼が、変法を皇帝と共に始めるのは、そういう見通しを立てていたからだったのです。

実際には、清朝は日清戦争に負けてしまった。台湾を日本に割譲した後、西洋の国々が群がって、あちこちの土地を租借し、それらを事実上支配してゆく。主に沿海部と長江流域の流通拠点でそういうことが起きました。

「中国」実体観と「支那」分裂

この動きが始まったとき、さらに懸念されたのは、この「中国」が「瓜分」されること、つまり瓜のようにナイフで切り分けられ、次々と食べられてしまうことです。中国の知識人たちは、いまや康有為だけでなく、他の人々も国土喪失への危惧を口にし始めました。

これは非常に面白い変化です。清朝は、代々の王朝と同様に、自らを天朝と呼んでおりました。天朝は、本来は世界全体を覆う秩序です。皇帝の近くに住んでいる人々はその恩恵を直接に受けながら暮らしているが、遠くに暮らす人々もまた、人間である以上は原理的には皇帝の徳治に服すはずだと考えられていました。皇帝は天子、天から地上の統治を命ぜられた者で、天に代わって人類に道徳を教える。人として守るべき道徳、倫理を教えるものとして存在している。その教えは人類に普遍的に通用するものだから、原則的にはどんな辺境に住んでいる人間でも、人間である以上は、必ずやこの皇帝の支配に喜んで従うはずだ。このような世界観では、世界は中国とそれ以外に二分されているわけではなく、皇帝のお膝元から少しずつ文明度が下がってゆく連続体として把握されている。

ところが、日清戦争後はそういう認識が通用しなくなった。知識人たちは、中国とその外の世界ははっきり別物で、しかも外国は基本的に中国を脅かす存在なのだと考え始めます。それまでは、「天朝」と呼んでいたものを、もっぱら「中国」と呼び替えるようになった背後には、そうした文脈の変化があります。

「中国」とは何か。世界の中心とみる点では、従来の一統垂裳と同じですが、今度は「中国」は国境に至るまで均質一体のものと想像される。そして、先ほどの新疆や台湾という地域は以前は外部との境界上にあるグレイゾーンだったのですが、以後は中央政府の完璧な統治下に置かれるべき不可分の土地として考えられるようになります。それが「瓜分」という言葉の意味です。瓜みたいに明確な中国という実体が存在する。瓜とその外部ははっきり分かれている。そして、瓜の内部は、中国として完全に統一されたものであらねばならない。新疆や台湾やモンゴルを含め、そういう意識が生まれたのです。

さて、その後の中国の歴史は、日本人には非常に分かりにくいものだったようです。というのは、二〇世紀前半の日本人は、軍部を初めとして、眼の前で中国がばらばらになってゆくことにもっぱら注意を向けました。中国では、歴代王朝の末期には必ず地方で反乱が起きて帝国が解体し、何十年、何百年と抗争が続く。小国が乱立し、統一されても南北に分かれることもある。それが日本人が知っていた「支那」の歴史です。いまや再びそれが起きかけている。各地に軍閥が乱立し、抗争していることが、日本人の眼に見えていた中国の現実でした。当時の日本人は、それにつけ込んで自らの帝国を大陸まで拡げてやろうという誘惑に駆られたのです。

ところが、同時代の中国には、軍閥ならぬ知識人のレヴェルだと、むしろ逆に強烈なナショナリズムが生れていたのです。彼らは歴代の王朝が緩やかな統治で済ませていた辺境に強い支配を及ぼし、「中国」を完全な一体性を持つものとして再建せねばならないと主張しました。中国知識人の多くは日清戦争後にはっきりとこの方向に踏み出したのです。

このような一体化を目指す中国知識人の抱負と、現実に中国で起きた長い長い内乱、そして日本人がもっぱら帝国の解体面に注目したこととの間には、極端なギャップがありました。

これが現在に至る日本人と中国人の間の不幸な、異常に強い不和の原因だったのだろうと思います。日本を基準にして中国を見ると、現実が分からなくなる。いまの日本でも、中国が省ごとにばらばらになって、つまり、日本と同じサイズの国々に分かれてくれれば楽なのに、と言う人がいますけれど、それは中国の知識人にとっては論外の言説です。中国の統合は二〇世紀前半には実際に失敗する可能性もあったのですが、それでも結局はうまくいった。その後、いまは発展にも成功している。そんな時に、中国がばらばらになることは絶対にありません。かつては解体を食い止められなかったために日本人に痛い目に遭わされた。二度とそんな愚を犯してはならない。そんな「歴史の教訓」を子々孫々に伝えようとしているのですから。

以上のように、中国でも、日清戦後に至って初めて、他の世界と同じようなナショナリズムが出現しました。その出発点は、外国との間に厳しい危機を抱え込んでしまったという自覚です。それが反射して、我々中国人は均質な秩序、いままでより統合度の高い秩序を持つべきである、それには政治体制の改革が不可欠だ。こういう主張が現れてくるわけです。日清戦争後に至ってついに、世界の他の場所や日本で起きたことが、中国でも起きたわけです。

移民の役割

ところが、その後、ちょっと変わった現象が中国では見られました。それは、外国への移民の苦難がきっかけになって、本国のナショナリズムが強化されたことです。これは日本ではあまり見られなかった。

というのは、日本から外国に移民した人は少なかった。いるにはいるのですが、ごくわずかです。ハワイへの移民が現地で虐《しいた》げられ、それが本国のナショナリズムを煽《あお》ったという事実はあるのですが、人数が少ないので、あまり強い影響を与えなかった。ところが、中国の場合、大量の人が外国に出て行って、そこで痛い目に遭わされ、それが母国にかなり強い影響を与えたのです。[6]

アヘン戦争で西洋に港を開いた後、中国南部の人たちが、上海や香港から船に乗り、太平洋を横断して、サンフランシスコをはじめアメリカの西海岸で生活を始めました。洗濯屋をしたり、雑貨店を開いたりしたのですが、とくに多かったのは、大陸横断鉄道を造る工夫です。山脈をいくつも越えてゆく難工事で、相当な犠牲者を出しましたが、それでも次から次へと大量の中国人が出稼ぎに行った。[7]

ところが、カリフォルニアを初め、アメリカの西海岸の新開地では、州が設定され自治が始まるにつれて、移民たちが排除されてゆきます。西海岸には世界の各地から雑多な人々が集まっていたのですが、自治を整えるときに白人中心の市民秩序をつくろうとした。白人以外の人種が排除されたのですが、最初に標的にされたのが一番人口の多かった中国人たちだったのです。

アメリカ西海岸で移民排斥が発生したとき、本国の知識人や実業家たちは、同胞が酷《むご》い目に遭わされていることを座視できませんでした。彼らは移民を送りだした条約港で抗議運動を始めます。初めは広東、上海、後になると北の天津などに拡がってゆきました。条約港で外国貿易に携わっていた商人たちは、仲間を語らって商会をつくり、相互扶助に当たっていたのですが、そこには、外国語の堪能な知識人が雇われ、活躍していました。この人たちがアメリカで起きた移民排斥に一番敏感だったのです。

出稼ぎに行った人たちは、苦力《クーリー》と呼ばれる貧しい人たちで、文字には縁がない。彼らはもともと知識人たちの眼中にはなかった人々でしたが、アメリカに渡ってそこで酷い目に遭っているとなると、無視できなくなった。「我が同胞を救え」。庶民を自分たちの仲間だと知識人が考え始めたのです。

そこで、本国の港同士で連絡を取り合って、アメリカの移民排斥に対して抗議運動を起こした。外国への抗議を通じて中国人の一体性という意識が生まれてくるのです。庶民・貧民まで含む、中国人としての一体性の意識が生まれ、育つことになりました。

このような現象は日本ではあまり目立たなかった。移民の数が少なかったせいです。しかし、後には日本移民も中国人と同じように排斥され、それが日米関係の悪化の重要な背景になります。

移民排斥が本国にナショナリズムを引き起こすという関係は、少し後のインドでも起きています。[8] マハトマ・ガンディのインド独立運動は、彼が出稼ぎに行ったアフリカから始まりました。彼はイギリスに留学してバリスター、法廷弁護士の資格を取った後、南アフリカのナタールというところに行って、弁護士を開業しました。

当時、インド亜大陸はイギリスの支配下にあり、そこから同じイギリスの支配下にあった世界の各地に大量の移民が出て行きました。その重要な移民先が南アフリカで、その一つにナタールというイギリスに属する共和国があったのです。

ここにはイギリス帝国の各地、とくにインドから多数の労働者が出稼ぎにやってきており、一九世紀の末になると、彼らの人口はヨーロッパ系とほぼ同数を占めるほどに増加しました。南アフリカではもともと人種差別がひどく、非白人は様々な面で人権を制限されていたのですが、ナタールはまだましな方でした。しかし、白人・非白人の移民同士の商業競争が激しくなると、ナタール政府は一八九四年、非白人の選挙権を奪うという挙に出ます。それまでは白人とほぼ対等な市民権を持って暮らしていた移民たちは、政治的権利を奪われ、あからさまな差別を受ける危険にさらされたのです。

その時、インドからの移民は、ガンディを中心に結束し、権利を回復しようとしました。同じように排斥された中国人たちもまた、その仲間に加わっています。

ところで、ナタールにいたインド人たちは、実はそれまではインド人としてのアイデンティティを持っていませんでした。インド亜大陸には多種多様な人が住んでいます。現在、インドのお札には一五種類の公用語の文字が書かれていますが、ちょうどヨーロッパ亜大陸と同様に、彼らは地域ごとに異なる言語を話し、使っている文字も違いました。彼らはみな別々にアフリカに行き、生活していたので、その間に共通のアイデンティティはなかったのです。しかし、彼らは現地政府からまとめて排除されたため、団結して権利を守らざるをえなくなり、その時初めて、インド人同士という想像力が形をなすことになったのです。

その抗議運動のリーダーになったのがガンディです。彼は故郷のグジャラートを越えたインドというアイデンティティに目覚め、それをいまや「母国」となったインドに持ち帰りました。帰国して、そこでインド独立運動、大英帝国からの独立運動を始めることになるわけです。

ガンディたちインド人の場合は、移民先の住民がナショナリズムに目覚めました。これに対し中国の場合は、移民よりはむしろ本国の知識人たちが、庶民を含む中国人の一体性を自覚するようになったという違いがあります。しかし、移民がナショナリズムの生成の重要なきっかけになったという点は同じです。

まとめますと、移民先で、ホスト社会が市民秩序をつくろうとした時、「異物」の排除、人種差別を始めた。それが、移民の故地にナショナリズム、国民としての一体性を自覚させるきっかけとなった。本国の住民は多様で、実は言葉すら互いに通じないという現実があったのですが、にもかかわらず、我々は同じインド人だ、中国人だ、そういう意識が生まれてくる。日本とちょっと違いますが、見過ごせないことなので、とくに触れました。

改革と敵の造型

その後中国に起きたことは、日本と共通性があります。様々な国内改革の運動が始まりますが、その時にわざと敵をつくって、改革に動力を添えるということです。

まず清朝末期ですが、先ほどの康有為が光緒帝と戊戌の年（一八九八年）に変法を始めますが、残念ながら百日維新といって百日で終わってしまう。最近の研究によると、康有為は、似たような考えを持っている仲間がいたのに、独走して改革派知識人の結集に努力しなかった。それが失敗の原因だということです。

しかし、康有為が失敗した後も、政府に政治改革を志す政治家はのこっていました。戊戌変法をつぶした西太后も義和団事件（一九〇〇年）の後には改革の必要を悟ります。西太后は義和団が蜂起して北京の西洋外交団を包囲したとき、一旦これを支持するかのような動きを示しましたが、惨憺《さんたん》たる失敗を見た後、改革派の張之洞《ちょうしどう》や劉坤一《りゅうこんいつ》などといった大官を起用して立憲制の導入を始めとする改革に踏み切ります。[9] その時、君主制を保持しながら立憲制を導入した国を調べていますが、最も有力なモデルとなったのは明治日本でした。

その一方、これと同時に、孫文や黄興《こうこう》といった人たちが、革命運動を起こしました。清朝を倒そうとするのですが、彼らの場合は別の王朝を立てるのではなく、王朝という制度自体をなくそうとします。そして、革命運動ですから敵をつくる。その敵は清朝を樹《た》てた満洲族でした。「滅満興漢」、満洲族を滅ぼして漢民族の国を興そうというスローガンを唱えます。「内なる敵」を選び出し、最も悪質な敵として排撃したのです。

たまたま一九一一年、辛亥の年に革命が起きました。これは、孫文ら革命運動を企てていた人たちが起こしたのではありません。むしろ政府の基幹をなした各省が北京政府から独立を宣言し、王朝を離脱する形で起きたのです。北京政府は救いがたいから、我が省だけでも生き残らねばならないというわけです。これはちょうどソ連邦の解体の時に似ている。集権的な国家が分権化してばらばらになり、それを通じて全体が変わってゆくという道筋を辿《たど》ったのです。

ですから、初期には辛亥革命は血塗られた革命ではありませんでした。皇帝は生きながらえ、紫禁城の中で年金生活ができるように計らってもらいました。けっしてロシア革命みたいな暴力革命ではなかった。

また、その後、新政府は満洲族を敵から外しました。もう満洲族は敵ではない。むしろまさに「中国」として一体的な再建をするには満洲族も入れねばならない。そこで、五色の旗が国旗として制定され、「中華民族」という言葉が発明されました。中華民族は、この五色で表現された五つの民族からなります。[10] 多数派の漢民族に加え、満洲族・蒙古族・チベット族もいるし、回族、イスラムを奉ずる人々もいる。この五種類の民族が一緒になって中華民族という民族をつくり、それによって西洋による侵略を排除して、より強固な統一体、中国をつくるのだ。というわけで、あっという間に敵が内敵から外敵に切り替えられた。

このような人為的操作は中国が中国として一体となるには、どうしても必要なことでしたが、長い時間をかけて民族を形成した日本人にはなかなか分かりにくい。「中華民族」という言葉は現在の中国でもしばしば使われますが、それを聞いた時に、我々は戸惑ってしまう。「中華民族」の中にもまた、漢民族や満洲族などの民族がいる。まったく異なるレヴェルで同じ「民族」という言葉を使うからです。いま世界の学界では、生活文化を基盤とするエスニシティ、エスニック・グループと、ネイションとを分けて考えるのが慣行で、前者に「民族」を使うなら、後者には「国民」を使えばよさそうなものですが、中国ではそうではありません。

さて、こうして革命が起きて、新しい国をつくり始めたのですが、ご存じのように中心が定まらない。北京から南に移ったり、北京でも政府がしばしば交替したりと、なかなか定まらず、各省や地方ごとに軍閥というものができて、抗争を始めました。しかし、その過程で、中国国民党という政党が新たに組織されます。これが力を蓄え、のち一九二〇年代の終わり頃には、南から北へ北伐と呼ばれる遠征を行い、北京までを手に入れました。東北部や西部を除く沿海部、中国の中核的部分は、一つの党、一つの政府によって統合されることになったのです[11]。

国民党は、統合運動を始める時に二つの敵を想定しました。一つは帝国主義、つまり西洋諸国と日本。租借地を手に入れ、そこからさらに勢力圏を拡げて、中国を侵略している外部勢力。もう一つは軍閥。国民党のライヴァルですね。やはり中国を統一しようとして武力で抗争している内部勢力を軍閥と呼び、帝国主義と内通している裏切り者ということにした。北京政府は日本や西洋諸国から大金を借りましたから、根拠がなくはありませんが。ともかく、外敵と内敵を指名して両者は連携しているとし、中国国民党こそが、これらの悪党から一体たるべき中国を守り、その栄光を回復するのだと主張しました。

国民党は様々の政策を主張する中で、不平等条約の改正ということを特に強調します。アヘン戦争以降、中国の国権を諸外国に奪われた。それを取り戻さなくてはいけない。不平等というと、日本史の教科書には、領事裁判権で日本の主権が損なわれたとか、協定関税制で国内産業を保護できなかったとか、一方的な最恵国待遇は不利だとか書いてありますが、中国では奪い取られた領土も「不平等」の中に数えるようになった。日本の三点セットに領土を加え、さらに国権を損なっている様々な事案を数え上げて、長い長いリストをつくりました。失ったものについて「不平等」という言葉を使うのは何となく落ち着きませんが、とにかく外国から奪われた国権はみな、「不平等」として批判する慣行ができたのです。その中には無論、租界を取り返すこともありますが、鉄道敷設の権利の回復も強調された。民族資本、中国の資本によって鉄道を敷設するのは良いが、外国には鉄道を造らせない。そう主張し始めます。

ここで一旦まとめますと、中国では、日清戦争の後、戊戌変法をきっかけに改革運動が始まりましたが、それがなかなか成功しなかった。清朝は倒れたが、各王朝の末期と同じように、地方の軍事政権、軍閥の間の抗争が続いた。しかし、理想としての中国の一体性は早くから強調され、新しく創られた西洋式の学校に学んだ若い世代は、そのような愛国イデオロギーに強く惹《ひ》かれる

なります。ようになった。これを同時代の日本人が理解しようとしなかったことが、次の時代の前提条件と

抗日戦争

愛国のイデオロギーはその後、知識人エリートだけでなくて、庶民の中にも浸透してゆきます。そのきっかけを与えたのは、日本が中国大陸に大軍を送って始めた総力戦です。一九三七年に日中戦争が始まります。いまの日本人は日中戦争と呼びますが、当時は支那事変と呼びました。中国での呼び名は抗日戦争です。これは一〇年近くも続いた。

その発端が一九三一年の満洲事変だったことはご存じの通りです。中国の東北部に駐屯していた日本の関東軍が兵を挙げ、初めは全部日本領にするつもりでしたが、思っていたほど兵力が動員できなかったので、形ばかりの独立国として満洲国をつくり、それを間接的に支配しました。

しかし、この時に注目すべきは、国民党が中国東北に兵を送らず、日本による瓜のカットを許したことです。これは、国民党にまだ実力が備わっておらず、軍閥に加えて共産党というライヴァルが国内に出現したため、そちらへの対応を日本との戦争に優先せざるをえなかったためということです。これを遠くから眺めると、国内優先という点で、かつての太平天国への対応に似ている。中国の一体性を回復・強化するという目標から言えば、後退であったように見えます。

しかし、その六年後に日本がまた戦争を起こす。日中戦争ですが、この時、国民党は徹底抗戦

の方針を打ち出します。発端となったのは非常に小さな事件で、これはどっちが始めたのか、実際のところ、よく分からないようですが、とにかく北京の郊外に日本の大軍が駐屯していて、中国の華北に勢力を扶植《ふしょく》する工作をやっていた。比喩的に言えば、日本軍がガソリンを撒《ま》いてその蒸気があたりに充満している、そこにどっちが撃ったか分からないけれど、とにかく火花が飛んだ。それで爆発した。こういうことです。

　ここで退いたら、国民党は存在が危うくなる。そこで徹底抗戦に入ります。そして、国民党と抗争していた共産党も、同じく日本軍に対して徹底抗戦します。

　その後、北部では共産党が勢力を拡げる。延安に拠点を移した共産党が、農民たちを兵士として動員します。共産党は地主を内敵として指名しました。日本を初めとする帝国主義だけでなく、地主も敵で、その土地を巻き上げて農民・貧民に分配すると約束する。これが非常に成功したようで、末端の貧しい、文字も読めない農民たちを国家に動員できるようになりました。

　一方、国民党の支配した南部でも民衆の動員が試みられます。たとえば、北京・上海・天津といった大都会の大学の先生や学生たちが日本軍の占領地を脱して南部にゆきましたが、彼らの一部は、やはり庶民を抗日戦に動員するために、演劇を利用します。演劇団を創って巡回演劇を始めました[12]。ところが、この演劇たるや、言葉が南部の人には分からない。演目も農民たちには馴《な》染《じ》みがない。演劇というと、やっぱり伝統的な演目がいい。日本から中国を守れというプロパガンダは楽しくはないので、最初はなかなか受けなかったそうです。しかし、やっているうちに次第に楽しんでもらえるようになった。無論、共産党も同様にプロパガンダ演劇に熱心に取り組みました。

侵略してきた日本軍と戦った。日本軍を中国領から追い出すことはできなかったけれど、何とかして庶民を動員して頑張っているうちに、その一部が抗日戦の必要を理解し、支持し始めた。この講義の初めに紹介したように、その間、軍人だけでなく、庶民もたくさん殺されました。慰安婦として動員された女性たちもいました。そういう大きな犠牲を払っていたその最中に、中国のナショナリズムはついに庶民の中にも浸透していったのです。

結局、日本が戦いの相手を欧米の主要国まで拡大し、アメリカが日本の本国をつぶした結果、中国は日本の支配から解放されました。そして、日本軍がいなくなった後、国民党と共産党が大決戦を行い、大方の予想に反して共産党が勝って、人民中国が成立しました。一九四九年のことです。辛亥革命から数えると、三九年目のことです。

政治統一後

その後については端折《はしょ》って、ナショナリズムの庶民浸透の要点のみ指摘します。統一後の人民中国では、戦争はなくなりましたが、国民動員は続けました。その重要な手段が学校教育でした。初等教育を普及させ始めた。[13]最初は以前と同様に地元の人たちの努力に依存しており、彼らは費用の捻出に苦心して、普及と収縮が繰り返されていたようですが、政府も努力を始め、そのうちに効き目が現れてきた。明治の日本でも、庶民が小学校にゆくのが当たり前になるには、三〇年以上がかかっています。子供たちは小学校へゆくと字を習う。字を習うときには、現地の日常語とは異なる発音、北京官話を元にした標準語と一緒に習うようになった。ピンインという発音記号が開発され、全土で使われるようになりました。[14] その結果、この標準語、中国では「普通話」と言いますが、それを全国の子供たちが話す、少なくとも耳で理解するようになった。

それまでは、中国人同士、南北東西から集まると、話が通じませんでした。知識人でも、文章ならともかく、会話は難しかったことでしょう。それが、庶民でも一応は話が通ずるようになった。これは大きな変化です。多様性に満ちた中国に、コミュニケーションの可能性という重要な側面で一体性が生まれたわけですから。

中等教育までゆくと、今度は中国の歴史を教わる。国民史が教えられます。この国民史では、宋朝の時代は南朝が正統で、北の女真族、後の満洲族によってつくられた金という王朝は正統なものではないと書かれている。外部の人間から見るとどちらも中国の国ですが、歴史教育によって、漢民族中心の一系の国民史を皆が頭の中にしまい込み、それを当然と考えるようになります。中華民族には幾種類も民族がいるけれど、中心は漢民族であって、それは秦漢の時代もそうだし、その前から実はそうだったという国民史を、いま生きている中国人のほとんどが信じているようです。こうして中国の歴史的一体性という意識が学校教育を通じて広く浸透してゆきました。[15]

ただ、中国のナショナリズムには、日本人には分かりにくいもう一つの側面があります。華人、つまり中国の外に出て行って、そこで暮らしている人々です[16]。生活様式も言葉も中国的なものを維持している人々が世界のあちこちに住んでいますが、この人々は一体中国の国家に属するのか、属さないのか。中国の内部に住む人々は、彼らは中国人の一部だと言います。ところが、たとえばインドネシアやタイなど東南アジアに住んでいる華人はそれに困惑する。そこには先祖が中国から来た人々がたくさん住んでいて、タイの王族も部分的にはその血を引いています。しかし、これを中国人だと言われると困るのです。

一つは華人が中国と直結していると見なされると、華人以外の現地国民は中国に併呑されてしまうのではないかという恐怖心を持つ。インドネシアで建国の父、スカルノの統治の末期、一九六五年に大暴動が起きて、華人が何十万人も殺されたことがあります。それは私の記憶には鮮明なのですが、中国内部の人は知らない。一九九五年に中国に初めてゆき、北京で学生たちと話をしていた時、彼らは中国人は世界中にいる、それはみんな中国人であって、我々と一緒に行動すべきだと語りました。私は、「君、そんなことを言ったら、インドネシアみたいなことが起きるぞ」と言いましたが、学生たちはきょとんとしている。虐殺の事実、そしてその背後にある現地民の恐怖心を知らなかったのです。とても危ないことです。

無論、現地に住んでいる華人は、下手に我々は中国と一体だと言ったら、どういう酷い目に遭わされるか分からないとよく知っていますから、用心深く暮らしています。たとえば、タイでは華人も、私たちはタイ人ですと言う。タイ語をしゃべり、タイ文字を読み書きして暮らしています。昔は中国語を使うのをできるだけ避けていたようです。中国が豊かになって、中国と経済関係が深くなってきたこの一〇年くらいは、もともと華人だった人、またそれ以外のタイ人も、中国語を勉強するようになり、親しみを持つようになったと聞きますが、それでも、到底、安定した状態と見るわけにはゆきません。

それにしても、日本から見ると、中国人たちは、国境の外に中国を持ち出して平気でいる。たとえば、北京オリンピックのトーチリレーが欧米や日本など外国で行われたとき、中国出身の学生たちが、それを妨害から守ろうと思って、聖火を囲んで走った。あれをテレビで見ていて、私はすごいショックを受けました。現地の警察を信用していない。外国政府は中国を守ってくれない、外国はつねに中国の妨害をしようとしている、だったら中国人だけで中国を守るほかはない、それには領土の外であっても当然、中国と同じと考えて行動すべきだ。そのように信じているようです。

最後は余談になりましたが、ともかく、中国のナショナリズムは日本よりは随分出発が遅く、初めは何度対外戦争をやっても火がつかなかったのですが、結局は日本や世界の国々と同じ力学が働くようになり、極めて強いナショナリズムがいまの中国には存在するようになったということであります。

2 歴史記憶の相互作用──「忘れえぬ他者」

ナショナリズムは、戦争、そして貿易や投資、移民、文化交流、またそれらに伴う摩擦など、具体的な行動のレヴェルの相互作用に目をつけて論じられることが多いのですが、それと並んで、記憶のレヴェルでの相互作用も大事です。端的に言って、いまの中国のナショナリズムは、かつて西洋と日本、特に日本によっていじめられたという記憶によって駆動されています。中国の愛国主義は「反日」ということと密接不可分です。

日本にかつていじめられたという歴史記憶が、中国ナショナリズムの根幹部分を成していますが、同じことは韓国、朝鮮についても言えます。しかし、これと同様の現象は世界中至るところに見られます。どうしてそうなるのか。以下、この問題を説明しようと思います。

我々は歴史から、戦時にナショナリズムが高揚すると学んできました。しかし、戦争の可能性が一切なくても、ナショナリズムが生まれることがあります。実は、江戸時代の日本を見ているとそれが分かるのです。当時、日本は中国と至って疎遠で、国交はないし、貿易も量的には大したものではなかった。無論、戦争の可能性はゼロでした。なのに、日本の知識人は中国とのヴァーチャルな競争を、とても真剣な心持ちで始めたのです。しかも、その相手の中国はその事実に気づいていませんでした。手前の側だけが意識していた。片思いの競争によってナショナリズムが生まれることがあるのです。

本居宣長の「忘れえぬ他者」

江戸時代の後半に、日本の知識人が、いまで言う国学を生み出しています。その国学は、中国との意識・無意識の競争のなかで発想されたものでした。[17]

国学を学んだ人々は、中国や西洋の古典ではなくて、過去に日本列島に住んでいた人々が書きのこした最も古い文献、『古事記』とか『日本書紀』を取り出して、その冒頭に記された神話を解読し、聖典として学ぶことを始めました。これがいま「国学」と呼ばれている学問です。当時の人たちは先祖の故《ふる》きを温《たず》ねるので「古学」と呼んだり、国家の創成神話に関心を集中したので「神学」とか「皇学」とか名づけていました。

しかし、それは実は中国に学ぶことへの反発から生まれてきたのです。国学に向かった人々は、一旦は一八世紀の日本に普及していった漢学を自身で学んだのですが、その過程でこれに反感を覚えるようになりました。彼らは、漢学の源泉である中国を忘れたくなり、日本の過去に眼を転じて古学を始めたのですが、しかしそう意識すれば意識するほど、中国を忘れられなくなるという心理に囚われてしまいました。

この現象を、私は「忘れえぬ他者」、忘れたくても忘れられない他者と名付けました。[18]これに気がついたのは、国学を大成した本居宣長が書いた『古事記伝』、大規模な注釈書ですが、その序文をちょっと覗《のぞ》いた時です。彼は長い長い序文でいろんな議論をしているのですが、その中に「書紀の論《あげつら》ひ」という節があります。それがとても面白かった。

その議論は、日本の「神学」、神々の学問を学ぶには、昔からよく読まれてきた『日本書紀』ではなくて、『古事記』をテキストとして選ぶべきだというものです。『日本書紀』は、ご存じのように、日本の王朝が編んだ最初の正史です。これこそが国家公認の、中国的意味での「正しい」歴史です。その冒頭の部分には、もちろん国家神話が書かれている。ですから、伝統的にこの『日本書紀』について、神代のことを学ぶのが習わしでした。

ところが、宣長は、それに反発して、「いや、そういう仕方は駄目だ」と言うのです。なぜ『日本書紀』は駄目かと言いますと、題目が良くない。「日本」という国名を書名の頭に付けている。それが良くない。なぜ駄目なのか。中国の史書は、明の歴史『大明史』、漢の『漢書』のように、書名に王朝の名前を冠します。というのは、中国の正史は、ある王朝が亡びた後、次の王朝を創った人々が、前の王朝について書く。そして、清だったら『大明史』と名前を付ける。その後で、元になった資料を焼いてしまって、自分たちが書いた歴史だけを正しい歴史として、後世の人々に読ませるわけです。

ですから、中国の伝統では、国の名前を付けたら、それは滅んでいなくてはならない。ところが宣長にとって日本は永遠の存在です。滅んではいけません。「皇学」の核にある考えは、我が国はアマテラスの子孫、太陽神の子孫が永遠に統治する国である。かつ太陽は全地球を照らすのだから、その子孫が統治する我が国は世界の中心であり、本来は中国の皇帝に代わって世界全体を統治すべき役割を負っているのだ。こういうイメージです。

したがって、わが「皇国」、天皇の王朝は途絶えてはいけない。だから、史書に「日本」という名前を冠してはいけない。

これに比べると『古事記』ははるかに良い。国号を使っていないからです。「古事」。これは「ふること」と読みますが、「ふること」の「こと」は、まず言葉です。それが「事」、過去に起きたことも伝える。「ふること」は、まず古い言葉。ご存じのように、『古事記』というのは、稗《ひえ》田阿礼《だのあれ》という人が、もともとは文字で書かれた記録を読んで暗記し、それを口で語って、それをまた太安万侶《おおのやすまろ》が文字で書き下ろしたという、えらく複雑な手順を経て編まれた歴史です。

宣長の考えでは、口頭で語られたということが大事でした。神々から人へ、人の先祖からいまの我々に、口伝えに語られたことが特別な意味を持っていました。祝詞《のりと》をイメージしてください。ああいう独得の節をつけて読む、声に出した言葉自体が、神妙な力を持っている。彼はいわゆる「言霊《ことだま》」を信じていたのです。そういう「フルコト」、古い言葉をそのまま伝えてくれているかに見える『古事記』の方が、漢文で書かれた『日本書紀』より良い。

その言葉は事実起きたこと、事件も表現している。「こと」は「言」であると同時に「事」も意味している。宣長はダブルミーニングを使っているのです。私は、ダブルミーニングは嫌いで、少し前まで大流行していたポストモダニズムの表現法には馴染《なじ》めないのですが、宣長はダブルミーニングを当然のように使っていた。余計なことを申しましたが、ともかく彼は、「日本」という国号を史書の名に付けるのはいけないというのです。

宣長は『日本書紀』を排除するためにもう一つ面白い理由を持ち出しています。「日本」という国号自体が、彼によると「邊《ほとり》ばみたる題號《な》」だというのです。日本という国号は、古代日本の基本法だった律令の令に使われており、恐らくは大宝律令が制定された直前から使われ始めたものと考えられています。[19] もともと「倭」と呼んでいた国を、その頃、漢字で「日本」と表記し、「やまと」と訓じた。これが「日本」という国号の由来だと、いまの学界では考えられています。

これは明らかに中国との対抗を意識した名称です。まず中華帝国がある。当時は大唐ですが、大唐に対して日本というものを立てて、対等な国だと表現する。中国のように「大」という字を冠することはさすがにしないけれども、日本は中国とほぼ対等な、独立性の高い国だと強調するために創られた文字です。

ですから、日本人の知識人たちは、先祖たちが「倭」に代えて「日本」という文字を使い出したのは、国威を発揚した立派なことであると考えてきた。かつて聖徳太子の送った使節は大隋の煬帝に対して「日出処《ひいずるところ》の天子、日没処《ひぼつするところ》の天子」云々と書いた国書を差し出したと伝えられ、それと同じく、「日本」を使ったのは天晴《あっぱ》れなことだと語ってきたのですが、宣長はそれを否定した。

なぜかと言うと、日本の天皇は世界の中心でなくてはいけない。アマテラスという太陽神の子孫が統治する日本こそ世界で唯一無二の「中国」なのであって、その他に対等な存在があってはいけない。最近まで同僚だった神野志隆光《こうのしたかみつ》先生によると、「日本」とは、中国から見て日が昇るところというイメージからつけられた名のようですが、宣長はそれを、中国中心に見た名だということをよく知っていた。ですから、中国から見た辺境という意味を含む名前はけしからんと言い張って、とにかく『日本書紀』を学びの対象から外そうとしたのです。

でも、どうでしょう。宣長は日本は世界の中心だとムキになって主張しているときに、自ら日本を中国と比べるのです。中国風はいけないとこだわるのです。忘れられないのです。忘れたくてたまらないのに。

皆さんご存じかと思いますが、彼の著作の中には、たびたび「漢意《からごころ》」はいかんという言葉が出て来ます。私は高校生で受験勉強をしている時に、『玉勝間《たまかつま》』というエッセイの注釈本を先輩からもらいました。ちょっと中を覗いてみたらとても面白い。日本にもこんな偉い学者がいたのかと喜んでしまいました。

たとえば、我々、学問をする者は、いくら師匠が立派だといっても、その説に無条件で従ってはいけない、自分の頭で考えて、自分の説を立てなさい。「ああ、こんな日本にも立派な学者がいたんだ」、「物まねはいけないと言うのは西洋の学者たちと同じだ」と。しかし同時に、その『玉勝間』を拾い読みしていると、この「漢意」はいけないという言葉にしょっちゅうぶつかる。

日本人が「漢意」、中国風のものの考え方をしてはいけない。中国人は理屈っぽい。やたらに理屈を立てて議論をする。それが中国の秩序が安定せず、頻々と王朝交代が起きる原因だ。日本人は本来、「清く明く直き心」を持っていた。『万葉集』や『古事記』を見ていると、古代の日本人は、清く濁りがなく、明るく、そして素直な心を持っていて、心に感じたことに素直に従って行動していた。それが日本人の良いところだったのだと言うのです。

それに対して中国人は何かというと理屈をつけ、理屈だけで物事を決めようとする。それはいけない。仏教、さらに儒教が中国から入ってきて以来、日本人は「漢意」になずんでしまって、本来の姿を見失ってしまった。宣長の著作を読んでいると、あちこちでこういう批判にぶつかって、面食らうことになります。

しかし、私はこの『古事記伝』の序文を読んでいて思いました。何たることか、宣長という人は理屈っぽい、しつこい、とてもかなわん（笑）。彼の理想は、おそらく『源氏物語』に描かれた男女の恋愛、そのむつまじく、複雑な綾を持った感情生活にあったのでしょう。しかし、文章を見る限り、彼はとても理屈っぽい（笑）。彼は実は、中国の否定を語りながら、中国風に行動してしまうという面を併せ持つ人だったのではないでしょうか。

他面、私は『古事記伝』の序文を読んでいた時、「あっ、これこそが実はナショナリズムの特徴なんじゃないか」とひらめきました。心に忘れたくても忘れられない他者を抱えている。真に自信がある人は自足していて、自ら「自分は偉い」と言う必要はない。逆にいつも他者と自分を比べ、劣等感に囚われていると、どうしても「自分は偉い」と言ってしまう。こういうことですね。

この「忘れえぬ他者」という現象には、他にも似たものがあります。たとえば、エディプス・コンプレックス。男の子が意識下に父親に対して殺してやりたいと思うほどの敵意を持つことがそうです。実業家として成功し、四十そこそこで大金持ちになったのに、父親が認めてくれない。そういう感じですね（笑）。そういう心の動きがナショナリズムの中にもはっきり見える。この二重性とそれが宿すダイナミズム、それが「忘れえぬ他者」の基本的特徴です。

「忘れえぬ他者」の非対称性――「中心」と「周辺」

次に、これをさらに一般化して考えてみましょう。この「忘れえぬ他者」という現象には、いくつもの面白い特徴があります。まず、多くの場合、非対称である。二者、三者の人間関係の間に生起する現象ですが、一方だけの片思いが多い。中心に対して、周辺部にいる人が、「あの中心に対抗しよう、いつか凌《しの》いでやろう」、こう思いだします。

江戸時代の日本人の中国に対する思いがまさにその良い例です。しかし、それと似たようなことは世界中にあって、たとえば、フランス革命後、ドイツ人がフランスに対して持った感情がよく似ている。ナポレオンに率いられたフランス軍がドイツ各地を占領しましたが、ドイツ人はそれに対抗して改革を始める。フィヒテが「ドイツ国民に告ぐ」という演説[20]ではっきり述べたように、フランスの掲げる普遍的理想に対抗し、「ドイツらしさ」を打ち出しながら、自国を立派な国に改革してゆこうという運動を始めます。それと似たようなことが、ナポレオンのゆく、あちこちで起きています。

しかし、フランスの側ではドイツがどうのこうのと意識しているわけではない。江戸時代と同時代に生きた中国人も、日本がどこにあるかよく知らない人が多かったでしょう。中心や普遍に立つ側は周辺を本気で意識していません。

このアイデアを思いついた時に、アメリカの友人ルーク・ロバーツさんに話したら、彼は「まさにそう。我々アメリカ人にとってはイギリスがかつてそうだったんだ」と答えました。そこでこのモデルはもう少し拡張できます。旧植民地に暮らす人々の、旧宗主国に対して懐く感情もそうなのです。私は一九九〇年の冬にインドに四カ月ほど住んだことがあります。東京大学とデリー大学の交換教授として出向いたのですが、デリーの人たちといろいろ議論をやってみて気づいたのは、この人たち、イギリスはけしからんと言っているくせに、実はとても好きなんだということです。基本的にインドの人たちは、イギリスが好きです。口でその植民地支配を批判し、独立を称えますが、秩序の作り方は真似ている。

あの広大な国で軍へのシビリアン・コントロールがきちんと効いているのは、イギリスを真似たせいもあるのではないかと思います。私が下宿していたのは軍人の家で、日本で言えば陸軍大学校の校長をやってから退任した方の家にお世話になったのですが、彼やその関係者と話していて分かったのは、インドの軍人には政権を奪うことは無論、政治に介入しようという意志がまったくないことです。戦前の日本や現代の中国とまるで違う。これはやっぱりイギリスの影響かなと思って彼らの話を聞いていました。

以上を一般化すると、文明の中心にはナショナリズムが起きにくい、むしろそれは周辺部から始まるという傾向が指摘できます。中心部は最後です。もう一つ例を挙げると、オスマン帝国では、周辺部のエジプト、ギリシア、さらにセルビアが独立してゆき、二〇世紀の初めに帝国が解体する頃になってようやく、トルコ人のトルコをつくろうという青年トルコ党が出現する。[21] 中国でナショナリズムの出現が遅かったのもオスマン帝国によく似ていると思います。

次に、中心は普遍であることを当然のように主張し、周辺部は常に特殊に位置づけられるという現象があります。日本人は日本は特殊だ、独特だと語る癖があります。宣長は太陽神の子孫の国は世界の中心だと述べたので、世界に対してその普遍性を訴えてもよさそうなものですが、そうはしなかった。『馭戎概言《ぎょじゅうがいげん》』という本を出版して、日本と隣国との外交史を通観し、時々の外交担当者が日本の隣国に対する優位性をきちんと主張しなかったと手厳しい批判をしていますが、同時代の外国との関係については、西洋を含め、積極的な提言はしていない。当時、外交を論ずるのがタブーだったとはいえ、印象としては、彼とその後継者たちは、外部に現存する国々を無視して、自分たちの内部だけで通用する言説、普遍よりは特殊に閉じ籠もる方を選んでいたように見えます。

日本の知識人は現在でも特殊にこだわります。日本人の中からマルクスやトクヴィルやフーコーみたいな思想家が現れることは想定せず、むしろそれは不遜《ふそん》なことだと固く信じているように見えます。偉大な思想家は中国や西洋に生まれるのであり、日本人は常にその忠実な弟子であるべきだと信じて止まない。日本の歴史を通じてこの傾向は顕著です。外国人が読むことを想定して、その思想を普遍的な形で表現した人がどれほどいたでしょうか。稀に例外はありますが、一八世紀の後半に国学が生まれ、さらに近代には西洋の思想を学び直さなくてはならないという必要にさらされたため、この傾向はますます強化されてきたように見えます。

両義性と複数性のダイナミズム

次に別の側面を指摘しておきます。「忘れえぬ他者」現象には、単純な愛や憎しみがあるわけではなくて、むしろ両者が同時にあるのが普通です。アンビヴァレンス、「両義性」と訳されますが、これが常に「忘れえぬ他者」にはある。愛しているが憎んでもいる。憎しみを口にするが、実は気になってしようがない、こういう関係です。尊敬と軽蔑、親愛と恐れの感情の両方が同時にある。

したがって、「忘れえぬ他者」現象を理解するには、表と裏、表面に見えているものと裏に潜んでいる逆の感情の両方に着目する必要がある。たとえば、江戸時代、宣長の生きた直前の時代に荻生徂徠《おぎゅうそらい》という人がいました[22]。荻生徂徠は儒学者、漢学者ですから、漢学を尊崇し、その古典を畏敬の念をもって学びましたが、しかし、自分は中国人をしのぐ偉大な解釈を生み出したと自負してもいました。漢学の範囲で中国に対抗するという強烈な意識を持っていたのです。表面を見ると漢学の尊崇が目につくのですが、その裏には強烈な対抗心があった。宣長はその表裏をひっくり返したのです。宣長は、表には対抗心、憎しみすら表現していますが、裏には気になってしようがないという感覚が残っていた。徂徠と構造は同じで表裏が逆転していた。

次に、「忘れえぬ他者」は一つでなく、複数存在することが多いことに注意しましょう。江戸時代の一八世紀、宣長たちの時代には一つしかなくて、中国がそうだったのですが、一九世紀の初めにはもう一つ、西洋が登場します。複数あると、相互に影響しあって役割が変わってゆきます。表に現れているものが変わる。具体的には、西洋は初め、憎むべき、恐るべき対象でした。キリシタン恐怖の延長上で、マイナスの価値が表に付されていました。しかし、蘭学が普及するにつれてこれはすごい文明だと気がつく。そこで、大まかに言えば、ペリーが来た頃を境にして表裏がひっくり返り始める。明治になりますと、ご存じのように、学ぶべき学問の第一になる。文明開化の「文明」というのは、中国起源であれ、インド起源であれ、複数あって良いはずですが、明治以降は唯一西洋文明に特定される。洋学を夢中になって学ぶ人が次々に現れ、多くの留学生が西洋に向かいます。

しかし、それでも西洋に対する恐怖や嫌悪はなくならなかった。この側面は私の幼い頃、一九五〇年代や六〇年代には大人たちが時に口にしていたものですが、いまはどうでしょう。一九八〇年代の日本は、世界第二位の経済大国という地位を確立しましたが、私の印象ではその頃から西洋に対する恐怖、ついで関心が薄れていったように思います。

では中国はどうなったでしょうか。大体アヘン戦争頃を境目にして、中国は「反面教師」になります。ああなっちゃいけないというモデル、回避すべき逆モデルになってしまいます。ただし、明治から現在までずっとそうかと言えば、必ずしもそうではありません。表に見えている評価と別に、裏面には尊敬や畏敬が隠れ、存在し続けていました。

例を挙げましょう。一九二〇年代から三〇年代にかけて、中国では日貨排斥、つまり日本製品のボイコット運動が起きます。第一次世界大戦中に日本が突きつけた二十一カ条要求などが中国人のプライドを逆撫《さかな》でしたからですが、その時に日本のジャーナリズムは何と言ったか。中国が「排日」、日本の商品をはじめ、日本を排斥するのはけしからんと言うのです。それは日本人の立場としては当然で、分かりやすい。しかし、それと同時に語られた批判が面白い。「侮日」、日本人を軽蔑するのはけしからんというのです。中国の知識人やジャーナリズムは、当時、日本人は中国の統一を妨害し、侵略を狙っていると反日キャンペーンを張った。その時に、日本人はこの程度でしかないと書いたのが、日本人の気に障ったのです。

これは先ほどの、父親がいつまで経っても息子を認めないという現象に当たります。日本人は明治維新以後、大改革に成功し続けた。経済的にも成功したし、文明開化に努力した結果、国を立派に再建した。おまけに強い軍隊も持つようになって、それを使って現に中国を侵略している。

この立派な日本人をなぜ中国人は認めず、抵抗と蔑視を続けるのか。このように日本側は考えたのです。

ところが、中国人はけっしてそうは認めない。確かに経済的に成功したかもしれない。我々もいまは認め始めた西洋の良さを取り入れたかもしれない。軍隊が手強いことも痛いほど分かっている。そうは言っても、立派と認めるわけにはゆかない。この最後の点は二〇世紀史の複雑さをよく示しています。軍事的な強さは、その刃を自らに向けられたとしても、一種の評価につながります。蔣介石や朴正熙《バクチョンヒ》は日本の士官学校に学びました。しかし、だからといって、日本人は立派だとは言わない。成り金や凶暴な野蛮人に文明の民はけっして屈しません。駄目だ、論外だ、と言い続けるのです。

しかし、それを日本人は敏感に察知して、「何で俺たちを認めないのか」と抗議する。この行き違いが大事です。日本人は中国はもう駄目だ、ああなってはいけないと思い、現実に中国が分裂し始めると、良い機会だと見てつけ込もうとした。だけれども、どんなに押しに押しても、中国人から認めてもらえない。そこで何で認めないのだと、日本のジャーナリズムは書いてしまうのです。

という具合に、「忘れえぬ他者」現象はとても持続性が強い。表裏がひっくり返っても構造は維持され、意識下ではなお忘れないことも常なのです。しかしながら、このしつこい、「忘れえぬ他者」も変わることがある。長期的には大きな変化を見せることがあるのです。表裏がひっくり返るのがそうですが、極端な場合は消滅することもある。日本では中国が消えたことがあります。大日本帝国が、中国だけでなく、西洋の主要国も敵にして大戦争を闘い、いわば自滅しました。自滅した後、日本人は全員が日本列島に引き揚げてきた。その時、直近の過去はなかったことにしようとした。忘れようとしました。直前まで広大な植民地を持ち、それをさらに拡げようとしていた事実を忘れようとしたのです。

そこで、戦後の日本人は中国も忘れてしまった。幸か不幸か、冷戦が始まって、中国は竹のカーテンの向こうに消えてしまった。その結果、中国のイメージが日本人の世界像からすっぽり抜け落ちたのです。皆さんがどうご記憶か存じませんが、私自身ははっきりそう証言できます。小学校、中学校、高校で勉強していた時、読む本は西洋に関わるものがほとんどでした。私は、アメリカよりはヨーロッパのものを主に読んでいて、たまに東南アジアに関わる本も手にしましたが、中国についてはほとんど関心がなかった。学校では漢文を教わり、その勉強は好きでしたが、同時代の中国はまったく意識することがありませんでした。

この点について、のちに同世代の同僚や学者たちに尋ねてみたのですが、大体私と同じです。例外はアメリカのベトナム戦争に反感を持ち、憤った人々で、反米運動からアジア研究者になっていった。彼らだけ違います。欧米研究をやっている人たちは、ほとんど例外なく私と同じです。たぶん日本史をやっている人もそうでしょう。

というわけで、中国は全体が戦後日本人の頭から消えてしまったのです。しかしながら、やがてそれが帰って来た。私の場合は、一九九〇年頃、大学院のゼミに中国からの留学生が入ってきたときです。彼らは当時、異口同音に中国は日本に学んで発展するのだと語っていました。韓国からの留学生はそれほど一様ではありませんでしたが、気分は似ていました。こそばゆいような気持ちがすると同時に、私の歴史研究はあまり役立ちそうもないのだがと、複雑な思いがしたのを憶えています。ただ、ここで大事なのは別の面です。それは、私がこの時初めて、中国・韓国が現実に存在すると気づき、さらにこの人たちの国のことは何も知らないと自覚した事実です。その時から私は、ゼミで留学生たちと日本史の史料を読む一方で、中国や韓国の歴史、そして日本との関係を書いた本を少しずつ読み始めました。恥ずかしいことに、それまではまったく無関心だったのです。隣の国なのに。

私の視界に中国・韓国が再登場、実際は初登場したのは一九九〇年前後でした。しかし、普通の日本人に同じことが起きたのは、おそらくはその一〇年後、今世紀に入った頃からではないでしょうか。住む場所と仕事によって、随分違うとは思いますが。

中国はこうして「忘れえぬ他者」として復帰しましたが、そのしばらく後、日本人の捉え方はまた少し変わってきたようです。表面のイメージは駄目な国から未来の脅威に変わり、裏面の評価は密かな畏敬から発展の余儀なき認識に変わりました。

「忘れえぬ他者」はこのように長期的には変化します。しかし、その最も目立つ特徴は執拗《しつよう》さ、持続性です。一度ある歴史記憶ができると、めったに変わることはありません。

モデルの応用——歴史記憶への対処法

最後に、ここまで紹介してきた「忘れえぬ他者」のモデルを現在の問題に応用してみましょう。

私たちはこの二十数年、隣の国々から「歴史問題」、あるいは「歴史認識問題」と呼ばれる問題を突きつけられてきました[23]。日本人は二〇世紀の前半に我々の国を侵略したが、その事実をいまどう認識しているのかという問いかけです。これを戦後の日本人は忘れていました。先ほど説明したような事情で忘れていたのですが、韓国にしても、中国にしても、かつて日本に痛めつけられた記憶は牢固《ろうこ》としてのこっている。しかも、それは彼らのナショナル・アイデンティティと密接不可分です。一九九〇年代から東アジアの経済関係が密接になり、人々の行き来が盛んになると、このギャップが絶えず日本との間に争いを引き起こすようになりました。これを何とか解消しないと、少なくとも和らげないと、日本人は楽になりません。現在生きている日本人の大多数は戦後の生まれで、侵略の当事者ではない。また、中国や韓国でも、国民の大多数は直接の被害者ではありません。いま生きている日本人の多くは、自らがしていないことに責任を問われる、苦しい、不条理な立場に置かれています。

なぜ中国や韓国の人々がいまなお日本人を責めるのか。直接には、学校で歴史教育が行われ、そこに二〇世紀前半の日本の侵略が特筆大書されてきたからです。世代が変わっても歴史記憶は継承され続ける。しかし、これを止めよと要求するわけにはゆきません。どの国であろうと、歴史教育を止めると国民として共有する記憶がなくなり、公共問題への関心をつなぎ止める媒体がなくなる。日本側でも同じことです。すると、歴史教育の内容が適切か否かが問題になってくるのですが、これも簡単に変えてくれと求めるわけにはゆきません。というのは、中国や韓国では、二〇世紀前半の抗日の記憶が現在の政権や社会の主流の正統性を支えているからです。理屈の上では、経済発展の実績など、他に正統性を見出したり、正統性を多様化することが可能なはずですが、そうした心のゆとりが生まれるには、なお、長い長い時間がかかると思います。

するると、我々ができるのは日本側として賢明に対処することだけです。そこでまず指摘せねばならないのは、日本側からいやな記憶を思い出すよう挑発するのは拙策だということです。かつて日本人に痛めつけられたという記憶は、先方にとっても愉快なことではありません。フィクションで悪役がやっつけられるのを見て溜飲を下げるのとは違います。先祖の生々しい苦しみを憶い出し、他人ごととは思えない。その鬱憤《うっぷん》を晴らそうとすると、その相手もまた生身の人間、事件当時には生まれていなかった日本人です。あからさまな復讐は分別のある人なら敢えてできることではありません。なので出口がない。しかし、そういう事情に日本人は鈍感で、いやな記憶を先方に思い出させるような発言を、しばしばしてしまう。いまさら思い出したくもない記憶を、日本人が自ら暴《あば》き立てるのです。

いまの日本人は、戦後六〇年も平和に暮らしてきました。その間、日本人が中国や韓国を痛めつけたことはないし、実際に日本に留学してきた中国の人たちは、日本は予想以上に良い国で、日本人はやさしくて親切だと言います。でも、国に帰ったらそう言えない。現実の日本を知らない中国人は、日本はつねに我々の妨害をしようと虎視《こし》眈々《たんたん》と狙っているに違いないと思い込んでいて、その耳には入らないからです。帝国陸軍の暴虐を主題とする映画がいまなお毎年作られていて、多くの人々がそれを見て日本人は変わっていないと信じ込んでいます。韓国とは、いまは双方とも盛んに往来し、情報の流通も規制されていないので、程度は異なりますが、思い込みの型はまったく同じです。

ですから、こちら側が、日本は二〇世紀の前半に侵略戦争はしなかったとか、さらにはあれは君たちのためにやってあげたのだとか言うと、それは露骨な挑発になって、彼らはすぐに既成の歴史記憶を思い出します。世代が変わり、薄れかけているはずの日本に対する悪感情が再生産される。長い時間が経てば自然に消えてゆくはずの悪しき記憶が消えなくなってしまう。

感情は既に消えているのです。感情は世代的に受け継ぐことができません。しかし、記憶の形は残っている。感情はなくて形だけが残っている。しかし、何か問題発言が伝わると、瞬間的に形が感情を呼び起こし、日本はけしからんと逆上してしまうのです。この歴史記憶の形は小学校、中学校、高校を通じて教え込まれてきたものですから、予見できる将来になくなることは期待できません。そういうわけで、壊れ物注意！　十分注意し、用心深く対処すべきことは間違いありません。

日本の若い人たちとこういう話をしていると、「私たちは関係ない。何でそんなこと考えなきゃいけないの。私たちは全然悪いことやってない」という声が返ってきます。自分で悪事をやっていない人に向かって土下座を要求するのは確かに無理がある。

しかし、若い世代も同じ日本国民です。そして父や祖父、母や祖母の世代が築いた豊かな社会を相続しています。財産を相続しながら、その中に混じっている負債は引き継がないというのもおかしい。

ですから、私たちを含めた後世代は責任の一部は引き継ぐ必要がある。「謝罪」とまで行かなくても、先祖の非を認めることは必要です。被害者の子孫たちに出会ったとき、二〇世紀の前半に我々の父祖があなた方の先祖を酷い目にあわせたことは確かに知っている、それについては非常に悪かったと思う、しかし私たち自身はやっていないことを理解してほしい。このように、私は事実を知っている、残念だ。そう言うだけで、たいていの人は、中国人も韓国人も、それ以上は問い詰めないはずです。無論、中にはしつこい人がいて、しつこい人は何を言っても駄目です。しかし、常識ある人は、「私たちは、知っています」と心をこめて語ると、それでもう話を止めます。ですから、若い人たちに「何で?」と問われたら、「こういう事情なんだよ」と、順を追って丁寧に説明する必要がある。そうすれば、いまは牢固として存在している悪循環を断つ道が、いずれは開けてゆくだろうと思います。

なお、ここで戦争と植民地支配の違いについても触れておきましょう。中国と韓国・朝鮮の違いです。戦争は昔は国家の正当な行為でしたが、二〇世紀に国際法が変化して、侵略戦争は違法になりました。第二次世界大戦後のドイツや日本のように、戦争指導者が裁判にかけられて処刑され、その過程で実際に拘束力を持つ国際法が存在するようになったのです。

ところが、植民地支配についてはは明確な国際的取り決めがない。たとえばイギリス、フランス、アメリカはかつて広大な植民地を支配して、多くの利益と栄華を享受しましたが、第二次世界大戦後にそこから撤退した後、支配し、屈辱を強いた相手側に対して謝罪も賠償もしていません。これに対し、日本は韓国との国交回復の際、見舞金という名目で一種の賠償をしました。正式の謝罪はしていませんが、植民地支配に対して事実上の賠償をしたのは世界的に珍しいことです。二〇世紀前半までの他の帝国主義国はまだその域に達していません。いま世界では植民地責任という概念が議論され始めていますが、日本は実はその領域に初めて足を踏み込んだ先進国の一つなのです[24]。

しかし、この事実は世界では知られていない。たとえばフランスでは、日本の朝鮮への植民地支配は、フランスのアルジェリア支配よりはるかに残酷なものであったという認識が定説になっているそうです[25]。これに限らず、日本人は特別に悪い、無反省だという認識がいま世界中に流布しています。典型的には、戦闘下で発生した南京大虐殺をホロコーストという意図的な民族抹殺と同一視して、ドイツ人は反省したが日本人は無反省だとする言説がそれです。これは中国人だけでなく、世界中の第三者、そのほとんど全員がそう信じ込んでいます。このような思い込みをほぐしてゆくのは容易ではありません。しかし、とても大事な課題です。それには、日本人が事実を正視し、遺憾の意を明らかにし、昔といまの違いを指摘しながら、静かに語り続けるほかないだろうと思います。

さて、最後に、歴史記憶には激変も起きることに留意を促して、ナショナリズムの話を結ぶことにしましょう。中国のことですが、一九六〇年代から七〇年代にかけて中ソ論争という厳しい対立があり、その時代には、中国はソ連との核戦争を想定し、北京の地下鉄を地下深くに建設したことがありました。一九七二年に中国政府が仇敵日本と国交回復に踏み切ったのも、過去よりは目前の敵、ソ連と対抗するためでした。[26] その頃、この中ソ冷戦が熱戦になっていたら、ソ連が一番の敵、「忘れえぬ他者」になって、日本は二番目の悪者に降格されたはずです。しかし、そういうことは起きませんでした。

今後、中国とロシアが戦争することはないでしょう。また、東アジアで大戦争が起きることもまずないでしょう。そうすると、中国での日本の悪しき記憶は永遠に無くならない。いわば日本は最後にババを引いてしまったのです。こういうわけで、日中の間の歴史記憶に劇的な解決が訪れることは期待できません。忍耐強い、慎重な対処以外に策はないのです。

次に韓国の場合を説明します。日本人は知らないことが多いようですが、前近代の朝鮮王朝の時代には、朝鮮の「忘れえぬ他者」の第一は清朝でした。秀吉が二度侵略して朝鮮人を酷い目に遭わせましたが、その後、今度は満洲族が朝鮮を二度にわたって侵略しました。朝鮮人にとってはどちらも悪者ですけれど、最後にそうしたのは清朝です。しかも、朝鮮族は以前は女真族と呼んでいた満洲族をもともと未開の民として見下していました。その満洲王朝から冊封を強制され、朝貢を続けざるを得なくなったのです。[27]

ですから、一番の悪者、恐るべき「忘れえぬ他者」は清朝で、日本は二番目だった。しかし、日本による侵略の記憶は民間にのこっていました。パンソリという口承文芸がありますが、その中に伝えられていて、それが一九世紀の半ばに知識人たちによって採録され、文章化されて、この被害の物語が広まって行きます。そして、その下地ができはじめていたちょうどその時に、日本が秀吉を想い起こさせることをやってしまった。朝鮮と国交のあった徳川公儀が倒れ、これに代わった明治政府は当然、国交の更新を申し込んだのですが、それがこじれてしまった。日本政府は結局、武力的威圧を背景に条約を結ばせることになります。それだけなら、明治の日本人が西洋に強制された条約に屈辱を感じながらも関係を維持したように、朝鮮人はまだ耐えられたかも知れません。しかし、のち、日露戦争後には日本が朝鮮を直接に支配してしまう。

パンソリで、かつて倭人の秀吉にこんなひどい目に遭わされたと語られていたことが現実になってしまった。そうすると、今度は日本が一番の悪者になり、中国が二番目に降格されました。そして、この時できた「忘れえぬ他者」の関係、記憶の形がずっと現在まで続いているのです。

しかしながら、注目すべきことに、つい最近になって、また二つの「忘れえぬ他者」同士の関係が変わり始めています。韓国の一部では中国の方が日本より怖い、いまそういう認識が生まれ始めている。逆に、中国はいずれ東アジアの盟主として復帰するのだから、いまのうちに手を打っておけという意見もあると聞きます。いずれが優越するのか、現在は分かりませんが、二つの「忘れえぬ他者」の相互関係、そして表裏の変化は慎重に観察し続けた方がよいと思います。「忘れえぬ他者」。このモデルは、東アジアだけではなく、全世界で使えます。この捉え方をいろんなところに行って話すと、大概、「それは面白い。我々にとっては、〇〇との関係がそうなんだ」という答えが返ってきます。日本から出発して普遍的なモデルが創れるという具体例として、参考にして下されば幸いです。

1 三谷博・並木頼寿・月脚達彦編『大人のための近現代史――19世紀編』東京大学出版会、二〇〇九年。島田虔次『中国の伝統思想』みすず書房、二〇〇一年。川島真編『東アジア世界の近代一九世紀』（岩波講座　東アジア近現代通史1）岩波書店、二〇一〇年。

2 島田虔次、前掲書、三一頁。宮崎市定『科挙――中国の試験地獄』中公新書、一九六三年。

3 佐藤慎一『近代中国の知識人と文明』東京大学出版会、一九九六年。並木頼寿編『開国と社会変容』（新編原典中国近代思想史）岩波書店、二〇一〇年。

4 鈴木智夫『洋務運動の研究』汲古書院、一九九二年。

5 坂野正高『近代中国政治外交史』前掲、四三〇頁。吉澤誠一郎『愛国主義の創成――ナショナリズムから近代中国をみる』岩波書店、二〇〇三年。

6 古澤誠一郎『愛国主義の創成』前掲。

7 園田節子『南北アメリカ華民と近代中国――19世紀トランスナショナル・マイグレーション』東京大学出版会、二〇〇九年。

8 長崎暢子『ガンディー――反近代の実験』岩波書店、一九九六年。

9 坂野正高『近代中国政治外交史』前掲。吉澤誠一郎『愛国主義の創成』前掲。

10 Henrietta Harrison, *China (Inventing the Nation)*, Bloomsbury USA, 2001. 小野寺史朗『国旗・国歌・国慶――ナショナリズムとシンボルの中国近代史』東京大学出版会、二〇一一年。

11 Henrietta Harrison、前掲。

12 Henrietta Harrison、前掲。文化抵抗の中心にあった人物について、舒乙著・林芳編訳『文豪老舎の生涯――義和団運動に生まれ、文革に死す』中公新書、一九八五年。動員一般については、石島紀之、久保亨編『重慶国民政府史の研究』東京大学出版会、二〇〇四年。ラジオについては、貴志俊彦・川島真・孫安足『戦争・ラジオ・記憶』勉誠出版、二〇〇六年。

13 楠山研『現代中国初中等教育の多様化と制度改革』東信堂、二〇一〇年。

14 大原信一『中国の識字運動』東方書店、一九九七年。

15 人民教育出版社歴史室編著、小島晋治ほか訳『中国の歴史――中国高等学校歴史教科書』明石書店、二〇〇四年。

16 とりあえず、前掲『大人のための近現代史――19世紀編』第二二章（川島真執筆）。

17 渡辺浩『日本政治思想史――一七～一九世紀』東京大学出版会、二〇一一年。

18 三谷博『明治維新を考える』前掲、第一章。

19 神野志隆光『「日本」とは何か――国号の意味と歴史』講談社現代新書、二〇〇五年。

20 エルネスト・ルナンほか『国民とは何か』インスクリプト、一九九七年。

21 鈴木董『オスマン帝国の解体――文化世界と国民国家』筑摩書房、二〇〇〇年。

22 吉川幸次郎『仁斎・徂徠・宣長』岩波書店、一九七五年。

23 三谷博・金泰昌編『東アジア歴史対話――国境と世代を越えて』東京大学出版会、二〇〇七年。
三谷博編『歴史教科書問題』日本図書センター、二〇〇七年。

24 永原陽子『「植民地責任」論――脱植民地化の比較史』青木書店、二〇〇九年。

25 アルノ・ナンタ「植民地主義の歴史と〈記憶〉闘争――世界史の中に日本を据え直すために」、

『環』四九号、藤原書店、二〇一二年。

26 服部龍二『日中国交正常化――田中角栄、大平正芳、官僚たちの挑戦』中公新書、二〇一一年。

27 桑野栄治「朝鮮小中華意識の形成と展開――大報壇祭祀の整備過程を中心に」、朴忠錫・渡辺浩編『国家理念と対外認識――17―19世紀』慶應義塾大学出版会、二〇〇一年。

第3講

革命 一

それでは第三回目の講義を始めさせていただきます。今日から二回は革命がテーマです。明治維新について考え、そこから世界の近代に起きた様々な革命を理解するための一般的な手がかりを獲得しようというのが、この部分の狙いです。

実はいまから七年後に王政復古一五〇周年という年が来ます。その時に、世界のいろいろな革命を明治維新と比較するシンポジウムをやりたいと考えています。七年後と言いましても、具体化には相当な時間がかかりますので、いまから準備をしないといけません。その一環ですが、フランス革命史の研究者たちと提携して、二〇一五年に中国の済南で開かれる国際歴史学会議、これは五年に一回、世界の歴史家たちを集めて開かれる大規模な研究集会ですが、そこで明治維新を含む近代諸革命を比較しようという提案をいたしました。フランス革命史国際委員会という研究グループが賛成し、日本と韓国の委員会もプッシュしてくれて、二〇一二年九月の理事会で採択されましたので、実現するはずです。この講義の出発点は明治維新なのですが、ゴールは革命現象の世界比較にあります。

1 【問題】明治維新の謎

そこで明治維新です。維新というと、我々はよく知っているつもりでいますが、あらためて考えると、実にわけの分からないことがいっぱいあるのです。我々が高校や大学で教わった世界の近代史を考える枠組みでは、どうもうまく説明できない。そのせいかどうか、実は、世界の革命を比較した研究の中に、明治維新は登場しません。無視されています。

明治維新はなぜか世界比較に登場しない

たとえば、シーダ・スコチポルという、いまハーヴァード大学で政治社会学を教えている方が書いた近代革命の比較研究があります。[1] 彼女はフランス革命とロシア革命と中国革命を比べていますが、その中には執筆の直前に起きたイラン革命に触れた箇所もあります。しかし、そこに明治維新は登場しません。

また、日本人の中野実という方が書いた『革命』という本にも書かれていない。[2] これは、革命やクーデターを二十いくつか比較した本なのですが、なぜか明治維新だけは落ちている。日本人でありながら日本だけは無視したという不思議な本です。

どうしてそうなったのでしょうか。多分、明治維新は比較の俎《まないた》にのせにくいと多くの人が思っていたからでしょう。アメリカに行って話しているとよく分かるのですけれど、革命とは君主制を打倒することだという思い込みが非常に強いのです。そうすると、王政復古、古代からの君主が政権の座に復帰して、それを中心として政治社会が再編成されたという明治維新は、あるはずがない、あってはならない事件というか、偽物の革命と見えるわけです。

なぜ偽物と思うか、もう一つ理由があります。維新でできた大日本帝国が、一九三〇年代に大々的に近隣を侵略し、欧米とも戦いました。結果が悪い。結果が悪かったので、その出発点も間違いだったに違いない。こういう理解がアメリカにはよく見られるのです。アメリカ人に限りません。日本人にもそう考えた人たちがいました。戦後の維新史研究の主流をなしたマルクス主義歴史家たちも、戦前日本への批判から維新を偽物の革命として捉えました。[3]

こういうわけで、明治維新は近代世界の諸革命と並べて考えるに値しないとか、たとえ比較するにしても取るに足りないとか、なかった方が本当は良かったのだと言わんばかりの扱いを受けてきたのです。

しかしながら、世界には君主制を基礎にした革命もあります。イギリスには後世から名誉革命と呼ばれた革命がありますが、これは維新に比べると小規模な政治変革に過ぎませんでした。これをレヴォルーションと呼ぶのは変ではないかという議論も可能です。

維新で起きた変化は巨大だった

第二に、ここが肝心なのですが、明治維新は結果が巨大だった。世界の近代諸革命の中でももっとも大規模な社会的権利の再配分が行われたのです。世襲身分制、人は生まれながらに地位が異なるというのが、人類に政治社会が生まれて以来の常識だったのですが、維新はそれを覆したのです。

それまでの支配身分は、平安後期に現われた武士でした。維新当時は人口の約六パーセントくらいいたのですが、世界的に見たらこれは正真正銘の貴族にほかなりません。武士たちは実際に、貴族にふさわしいきわめて優雅な物腰と言葉づかいを持つ人たちで、乱暴な言葉づかいは生まれながらにできない人々でした。我々が想像しがちな武士像とは違って、とても品のいい貴族的な人々です。

そういう人々がいなくなった。例外はその頂上部分、二百数十の大名と公家たち、合わせて四〇〇家くらいの人たちで、彼らは維新後、華族と名づけられて例外的に特権的な身分を享受することになりました。しかし、貴族身分のほとんど全体を占めていた普通の武士たちは消えてしまったのです。

これと同時に、それまでは生まれながらに差別され、平民からも蔑視されていた被差別身分の人々が、少なくとも法制上では差別されなくなった。平民の中に統合されてゆきます。

というわけで、巨視的に見ると、明治維新の結果はとてつもなく巨大でした。当時の日本は、実は世界でもっとも人口の大きな国の一つでしたが、そういう国で起きた大事件を無視するのはおかしい。そうすると、維新が世界比較の研究の中に登場しないことは、異常な事態だと言ってよいと思います。

何が変わったのか──歴史のスナップショット

次に、維新で何が変わったのかを、まず確認しておきましょう。この変化をどう理解すべきかは次回に議論しますが、その前に事実を確認しておきましょう。二つの時点でスナップショットを撮り、それを比較すると、どこが変化したかが分かります。具体的には、ペリーが来た頃、一八五三年の日本と、西南戦争が始まって終わった一八七七年の日本、この二十数年の間の違いを比べてみる。歴史という動画を見続けるのではなくて、スナップショット、二つの時点の静止画を比べてみると、確かに変化があったことが分かります。いかにしてとか、なぜそうなったのかという問いに答えるには動いている姿を見なければいけないのですが、変化があったこと自体は、こうすれば簡単に分かります。

ペリーが来た時の日本はどんな国だったか。[4] 無論、日本と外国との交際はきわめて限定的でした。外国で日本と国交があったのは朝鮮、琉球だけですし、貿易だけをしている範囲に広げても、中国とオランダのみ。極めて限定された関係しか持たない、いわゆる鎖国の状態だったのですね。

これに対し、一八七七年の日本はどうだったかというと、これは対外的に開放されています。西洋だけでなくて、近隣諸国、清朝や朝鮮とも新しい関係を結んでいました。

また、実は江戸時代より領土を広げてもいた。蝦夷地は既に北海道として開拓を始めていましたし、かつて薩摩に支配されつつ中国にも朝貢していた琉球も、併合して沖縄県に変える寸前で

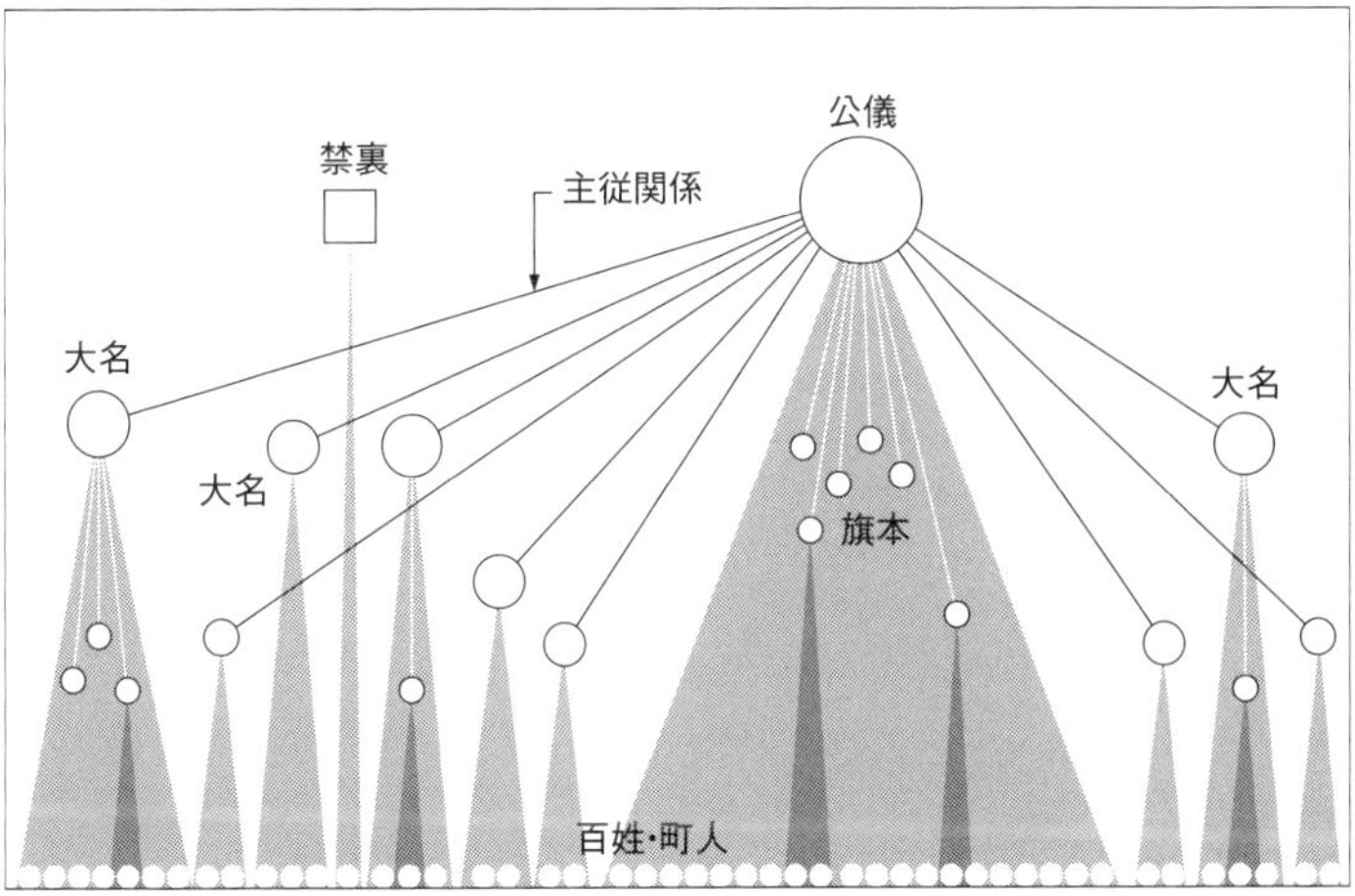

図３　近世日本の複合国家

した。という具合で、外国、そして周辺地域との関係は、随分変わっています。

次に国の基本的なシステムですが、もともとは連邦国家でした。二百数十の国があって、しかも二つの中心があった。それが、単一の中心を持つ集権的な国家に変わっています。ここに示す近世日本の政治構造を描いた図３は、昔、聴講した石井紫郎先生の講義から借用したものです。丸で描いたのが人間で、三角で描いたのが組織だと思ってください。

私は江戸時代の日本を「複合国家」と呼ぶことにしています。もともと水林彪先生が造られた言葉ですが、私は連邦国家という一般的な表現が不十分なときに借用させてもらっています。その基礎単位が大名の国家で、日本という国家の中にまた国家がある、入れ子の形をしていたからです。大名の政治組織は、いま「藩」と呼ばれていますが、それが普及したのは明治の初めのことで、江戸時代にはしばしば「国家」と呼ばれていました。

さて、ここで「公儀」と書いたのは、いわゆる徳川幕府のことで、その主の「公方」、徳川将軍のことですが、これが様々な大名と人格的な主従関係を結んでいました。この人のつながりが近世日本国家の骨格を成していたのです。

それぞれの大名はまた家臣たちとも主従関係を結んでいました。その家臣たちは官僚の集団として庶民たちを統治している。大きな大名のなかには、徳川将軍家と同じく領地を家臣に分け与えて間接統治していたものもありましたが、大多数の大名は家臣を官僚として組織して直接に領国を統治する、かなり単純な統治構造をつくりました。一つの土地の上に多数の支配者が重なっていた中世までの日本とは随分違う姿です。しかし、日本全体として見ると、このような国家が二百数十も横並びになっていた。隣国と比べるとかなり複雑な構造を持っていたのです。

次に、上の方を見ると、世界史的にきわめて珍しい現象が見られる。京都に江戸時代の人々が禁裏《きんり》と呼んだ中央政府がもう一つあった。いま朝廷と呼んでいますが、その名が広まったのは幕末のことで、それ以前は徳川幕府に対しても朝廷と呼ぶことがありました。朝廷とは、中国語でもともと政府という意味ですから当たり前です。江戸時代の人たちは、京都の政府を「禁裏」とか「御門《みかど》」と呼ぶことが多かったようです。一方、江戸の政府については、「公儀」とか「公辺」と呼んでいました。ご存じのように、日本では鎌倉以来、中央政府が二つあり、何百年もの間並び立っていましたが、世界的には珍しいことです。ベトナムの近世に似たような現象があったようですが、江戸時代のように長期間、平和共存していたわけではありません。

さて、私たちは江戸の政府を「幕府」と呼び慣れています。この呼び名が広まったのは、実はペリーが来た頃から後のことです。「幕府」と呼ぶのは、本当の政府は京都にあるという意味合いを内包している。ペリーが来た五年後、安政五年の政変が起きて、その最中に日本の政治の中心が京都に移り始めましたが、それは言葉づかいの変化にはっきりと現われています。これが王政復古の前提になったのは言うまでもありません。

一旦まとめると、近世にはこのような複合的な国家があったのですが、王政復古と廃藩置県によって、たった一つの中心と政府を持つように変わった。これはよくご存じの通りです。

しかし、もっと大事な変化があります。それまでの日本では、古代以来、生まれながらに身分が決まっていた。江戸時代の長い平和の中では、その構造を変えるのはほとんど不可能で、その階層構造の境目を通過した個人がいるにはいましたが、ごくわずかでしかありませんでした。

それに対して明治以降の日本は、華族以外はみな同じ身分になってしまう。そして、「国民」という言葉が発明され、流行します。「国民」とは日本国の主体、政府の統治対象であると同時に秩序の担い手でもある存在で、維新の後、しばらく経ってからは、選挙によって代議士を国会に出し、法律と予算の決定に間接的に関わることも始まるわけです。

その出発点は、明治政府が発足直後に行ったことにある。日本列島に生まれて育った人は、みんな同等の権利を持つことにした。従来の身分観をすっかり覆したわけです。

最後に、経済とか社会についての考えも変わった。江戸時代の日本では、とにかく現状を維持するのが真っ当な態度であって、家々の生計の改善はともかく、世の中を変える必要は微塵《みじん》もないというのが常識の世界でしたけれども、明治の日本は、いま我々が使っている言葉を使えば開発政策に変わる。とにかく経済を発展させ、人々の能力を最大限に引き出して、みんなが豊かになるようにしようという政策を採るようになったわけです。江戸時代の日本人は同じ世が永遠に続くのが当然と考えていたのに対して、明治以降の日本人は、日本は常に変わり続けねばならないという強迫観念にとらわれた。最近になってやや変わったように見えますが、それまでは、変化が至上命令でした。明治維新は、政治だけでなく、人々の生活態度も変えたのです。

維新の原因は特定できない

さて、明治維新にはいくつも不可解な事実があります。その第一は、結果は大きいのに、どうも目立った原因が見えない。結果と原因が不釣り合いに見えるということです。[6]
その中身自体もちょっと不思議で、武士という貴族身分が自分の手で自分の身分を壊してしまった。これは非常に理解がしにくい。明治維新を起こしたのは、百姓や町人という庶民、彼らの中の上層部分や知識人ではなくて、武士身分の中の知識人だったのです。
自分で自分の身分、特権を剝奪するというのは、尋常なことではありません。どう考えても人間として不自然なことで、理解するにはいろいろ工夫を凝らさねばなりません。

この点をはっきりと指摘したのが、司馬遼太郎さんです。ＮＨＫで番組を作り、それをまとめた『「明治」という国家』という非常に面白い本がある。[7] 私は随分とこれに影響を受けました。

司馬遼太郎さんは、そこでこう言っている。明治維新で一番偉いのは誰か。それは、徳川慶喜だというのです。明治維新の一番大事なポイントは、普通、司馬さんの世代だったら、王政復古だと語ったはずなのですが、彼はそう言わない。その代わりに、武士身分がなくなったことだと語り、それを押し詰めていくと、徳川慶喜が大政奉還に踏み切ったことに大きな意味があったと言う。慶喜が自分から政権を朝廷に差し出すという挙に出た。だから、明治維新で一番偉いのは、木戸孝允でも西郷隆盛でもなくて、徳川慶喜なんだ。こういう不思議なことを司馬さんは語っています。

彼は、明治維新はとても立派な、エリートが自己犠牲を払った非常に崇高な革命だと指摘するのですが、しかし、なぜそうなったかという説明はしていません。問題は出したけれど、解答を与えていない。慶喜は偉い、武士は立派だったと称えていますが、彼は小説家だからそれで構わないけれど、歴史家は解答を出す義務がある。そこで、私は随分と長い間頭をひねくってきたのですが、来週その辺を、うまくできるかどうか分かりませんが、お話ししてみようと思っています。

維新がいまから見て立派に見えるのは、犠牲が少なかったこともあります。およそ革命にはプラスもあればマイナスもあります。革命でより良い世の中ができることもありますが、大量の犠牲者が出がちだというマイナス面があることも明らかです。維新ではこれが非常に少なかった。前にも申し上げましたが、フランス革命の場合には、人口が日本の八〇パーセントぐらいの国でありながら、最低で六十数万人の死者が出ています。それに対して、明治維新はおおよそ三万人もいなかっただろうと思われるのです。文字通り桁が違う。フランス革命の場合、実は対外戦争もやっていますので、その死者も大量に出ました。そこで、戦争の死者を足すと、犠牲者の数は二〇〇万人くらいに上ります。そうすると、二桁も違うということになる。どうして維新では犠牲が少なかったのでしょうか。

維新では、エリートがいわば社会的自殺を敢行した、犠牲も少なかった。不思議なことですが、それに輪をかけるのは、大きな変化が起きたのに、それにふさわしい明確な原因が見えないという問題です。

原因を考える時、我々はしばしば、それを行った主体を見つけ、その動機を探そうとします。革命を理解しようとする時には、もともとの社会の中にあったはずの反体制の主張を探します。いまの社会は耐え難い、不公正だ、腐敗に満ちている。何としてでもここから脱け出したい。そのためには少々の犠牲はやむをえない。リスクは無視して、意図的に壊してやろう。そういう主張を探そうとします。

ところが、ペリーが来る前の日本で、こういうことを書いた史料を探そうとすると、なかなか見付からない。今まで誰も発見に成功していないのです。

実は、大塩平八郎はそう主張しました。しかし、彼は一八三七年に亡くなって、その影響は後にのこらなかった。大塩は確かに目の前の政治体制を悪と断定し、これを壊そうとしました。[8]だけれども、そのような考えを継承する人は現れず、彼は例外的存在で終わったのです。

維新の原因探しはとても難しい。いまの世は間違っているからぶっ壊そうと公言する人はほとんどいなかった。なのに近世の日本国家はあっさりと壊れてしまったのです。それが武士の自己解体であった事実を振り返ると、その動機が単純であったはずがない、取りあえずはそう言っておいてよいでしょう。

維新の原因として、もう一つ考えねばならないことがあります。日本社会の内部だけでなく、外部環境の影響をどう評価するかという問題です。つまり、ペリーが来なかったら、もし西洋諸国から開国を強要されなかったら、近世の日本はそのまま続いていたのではないか。これは福地源一郎という明治のジャーナリスト・歴史家が、『幕府衰亡論』という有名な本で提出した疑問です。[9]もし外から突っつかれなかったら、日本は変わらなかったのではないか。幕末日本の支配体制は空洞化していたに違いはないが、外部環境が変わらなかったらそのままの体制が続いていただろうというのです。これは当たっているかも知れない。多分、そうだったに違いありません。少なくともきっかけとして、いわゆる「外圧」が重要な役割を果たしたことは、維新の研究者が一致して認めていることです。

しかし、外部環境の変化だけで維新の全体を説明できるでしょうか。武士がいなくなるという終着点までを予言できるでしょうか。外圧が原因で武士が消滅したとは、到底、言えないはずです。お隣の中国では、アヘン戦争を皮切りに何度も戦争をしたのに、政治体制の改革は始まりませんでした。

というわけで、維新の原因を論じようとすると、その要因のいくつかを挙げることはできるのですが、どれが決定的だったかは特定できません。では、どのような筋を立てたら、モデルを創ったら、理解可能になるのでしょうか。これは、次回、詳しくお話しします。

2 「復古」による「開化」——明治維新

これに対し、今日、詳しくお話ししたいのはもう一つの大きな謎で、これまた我々にはかなり違和感のある事実です。つまり、維新は「復古」、昔に戻ろうというスローガンで始められた。また、王政復古が実現した後、変革のスローガンはすぐ「開化」、西洋をモデルにした「進歩」に切り替えられた。過去を向いていたはずの革命が未来を向いてしまったのです。どうしてそういう不思議な現象が起きたのでしょうか。

それも、主役が交代したわけではありません。あるグループが復古を唱えて、その後に別のグループが開化を行ったのではなくて、同一人物が変革のスローガンを変えたのです。王政復古、天皇を政権の中心に戻し、いわば日本古代の秩序をリヴァイヴしながら、同時に西洋化、外部の参照と採り込みを推進するようになった。時間の方向だけではなくて、参照する社会も変わっていて、いずれも矛盾した行動に見えます。

明治維新をどう訳すか

さて、この明治維新ですが、これをどう翻訳したらよいでしょうか。英語では Meiji Restoration、すなわち「復古」、王がその地位を回復するという「王政復古」という定訳があるのですが、これでは武士という貴族身分が解体されたという大規模な変化を表現できません。不適切です。王政復古は、明治維新という巨大な革命の一部に過ぎない。

では Revolution という言葉を使うかというと、これも難しい。欧米人や中国人は、この言葉を下位身分が上の身分を暴力を使って追い払うこと、とくに君主制を倒すことという意味で理解しがちです。そこで、これを使うと、明治維新は Revolution ではないという反応がすぐ返ってきて、その内容を真剣に考えてくれなくなる。

それで、私は英語で明治維新を表現する時、"Meiji Regeneration"、「再生」という言い方をするようになりました。Regeneration は、実はルネサンス（Renaissance）から取ってきたものです。衰えた生命をもう一度活性化する、元気にするという意味ですね。この言葉を使い、理由を説明すると、維新をまともに考えてもらう可能性が出てくる。

ただ、Regenerationという訳語も明治維新を特殊化してしまう。最初に指摘したように、世界の近代に起きた革命現象を比較するときに維新を脱落させる危険が伴います。実は、他の革命を名づける場合でも、語源をたどるとRevolutionよりRegenerationの方がふさわしく、全部をRegenerationと呼んでしまえばよいのですが、長年の世界的慣行を変えるのは難しい。そこで、比較を意識する時には、今のところRevolutionを使わざるをえないようです。昔と違って、いまの人々は中東での「ジャスミン革命」や二〇年前の東欧革命を見ていて、革命が大量の流血を伴うとは限らないことを知っています。なので、昔と比べると、維新をRevolutionの一つに数えることには抵抗感が少なくなっているように見えます。

「復古」の史料を読む(1)——古賀侗庵『海防臆測』

さて、この「復古」と「開化」の関係という問題ですが、「復古」による改革の提唱は実は幕末の史料によく出てくるのです。私の馴染んでいる史料の範囲で言うと、古い方では古賀侗庵《とうあん》という学者が書いた『海防臆測』という本があります。これはアヘン戦争の直前に書かれ始め、書き終わったのはアヘン戦争の最中ではないかと言われています。

この古賀侗庵は幕府の儒官で、当時、寛政の改革でつくられた徳川公儀の学問所で教官をしていました。つまり、私の大先輩に当たるわけです。この人は生涯、著作を出版しなかったのですが、実際には厖大な草稿をのこしていて、その一つ、この『海防臆測』は後代の人が明治になって出版しました[10]。

その中で彼は何を語っているか。もとは漢文ですが、私が読み下したものを読んで下さい。

顧《おも》うに水軍の変動は測るべからず。必ず之を実事に試みて、然る後に始めて其の妙を尽くさむ。専ら品海に靠《たよ》りて練習すべからず。当《まさ》に寛永前の旧制に復し、遠く天竺《てんじく》・暹羅《しゃむ》・安南等の地方に往き、互市《ごし》すべし。（『海防臆測』上、其八）

侗庵は西洋による世界支配の趨勢《すうせい》を見て、それが日本に及ぶことを心配し、海軍を創ろうと提唱します。

海軍を創るには荒海で訓練をしないといけない。海の気象や潮流はつねに変動しているから、注意深く観察し、機敏に対処する経験を積まないと航海はできない。それには、「品海」、つまり品川沖の東京湾は波が穏やかなので、そこで訓練するだけでは不十分だから、進んで外洋に出、さらに東南アジアにまで赴く必要があるというのです。

「寛永前の旧制に復し」の寛永とは、江戸時代の初期、三代将軍の時代ですね。その徳川家光は切支丹を追放しただけでなく、東南アジアへの朱印船も止めました。その前に戻ろうとは、つまり家康の時代のように、外国と大々的に貿易をやろうということです。具体的には、天竺、つまりインドや、暹羅、タイですね。それから安南、ベトナムです。こういった東南アジアからインドの方面に、日本人が自ら出かけ、貿易をやろうではないかと言う。

つまり、徳川幕府のアカデミーの先生が開国をしようと書いた。それも日本人が自ら外国へ出かけようと提案したのです。ですから、これを公にするわけにはゆかなかった。友人たちだけに見せたのですが、その写本がいまに伝えられているわけです。

しかし、実はこの古賀侗庵の弟子たちには、後に幕末に外交官僚として活躍する人々がたくさん出てきました。[11] 彼らは、先生から直接にこのような議論を聴いたかどうか分かりませんが、内々には知っていたはずです。ですから、後にペリーが来たときに、彼らの一部が開国を主張するのは不思議でも何でもない。前からそういう説を知っていたのです。

ただ、ここで注意していただきたいのは、この画期的な政策を提案する時、それを「復古」という形で正当化していることです。明治以降のように「進歩」で正当化するのではない。いまの日本ですと、大改革を提唱する時にはもっぱら未来への希望を語って正当化しますが、古賀先生は江戸時代の初めに戻ろうと言っている。

これは彼個人の癖ではありません。この当時は実は、大改革をやる場合には、元に戻ろう、理想的な過去に戻ろうという言い方が普通で、それ以外にはなかったのです。

「復古」の史料を読む(2)――徳川家茂の改革宣言

もう一つ、史料を読みましょう。今度は幕末の史料です。一八五八年、安政五年に政治的動乱が始まって、四年経った頃、幕府は内部の大改革を計画します。将軍の徳川家茂が一八六二年の夏、誕生日を前にして大規模な軍事・財政改革を行うと宣言したのですが、その記録にはこう書いてあります。[12]

政治向姑息《こそく》に流れ、虚飾を取繕《とりつくろ》い、士風軽薄を増し、当家の家風を取り失い、以ての外の儀《ぎ》。殊《こと》に外国交際の上は別《わ》けて兵備充実にこれなくては相ならず。就いては時宜《じぎ》に応じ変革取り行い、簡易の制度、質直《しっちょく》の士風復古いたし、武威輝くよう致度間《いたしたくあいだ》、忠勤をはげむように。

まず指摘しているのは、内部の危機、幕府の政治組織の弛緩です。いまの政治、幕府の政治は姑息だ、目先のことばかりに気を使っていて、大局に眼をつけていない。かつ虚飾を取り繕って、見かけだけを気にしている。この言葉を政治的文脈を参照して解釈すれば、幕府の軍隊は実用性を失って無いも同然になっているのに、それをあるかのごとく振る舞っている現状を批判していると読めます。

　また、士風が軽薄を増しているとも指弾しています。旗本たちは口は達者だけど、真面目に現在の政治課題を考え、取り組もうとしていない。「当家の家風を取り失」っている。これは江戸時代らしい表現ですね。「当家」とは徳川家のことですが、本来は「質直」、質素で勤倹尚武を重んずる家風で、それゆえに天下を取ったのに、それが失われてしまっている。これはもっての外だ、というのですが、ここでも本来の、あるべき姿という論法が持ち出されていることに注意して下さい。

第二に指摘しているのは対外危機、幕末の政治文書に頻出する問題です。「殊に外国交際の上は別けて兵備充実にこれなくては相ならず」。アメリカなど西洋諸国と条約を結び、外交と貿易を始めましたが、貿易さえしていれば、当面は、西洋の国家がアヘン戦争のように日本を攻撃する気づかいはない。しかし、いままで西洋が世界でしてきたことを参照すると、小さな紛争を種に戦争を仕掛けてくる危険性は高い。したがって、万が一に備えて、いまゼロに近くなっている軍備を充実しなければならないというのです。

この家茂の宣言は、この年に幕府が始めた軍事組織の大改革のために行なわれました。数年前から準備していた海軍創設を中心とする計画案ができ上がり、さあこれからいよいよ始めるぞという時に、この宣言はなされたのです。

時宜、つまり現在の状況に合わせて大改革をしたい。それには「制度」、これはいまの用法よりずっと重い言葉で、国家組織の根幹といった意味ですが、それを簡素で効率的なものに変え、その担い手の旗本もまた質実剛健の本来の気風に戻るようにしたい。ここでは「復古」という言葉それ自体が使われています。

最後に「武威輝くよう致度」とありますが、武威という言葉は江戸時代によく使われました。

武家としては軍事的威力の誇示が正統性の根源なので、徳川家の武威が国内だけでなく世界に知られるようにしたいと述べて、改革への協力を命ずるわけです。

この家茂の宣言は、徳川三家をはじめとする諸大名、さらに大名の家臣たちにも伝えられました。幕府は実際、この一八六二年秋に大改革を始めたのですが、その中途では、この講義の最後にお話しする予定の「公議」問題がからんで来、さらに尊攘運動にも振り回されて、十分な改革はできませんでした。計画の目玉は大規模な蒸気海軍を創って全国の海岸に配備することで、その後には将軍家の軍隊を洋式陸軍に再編成するという段取りでしたが、内政の事情で資金をよそに取られてしまった。海軍にしても、軍艦はあまり買い込めず、その代わりに輸送船を多数購入して、使者や兵隊の輸送に使うことになります。[13]

ということで、改革は思ったほどうまくゆかなかったのですが、徳川家茂は、この時は和宮をお嫁さんにもらったばかりで、やる気満々だったということです。

さて、本題の「復古」に戻りますが、実は私に「復古」の重要性を教えてくれたのがこの史料なのです。家茂は西洋式の軍隊を創設しようとしました。明治以降だったら、これは「文明開化」とか「進歩」という言葉で正当化したはずです。いまより良い未来を創ろうという言い方で正当化します。

ところが、ここでは「復古」しようと言う。元の本来あるべき姿に戻ろうという語り方で正当化します。初めて読んだ時からこれは何か変だと気にかかっていたのですが、それから五、六年経った頃でしょうか、変なのは史料でなくて、私の頭の方だと気がついたんです。何に気づいたかと言うと、これがむしろ普通の姿なのではないかということです。つまり、西洋近代に生まれた啓蒙思想に接する以前の人々は、大改革をやろうと思ったら、昔に戻ろうと語るしかなかった。未来は信ずるに足りない。変革の拠り所は理想化された過去にしかない。「復古」が普遍の姿で、「進歩」の方が特殊なんだということに、はっと気がついた。そう発想を転換すると、次の有名な史料の意味が以前よりはっきりと分かってきます。

「復古」の史料を読む(3)――王政復古の沙汰書

王政復古のクーデターの際に出された明治天皇の沙汰書、王政復古の大号令と普通呼んでいますが、その冒頭の一部を見ましょう。[14]

> 王政復古、国威挽回の御基《おんもとい》立てさせられたく候間、自今《じこん》摂関・幕府等廃絶（中略）諸事神武創業の始に原《もと》づき、縉紳《しんしん》・武弁《ぶべん》、堂上《とうしょう》・地下《じげ》の別なく、至当の公議を竭《つく》し、天下と休戚《きゅうせき》を同じく遊ばさるべき叡念《えいねん》につき（後略）

いま日本の国威、国家としての権威は世界の中で落ち切っている、それを挽回したい。これも「復古」という語り方ですが、その基本は王政復古にある。それを基軸に日本の国威を挽回したい。そこで「自今」、今からは、長い間朝廷を仕切ってきた「摂関」、摂政と関白の制度を廃止する。また幕府も廃止する。徳川慶喜が政権奉還を申し出て、それをこの沙汰書で正式に受け入れたのですが、よく見ると、幕府より摂関制の廃止が先に来ている。これは、王政復古を宣言する以上、朝廷の方を先に書く必要があったためでしょうが、それにしても摂関制を止めるというのはなぜでしょうか。

次に「諸事神武創業の始に原づき」とあります。神武天皇まで戻ってしまうのですね。要するに、この日本という国家の「初めの時」に復古する。日本神話では、この地上に秩序が生まれたのは、天照大神の高天原からその孫のホノニニギをはじめとする神々が地上に下りたった時に始まる。国家を創始したのはホノニニギの子孫である神武天皇。こういう神話が『日本書紀』や『古事記』に書かれているわけですが、その最初の天皇の時代に戻ろう。神武天皇がこの日本国家を創業した時に戻ろうというのです。

この創業時代への復古の宣言はどんな意味を持ったのでしょうか。時間的に遡《さかのぼ》ってゆくと、まずはこの二百数十年続いた徳川幕府を止める。それだけでなくて、平安時代の半ば頃に生まれた摂関制も止める。

幕府、武家政権というと、ご存じのように、その初めは鎌倉幕府です。しかし、この沙汰書はそれを飛び越して摂関制に言及する。では律令国家に戻るのかと思いきや、大宝律令の世界に戻ろう、八世紀の初めに戻ろうとは言いません。それら一切合切をすっ飛ばして、神話が語る国家の始源に戻ろうと主張するのです。「復古」と言っても、前に見た例のように、比較的に近い時代に戻るのではなくて、考えうる一番遠くに戻ろうとする。

この意味はどう解釈したらよいのでしょうか。そのために江戸時代の慣習を紹介します。近世後期の日本では、あらゆる政策は「先例」を引用しないと正当化できませんでした。いかに良い政策であっても、「新しい」政策だというと、そっぽを向かれます。逆に「古い」というと、真面目に考えてもらえる可能性が開ける。その場合、一番近い例を出すと、その政策は現状とほとんど変わらない、きわめて保守的な案になります。これを「近例」、近くの例と言います。

逆に、大胆な改革を提案する場合は「古例」、遠くの例を持ち出して正当化しました。古賀侗庵にしても、徳川家茂にしても、江戸時代の初期を参照している。二、三〇〇年前の昔ですから、「古例」に違いない。幕末の人々は驚いたでしょうが、徳川の臣下への説得力はあった。徳川家が天下を取り、その武威に天下がひれ伏していた時代に戻ろう、徳川家の生命を復活させようというのですから。

ところが、王政復古の場合は、鎌倉幕府を飛び越し、摂関制度も否定する。それだけだと論理上は律令制に戻ることになる。実際にそう考えたらしい人もいます。島津久光、薩摩藩主の実父で薩摩の最高権力者です。鹿児島大学の図書館に彼の手沢本がありますが、その中に律令の注釈書がある。そこに彼は朱で書き込みをしている。島津久光は王政復古後の新しい体制づくりに備えて律令を勉強していた。そのまま再現しようと考えていたかどうかは分かりませんが、少なくとも、律令を手掛りに準備をしていたのは確かです。

しかしながら、実際に行われた王政復古は律令制すら無視し、国家始源の神武創業を持ち出した。そうなると意外な結果が生まれることになりました。神武創業の始めにどんな政府があったか、誰も知らないからです。それが制度を立てる時に西洋化への可能性を開いた。もし律令に戻ろうと言ったら、古代日本の制度に縛られて、西洋的な改革は難しくなったでしょう。ところが、神武創業には制度が空白なので、天皇が中心に居さえすれば、西洋化をやっても構わないということになる。「復古」のスローガンが「開化」にすり替わる条件ができたのですね。王政復古の沙汰書の草稿を書いた人、玉松操《たままつみさお》という国学者ですが、彼が西洋化を望んだとは到底思えません。しかし、彼はおそらくは不本意にも、日本の理想的過去の再現でなく、外国制度の輸入への道を開いてしまったのです。

さて、せっかくですから、続きを読みましょう。ここに「縉紳」とあるのはお公家さん、「武弁」というのは武家、いままで言う武士です。京都の公家と大名以下の武家とは、京都では長い間、別の存在だと考えられてきましたが、沙汰書は一緒にすると主張しています。また、「堂上・地下の別無く」というのは、朝廷の中の身分制を改めようという提案です。「堂上」というのは御所の清涼殿にある殿上の間に上がれる身分、公卿になれる家柄です。「地下」というのは殿上に昇れない身分で、朝廷では事務や雑用をしていた官人たちが主な人々ですが、朝廷から官位をもらっていない普通の侍もこれに数えられます。

つまり、王政復古の沙汰書は、再建される朝廷の中で従来の身分差別を解消し、公家と武家の間の身分差もなくそうと宣言した。これが、その後の平等な権利を持つ「国民」を創る動きへの出発点となったことは見やすいと思います。

そして、新たな朝廷では「公議」でものが決められる。人々が生まれた身分に関わりなく「至当の公議を竭」す。意見を率直に持ち出し、議論して、政治上の決定を行う。これは、三カ月後のいわゆる「五箇条の誓文」で、より明確に打ち出されることになります。

この沙汰書はこれらを天皇の意思として表現しています。ですから、天皇はかつての後醍醐天皇のような独裁を目指すのでなく、逆に、臣下たちによる「公議」の尊重を約束したことになります。それは「天下と休戚を同じく」するためだったのでしょう。天皇は下々に自ら近づき、運命を日本の国民と共にすることを誓ったのです。

以上をまとめますと、この王政復古に際しては、統治身分の中の身分制を廃止して公議を行うという基本方針が打ち出されたわけですが、その時にやはり「復古」によって改革が正当化された。近世日本の制度が二〇〇年以上も維持された事実に鑑みると、これは信じがたいほど大胆な改革でしたが、それは「復古」による正当化によって導かれた。そして、神武天皇という神話的存在を持ち出したために、その後の改革の自由度がきわめて高くなったのです。

こうしたことに私が気がついたのは、昔、一九七九年にイラン革命が起きた時です。イランが世俗化を伴う西洋化を推進していた王政を廃止し、イスラムの共和国を創った。その時にコーランの教えを非常に厳格に守るようにした。そうすると、あれこれと改革の必要は見つかっても、コーランに書かれている内容によって縛られてしまう。ある範囲の世界に閉じ籠められるということがイランで起きました。明治維新はそうではなかった。復古といっても、むしろ自由に向かって解放されていったのです。

3　フランス革命

では、「復古」による「開化」は明治維新だけの特徴なのでしょうか、日本だけに起きたのでしょうか。そんなことはありません。「復古」という象徴は、近代の人々が革命のモデルとして模倣したフランス革命にも登場しています。フランス革命は、その最初の年に人権宣言を公布し、それを出発点として未来に向かっての「進歩」を目指しました。人類は自身の叡智と努力によって、どんなに立派な社会でも創れるのだ。少し前のアメリカ革命でも「独立宣言」でそのような理念が提唱されましたが、それが人類に広く普及したのはフランス革命に始まります。フランス革命は「進歩」という思想を人類に植えつけた事件として記憶されています。

図4　ジャック・ルイ・ダヴィド「球戯場の誓い」（カルナヴァレ美術館蔵）

フランス革命のなかの「復古」

しかし、フランス革命の中にも「復古」はあるのです。その復古の先は古代のローマです。ここに見ていただいている絵（図4）は、一七八九年、フランス革命の勃発した年の情景です。[15] この年、一七五年ぶりに身分制議会の三部会が招集されましたが、その第三身分、カトリックの坊さんでも、貴族でもない庶民の代表として選出されてきた第三身分の人たちが、別の場所、球戯場に集まって、そこで「国民」議会を創ろうと決議しました。その有名な場面を、ジャック・ルイ・ダヴィドという画家が描いたものです。少し後の時代に描かれた絵ですが、その分、同時代のスケッチよりドラマティックに描かれています。

さて、真ん中の机の上に何か宣言をしているような人がいますが、その周りの人々は手をまっすぐ斜め右に差し出している。当時のフランス人は、古代ローマの人々が公的な約束をする時に、こういうポーズを取って誓いを表明したと考えていました。ダヴィドは別の古代ローマのエピソードを描いた絵で、同じポーズを使っています。フランス人はローマを真似たのです。

どうですか。この姿、他の場面でも見たことがありませんか。そうです。一つは「ハイル・ヒットラー！」ですね。ヒトラーとナチは、古代のギリシアやローマに憧れたので、同じ真似をしたのです。それからもう一つ、記憶にありませんか。東京オリンピックの開会式で、日本選手団は何をやったでしょう。市川崑《こん》さんの記録映画を見ると、東京国立競技場にざっくざっくと入ってきた選手団は、メインスタンドの前に来て、天皇に向かって一斉にこのポーズを取っています。

ヒトラーが出てきていやな思いをした方がいらっしゃるかも知れませんが、元をたどるとフランス革命、さらに古代ローマに行き着くのです。フランス革命以来、これが流行ったらしい。ともかく、フランス革命でまずは立憲君主制、ついで共和制を創った人々は、古代ローマの共和制の伝統を参照したのです。

もう一つ、共和制期の有名なエピソードを取り出してみましょう。ロベスピエールの下、いわゆる恐怖政治が行われた時代のことですが、至高存在の祭典というセレモニーが行われました。キリスト教の神に代わって至高存在なる神を想定し、それによって新たな道徳性を確保しようというのが、ロベスピエールの意図でしたが、その時に、オペラが制作されています。「フランス

図5　ジャック・ルイ・ダヴィド「君主制に対するフランス人民の勝利」（カルナヴァレ美術館蔵）

共和国の創世」というオペラです。

　ここに引用するのは、その時の劇場の緞帳です（図5）。幕に使われた図です。これもジャック・ルイ・ダヴィドの制作によるものです。

　馬に引かれた車の上に巨人が座っていますけれど、これはヘラクレスです。古代ギリシアで大人気だった半神半人の英雄、すごい力を持った巨人で、古代ローマでもとても大事にされました。その膝に二人のかわいい女神様が乗っていますが、これは自由と平等の神様たちなんだそうです。

　実は、このヘラクレスはフランス共和国を象徴しているのだそうです。いま新しく創り出そうとしている平等なシトワイヤン、英語ではシティズンですが、彼らから成る新しい政治体、これを力強く偉大なヘラクレスの姿で象徴しています。

　ほかにいろんな人が描かれています。その中に、右下に文字を書いたものを掲げている人がいますが、この人

図6　ジャック・ルイ・ダヴィド「皇帝ナポレオン一世と皇后ジョセフィーヌの戴冠式」(ルーヴル美術館蔵)

の着ているものをご覧ください。これは古代ローマ人のトーガです。幅広の布を体に巻き付けています。

これ以外にも実はフランス革命の時に描かれた肖像画や彫像には、ローマの真似をしているものがかなりある。古代ローマの服装は階層に応じて様々のものがあったそうですが、フランス革命の共和派は、非常にシンプルな、白色の生地を多用して、質素で剛健な、道徳性に溢れた、そういうイメージを好んでローマに託したようです。

ナポレオンの古代ローマ

ところが、自らをローマになぞらえたのは共和派の人たちだけではありません。ナポレオンもそうです。

これは有名なナポレオンの戴冠《たいかん》の場面(図6)、

これまたジャック・ルイ・ダヴィドの絵です。パリのルーヴル美術館に行かれた方は、この巨大な絵を見てびっくりされたと思います。私もその一人です。

真ん中のやや右にナポレオンが実物より背が高く描かれていて、その壇の下に皇后のジョセフィーヌがひざまずいています。ナポレオンがジョセフィーヌに皇帝の冠を授ける場面です。ナポレオンの後ろにはローマ法王がいるのですが、ナポレオンは法王が戴冠してくれるのを待たず、勝手にローマ法王の手から冠をとって、自分で頭に被った。その後、奥様にはこうやって自分から授けた。そういう場面なんです（笑）。

注意していただきたいのは、ナポレオンが何をかぶっているか。ローレルですね。月桂冠です。やはりローマを参照している。この戴冠式で用いた衣裳とかレイアウトなどは、ヨーロッパの中世から伝わってきた様々な儀式をまぜこぜにして作ったのだそうですが、中心人物が頭に被っているのは月桂冠。ここにローマの要素が使われているのです。

以上をまとめると、フランス革命では、古代のローマは共和派と皇帝派と両方が参照した。共和派は共和制のローマ、皇帝派は皇帝制のローマ、都合の良い方を使ったのですが、いずれも古代ローマに惹きつけられたというのは面白い現象ではないでしょうか。

こうして、革命に「復古」という表象を使ったのは、明治維新だけではないことが分かる。「進歩」による革命の代表例だと思われているフランス革命の中に、実は「復古」の要素があったのだということが、ジャック・ルイ・ダヴィドの絵を見ていると分かるのです。

4 革命の時間的表象――「復古」「進歩」「世直り」

ここから一般論に入ります。大改革、あるいは革命というものが、どのような時間的な枠で表現し、捉えられてきたのか、イメージされてきたのかという問題です。

啓蒙思想と「進歩」

我々、フランス革命の後に生まれた者、あるいは明治以降に生まれた日本人は、改革というと「進歩」のためだと言うのが普通です。「進歩」は英語の**progress**の訳で、これは明治の初めに作られたのですが、当時は他に「開化」とか「上進」という訳もあったようです。「進歩」あるいは**progress**は、人間は生まれつき知性を持っているから、考え・工夫する努力を怠らなければ、未来は必ず現在より良くなるはずだという思想です。フランス革命の最中には、進歩を真正面から論じた本が書かれました。ニコラ・ド・コンドルセという人の『人間精神進歩史』という著作です。残念ながら、岩波文庫で買って読もうとしたら、翻訳があまりにも分からないので、そのままになっています。私はフランス語ができないので、どうしたらよいのか、途方に暮れています。いきなり不勉強の弁解で恐縮ですが。

ともかく、コンドルセという人は一八世紀の啓蒙哲学者の最後の世代に属し、いまは社会的決定の数理モデルを考えた先駆者として知られています。彼はフランス革命が始まると共和主義者となりましたが、恐怖政治下に逮捕され、獄中で自殺に追い込まれました。『人間精神進歩史』は逮捕直前の逃亡中に書かれたそうですが、それでも、フランス人あるいは人類は進歩を続けるに違いないと書いています。後になりますと、この思想が様々な思想家、特に社会主義者たちに受け継がれました。なかでもマルクスは進歩についてもっとも徹底的に考え、人類の歴史は必然的に進歩してゆく、その段取りは古代の奴隷制から始まって、中世の封建制、近代の資本主義を経て、最後は社会主義、その完成形態としての共産主義の世の中に行き着いて、人類は全員が幸福になるのだと主張しました。その後、ロシア革命を経た二〇世紀の前半には、世界の至るところで、多くの人々がマルクス型の「進歩」観を、未来への希望、キリスト教でいう「福音」の世俗版と捉えて、大歓迎しました。

ところが、この「進歩」という言葉や、それが内包する歴史のイメージというものが、一八世紀以前にあったかというと、それは疑問です。一八世紀はフランス革命の直前の時代ですが、オランダやスコットランドから始まった啓蒙思想がフランスを中心に栄え、ドイツやロシアにも拡がっていった。この啓蒙思想家たち、ディドロとか、ヴォルテールとか、そういった人々こそ、この「進歩」思想をはっきりと提唱した人々でした。我々は、神が人間に特に恵んだ知性というものを十分に活用すべきだ。そう努力するならば、必ずより良い社会ができる。人類は無限に発展、進歩する能力を持っているのだと語ったのです。彼らは、『百科全書』を公刊して、知識の集積や開発の効能を具体的にデモンストレートしました。[16]

ルネサンスと「復古」

ところがヨーロッパでも、これ以前にそのような人類は無限に進歩しうるのだという思想があったかというと、そうとは思えません。やはり昔の方が良かったという意見の方が多数派でした。[17]そのよい例がルネサンスです。

後の人々がルネサンスと呼んだ時代、その文化運動が始まったイタリアに住む人たちは、アラビア語からラテン語に訳された古代ローマ人の文献を熱心に読み、古代のローマ人がいかに偉大であったか、それに比べて自分たちがいかに矮小《わいしょう》な存在であるかを思い知りました。その眼でローマの遺跡を発掘してみると、やはり自分たちが造っているものよりずっと立派なことが分かる。そこで、古代のローマに倣《なら》って建築や彫刻を造りはじめた。古代の再生です。確かにミケランジェロの造った彫像などを見ると、実に立派というか、堂々たる迫力があります。しかし、それは物真似をした、古代を模範としたからこそできたことです。

その頃から、しかし、我々だって立派なのだ、ひょっとしたら優れているかも知れない。そう考えた人もいて、そこから、古代人・近代人論争という論争が始まりました。つまり、古代人、古代ローマ人と我々近代人と、この「近代 modern」とは「いま」「同時代」という意味ですが、両者を比べたらどちらが優秀なのかという論争が始まり、延々と続けられることになった。最初は古代人の方が優秀に決まっているというのが多数意見でした。

ところが、一八世紀になって決着がついた。結局、我々は既にローマ人を凌駕《りょうが》する文明を築いたのだということになりました。

実際にヨーロッパに行って、一八世紀、あるいはその前の世紀、バロック様式で造られた教会や宮殿や市庁舎を見ていると、確かにローマを上回る文明をこの人たちは造ったんだなという感じがします。

しかし、ここでのポイントは、一八世紀に啓蒙思想家がはっきりと「進歩」の主張を打ち出すまでは、ヨーロッパでも、過去の方が偉大だった、もし改革を企てるならば、過去の良き時代、理想の過去に戻らねばならないという発想が当然と考えられていたということです。

歴史を読む社会と「復古」

その「復古」という発想は、どんな社会にも存在するかといいますと、そうではない。おそらくは書かれた歴史を持つ世界に限られたことだろうと思います。歴史といっても、口伝えに伝えられる歴史もある。文字を持たない社会では、伝承の形で歴史が語られます。しかし、その歴史で語られる事件は、いつ起きたことなのか分からないことが多い。また、登場人物の名前も重要ではない。個性はどうでもよくて、物語の構造が大事にされたのです。

そういう世界では、ある過去に戻ろうという主張、いろいろな時代を連続的に考え、その中で特定の時代を理想化して、そこに戻ろうという主張は、出てこない。特定の過去を意識して「復古」しようという主張は、事件を文字で記録し、それを物語に仕立てた書物を多くの人々が読んでいる世界で、初めて説得力を持つようになったのではないかと思われます。

ヨーロッパの場合、歴史書は古代ギリシアの時代から著されている。いわゆる中世にはちょっと退化したようですが、ルネサンス以後、ローマの歴史を読む中で、また歴史への関心が復活してきました。

一方、文字を有する文明で古くから持続的に栄えてきたのは、何と言っても中国を中心とする漢字文化圏です。ここでは昔から歴史は、諸学問のうち最も重要な分野の一つとして尊重されてきた。歴史書を読んでいないと科挙には受からない世界です。

日本でどうだったかというと、科挙はなかったけれども、少なくとも江戸時代からは、歴史を読むことが常態化しました。歴史と言っても、司馬遷の『史記』など中国の歴史書を読むのが主なのですが、だんだんそれに飽き足らなくなり、一八世紀の後半からは、様々の知識人が自国の歴史を著し、それを読んでかなりの人々が日本史について一通りの知識を持つようになってきました。[18]

江戸時代人の日本史の知識は、もともと、身近なところでは『太平記』や『平家物語』を始めとする軍記物語、ちょっと学のある人では平安時代から中世に著された鏡物などが源泉で、いずれも歴史の一部だけを語るものでした。その後、中国や朝鮮の公式の史書、「正史」に倣って、政府が系統的な史料収集と批判的な考証をもとに、漢文で通史を編むことを始めました。[19] 一七世紀半ばに徳川公儀が神武から大坂の陣の前までを編んだ『本朝通鑑《ほんちょうつがん》』がその始めです。ただ、これは公刊されなかったので、読者はその簡易版にしか接することができませんでした。これに対し、水戸徳川家が編んだ『大日本史』は、より広汎な史料収集を行った上で、本紀・列伝・志・表を備えた本格的な体裁、紀伝体で書かれ、かなりの影響をもちました。もっとも、その編集作業は、二代目藩主の光圀《みつくに》が始めたのにもかかわらず、とてつもなく長い時間がかかり、根幹をなす紀伝ですら、公刊にこぎ着けたのは、何と、ペリーが来た前年のことでした。とはいえ、その原稿は一八世紀の前半には出来上がっていて、その内容は写本の形で流出したので、他の知識人が著した歴史書にはかなり利用されたようです。

その代表的な著作に頼山陽の『日本外史』があります。[20]「外史」という名が付いているのは、天皇を中心として書かれる「正史」に対し、もっぱら武家の歴史を描いたからです。この書は本家の『大日本史』より先に公刊され、大ベストセラーになりました。

山陽は、外史で、平安後期に武家が生まれ、いろいろな変遷を経た上で徳川の世になった有様を物語り、現在は史上もっとも立派な政治が行われている時代だと礼賛《らいさん》しています。ところが、ここには、近世後期の社会に潜在していた不満の間接的証拠みたいなものも隠れているように見えます。

外史の最初の章は平家を主人公にしています。平家、特に清盛がいかに横暴であったかということを本文で延々と書いている。その一方、各章の末尾には、登場人物に対する批評も書き込んでいます。中国風の史書で「讃《さん》」と呼ばれるものです。私は、初めてこの書を覗《のぞ》いた時、本文がこうなのだから、讃でも必ず平氏の誰かを忌憚なく批判しているのだろうと期待しました。しかし、そうではなかったんです。

山陽の讃は、このように横暴な武家という集団がなぜ出現したかという点に集中しています。そして、彼の答えは、源氏にせよ平家にせよ、朝廷の命で辺境の反乱を鎮圧するためにわざわざ出かけていった、そして苦労の果てに鎮定の功を挙げた、でも京都に帰ってきたら、正当な論功行賞はまったく得られなかった、身分も上げてもらえなかった。だから悪いのは、実は武家の功績を無視した平安貴族なのだと言うのです。

これは、無論、摂関を初めとする朝廷の藤原氏たちに向けられた批判なのですが、これを山陽の生きた時代、一九世紀の前半に引き直してみるとどうなるでしょう。我々がいま生きている世界は身分制によって支配されている、どんなに能力がある人でもその発揮はできない、不当な扱いを受けているのではないか。そう読めないでしょうか。

著者は一切そういうことを語っていません。表向きには、現代は日本史上最高の時代だと書いていて、章立てはそうなるように構成されています。しかし、読み手は逆さまに読んだかも知れない。ひょっとしたら、それは著者の思惑通りだったかもしれません。

この『日本外史』は幕末に非常に受けます。そして、この本には幕末に流行った「勤王」という言葉が頻出する。尊王攘夷運動にインスピレーションを吹き込んだ水戸学が使った言葉は、「勤王」ではなくて、「尊王」です。水戸学系の言葉なら「尊王」になるはずなのですが、幕末から明治、大正にかけて政治家たちがよく使ったのは、「勤王」という言葉でした。彼らは楠木正成を武士の模範として仰ぎましたが、彼らの世代は、元の『太平記』よりは、むしろ『日本外史』で正成を知ったのではないかと思われます。

山陽の『日本外史』は漢文で書かれています。しかし、やさしい漢文です。山陽は毎日、『史記』の中の項羽本紀を朗唱してから執筆したと伝えられていますが、『史記』の簡素で美しい文体が影響したのでしょう。だから、ひと通り漢学の教育を受けていた幕末の武士たちは、これをちょうど、司馬遼太郎さんの歴史小説みたいなものとして愛読していたらしい。

そこで「勤王」という言葉も憶えるし、楠木正成の真似をしようという人も出てくる。そこで、明治になってから、『日本外史』は王政復古に貢献した本だと誤解されることもありました。中身は現在の治世を礼賛しているんです。誤読されたんですね。

ついでに言いますと、明治一〇年代に東京大学という大学があって、予備門という課程が附属していました。私の職場の前身校の一つです。そこの入学試験には必ずこの『日本外史』から出題されていました。また、ずっと飛びますが、第二次大戦中の日本の中学校では、この『日本外史』の一部を読んでいた。私の同級生のお父さんで、高校の先生をなさっていた方が、「中学時代に『外史』を読んだよ」とおっしゃっていました。さらに、日本のいわゆる右翼というか、国家主義的な思想家たちの多くは、この『日本外史』こそが本当の歴史だと思い込んでいました。史料上の偏りや解釈上の問題は気にしないで、忠臣楠木正成の英雄的悲劇にもっぱら心を熱くしていたようです。

というわけで、『日本外史』は実は近代日本を考える場合に非常に重要な歴史書なのです。いまあまり研究されていないようですが、幕末から戦前の日本でなぜ愛読されたのか、研究したら面白いでしょう。

話が大分脱線しましたが、元へ戻ると、歴史書が編まれ、よく読まれている世界では、改革を企てるなら、古い理想の時代に戻ろうという語り方になる。事実は誰も知らないので、ある過去を勝手に理想化して考え、そこに戻ろうと主張する。すると、文字が読める人の多くが「なるほど」と納得してくれる世界が、かつてはあったのではないかと思います。

口頭伝承と世直り

ところが、世の中には、歴史書を持たない世界もある。口頭伝承だけで世の中の秩序を想像する、過去も想像するという世界があります。

日本で言いますと、これは世直り運動という形で幕末に噴出しています。高校の教科書などでは「世直し」と書いてありますが、当時の史料の中には「世直し」と「世直り」と両方等分に出てきます。[21] 私は実は「世直り」の方がいいと思っています。

と言いますのは、世直しといっても、世直しするのは何とか大明神なんです。神々が人間の世の中を直すので、人間が直すのではない。ですから、人間から見た様子を表現するには世直りという自動詞を使う方が分かりやすい。神様が突然現れて、この世の中を良くしてくれる。また、この世界には実は時間の流れがない。あるいは静止した時が二、三箇あるだけです。我々が生きているこの世界、此岸《しがん》と、神々が住んでいる世界、彼岸《ひがん》。この二つの世界の間を神様が往復するというイメージです。

その神々には、昔人間だった人が向こう側に行っているものもあります。東アジアでよく見られたのは弥勒《みろく》様、弥勒菩薩です。[22] 弥勒は釈迦のもとで立派に修行したので、菩薩でありながら、釈迦の次に仏様になることを約束された存在で、いま別世界にその理想世界をつくり、説法している。その弥勒がとてつもなく長い時間を経て、この地上に仏として戻ってくる。その瞬間に人間の世界はパラダイスになる。

これを弥勒下生《げしょう》と言います。この我々が生きている世界は、塵芥《ちりあくた》にまみれたあまり理想的ではない世の中ですが、そこから弥勒は一旦上生《じょうしょう》します。浄土、穢れのない理想世界にワープしていって、そこに生まれ変わっている。その弥勒がまた下生してくる。下界に、つまり我々のところに降りてくる。そうすると、塵芥にまみれた我々の世界も理想郷、浄土に変わるというのがこの思想です。

その反対の動きをする存在もある。仏様でなくて、人が動き、浄土に上生する。それを助けるのが阿弥陀様です。阿弥陀様は理想の世界に住んでいますが、我々が阿弥陀様の名を唱えて願うと、阿弥陀様がわざわざ身近に降りてきて、その浄土に連れて行ってくれる。上生、我々の方が浄土にワープしてゆけるというのが阿弥陀信仰の場合です。

阿弥陀は我々を異界に連れて行ってくれるのですが、それでこの世が変わるわけではない。これに対して弥勒はこの社会を変える。したがって、革命に関わる思想には阿弥陀でなく、しばしば弥勒が登場するわけです。

これと似たようなものが、実はヨーロッパにもあります[23]。それはキリストの再臨です。キリストがもう一度この地上に現れて、すべての人々の行いを裁判し、最終的な決着をつける。正しい人々は神に選ばれ、理想の世界、パラダイスで幸せに暮らす。そうでない人は地獄に落とされ、永遠にその苦しみを味わう。こういうことです。

このような考えにもとづく事件は近代にもあったそうです。第一次と第二次の世界大戦の間、戦間期のヨーロッパにも時々裸足の預言者が現れて、「我こそはキリストの再来なるぞ」と称して、「みな悔い改めよ」と語ったそうです。ひょっとしたら、そんな人は今でも現れているかも知れません。

今までお話ししたのは、東アジアと西ヨーロッパ、歴史を持っている世界ですけれど、歴史を読み書きしない世界でも、これに似たようなことが起きています。たとえば、ニューギニアです。

カーゴ・カルトという現象が二〇世紀の初め頃に見られました[24]。キリスト教の宣教師たちが不思議なことを見かけ、記録しているのです。ある時、村にお告げが伝えられてくる。それは何かというと、もうすぐ極楽にいる先祖たちが立派な贈り物、食べ物や珍しい宝物を持って、船に乗って帰ってくるという知らせなのです。そうすると、村人たちは仕事や日常の暮らしを止めて、男性は女性の恰好をし、女性は男性の恰好をして、昼間から宴会を開き、どんちゃん騒ぎをやるのです。そういった現象が頻繁《ひんぱん》に見られた。

このように、神々が突然この世に現れて理想の世に変わる。変革への期待は歴史書のない世界にもあったのです。そして、歴史が書かれ、読まれた社会でも、「復古」や「進歩」の名による政治運動と並んで、同様のことが起きました。

「世直り」「復古」「進歩」

以上をまとめると、理想の世が来てほしい、できるかもしれないとか、大改革を始めようとかという際には、時間の見方との関連で、三種類の言葉が使われてきた。一番新しい層から言うと「進歩」、その下の層が「復古」、そして一番基底のところに「世直り」という層があった。この三つの表象は同時に使われることもあります。フランス革命の最中でも、いま述べた「世直り」に当たる現象が起きています[25]。

ということで、実は革命というものは、決して我々が教わってきたような、「進歩」という言葉だけで正当化されるものではない。革命現象の中には、時間との関係で言えば、昔に戻ろう、遡ろうという発想のものもあるし、連続的な時間がない、二値的な空間の間の移動という捉え方もあるということなのです。

それを絵に描いてみました（図7）。これは、より一般的に、人々の社会に対する態度について、その相互関係を見るための図式で、軸が二つあります。その一つは、過去を参照するか、未来を参照するかという軸です。それからもう一つ、現在の社会をどう評価するか、肯定するのか、否定するのかという軸もあります。

いまお話しした様々な言葉、表象をこの縦横の両軸で表現した図の中に位置づけると、このような配置になるかと思います。

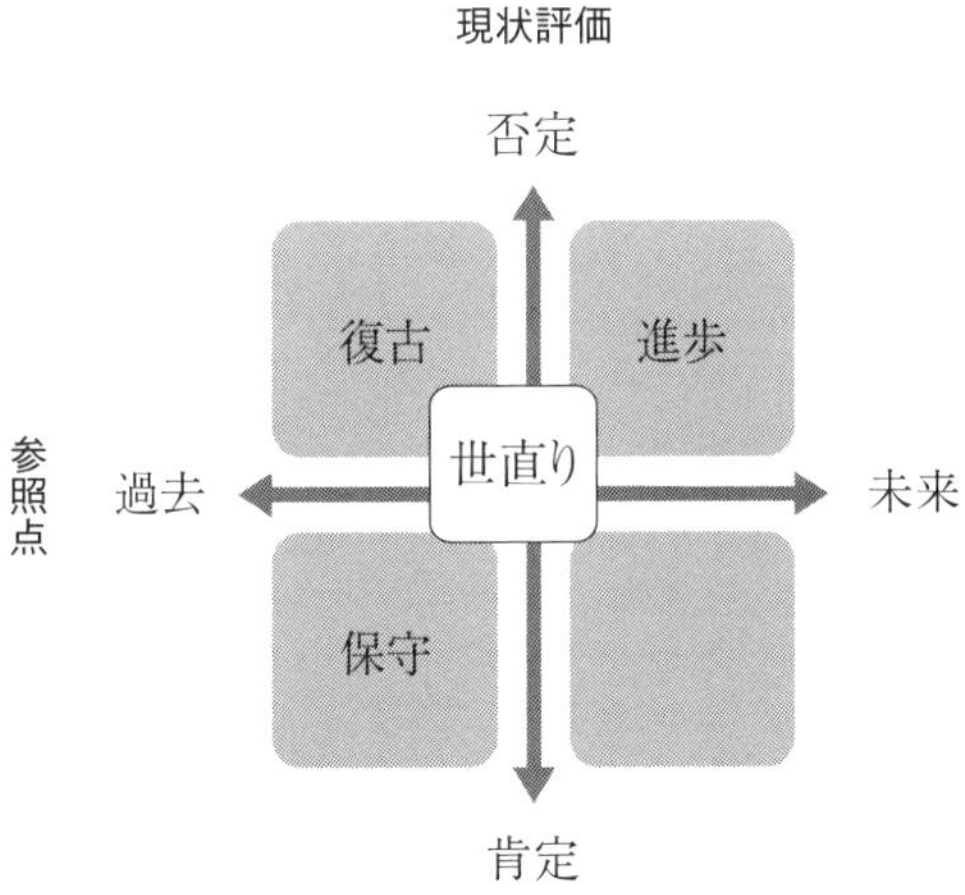

図7　社会変革における二つの軸

革命という現象を理解するには、時間の枠組みと並んで、いまの時代をどう評価するかということが非常に大事です。現状肯定している人が革命を企てるはずがない。むしろいまを保守しようとします。いまの世の中は、ありうる世界ではもっとも良い世のはずだ、もっとも良いと言えなくてもベターであるに違いない、これを無理矢理変えるなんてとんでもないことだ。これが「保守」の発想です。

それに対して、いまの世は耐え難い、変えないといけないというのが、「進歩」とか「復古」という発想で、「世直り」にはそれほど鮮明な変革意識はありませんが、いずれかと言えば、現状否定の方に近いと見てよいでしょう。

ところで、よくあることですが、我々は「保守」と「復古」は同じだと思い込んでいることが多い。「保守」というのは、現状に満足していることなので、現状を変えたくないのです。ですから、いまの日本で「保守」を名乗る人たちがいますが、よく見ると保守派とは言えないことが多い。あれはむしろ「復古」派と呼んだ方がいい。「保守」はいまを肯定します。穏やかな心を持った人たちで、あまり理屈を重んじない。いまの世は直観的に言ってよいのだから、このままでよかろうというのが、「保守」の発想なんです。

それに対して、いつもとんがってる人たちがいる。これは「復古」なんです。いまの世は根本的に間違っている。少なくともあるべき姿を見失っている。だから本来の正しい姿に戻さなくてはいけない。これが「復古」の発想で、「保守」と「復古」は性格上は正反対のタイプの人々が主張するのです。

「復古」を唱える人は現状否定に熱心です。ですから、実は、「進歩」を唱える人とメンタリティでは同じタイプに属します。具体例を上げると、ヒトラーがいます。彼はもともとは社会主義者になろうとして挫折し、今度は極端な国家主義に走って、古代ローマと神聖ローマ帝国を模範に、第三帝国を再建、復古しようと企てました。「進歩」と「復古」の間を移動したわけです。同時代のムソリーニも同じタイプです。

もともとは「進歩」、人間が頭で考えた設計図に絶大な信頼を置き、未来に人類社会の夢を託そうとしていた人たちが、「復古」を強調するように変わった。元の正しい形に戻そうと主張する。しかし、それは現状の肯定・否定という軸から見ると同じグループに属していて、違いはない。彼らは未来と過去といずれを参照するかでは揺れ動き、また同じ人が「復古」と「進歩」、二つのスローガンを同時に使うこともある。ナチはそういうものでしたが、それはしばしば起きることなのです。

次に「世直り」ですが、それはこの図では中心近くに書き込んであります。とはいえ、いまに不満がないわけでなく、できたらパラダイスの方がいいというのは確かなので、少しだけ上の現状否定の側に置いてあります。時間の軸では時間を連続的に考えないので、これまた中心付近です。とはいえ、彼岸は昔にできたと記憶されているので、少し過去寄りと言ってよいかも知れません。

このように、我々が社会の変革に際して使う言葉は、この二つの軸を使うと、きれいに整理・配列ができて、その間の相互関係も分かります。そして、明治維新を考える場合にも便利です。幕末に生きていた日本の知識人は、啓蒙思想を知りませんでした。「進歩」という言葉や発想を知らないので、改革を主張する時に「復古」という言葉しか思い浮かばず、その形でしか変革を正当化できなかった。

ところが、幕末から西洋思想の紹介が始まる。福沢諭吉の『西洋事情』を皮切りに、様々な本や翻訳が出版されるようになった。すると、「あっ、自分たちが願っていたのは、本当はこれなんだ」と気がついて、あっと言う間に「開化」や「進歩」という言葉を使い始めたわけです。

フランス革命の場合ですと、表に出ているのは「進歩」。これが強烈に主張されます。しかし、その背後では古代ローマも参照される。「復古」です。それだけでなく、「世直り」の要素も混ざってくる。そういう具合に、この図式を使うと、世界に起きたいろんな革命をかなりうまく分類整理することができます。

天皇はなぜ残ったのか

なお、「復古」というと、やはり、なぜ維新の際に天皇を中心とする政体への「復古」が行われたのか、さらに遡ると、なぜ古代の王権がずっと続いていたのかが気になることと思います。前者は一八世紀後半以後の国学や水戸学の影響として一応説明ができますが、後者はなかなか説明が難しい。

日本だけにどうして、千年以上一つの王朝が続いているのか。日本史上最大の難問の一つです。確実なところからお話ししますと、中世後期に足利義満がいわば朝廷から実権を奪ってしまった。

権力を失った人たちは、すぐ抹殺されたり、次第に零落し、忘れられてゆくこともありますが、無害と見なされた場合は、名目上の地位を維持することもある。ですから、いまの象徴天皇制の原型は、義満の時代以後にできたという説があります。決定に関与しないので決定の責任も問われない。失敗することもないので、失脚もしない[26]。

でも、それ以前、どうして義満の時代まで続いたのかとか、別に無害だからといって放っておけばいいという話でもなくて、役に立たないのだったら捨てても構わないという議論も理屈の上では可能なので、次にもっと深刻な疑問が生じてしまう。

それには、一つは、古代の天皇の性格を考えなくてはならない。天皇制が成立して、律令を導入して古代国家を再編成した時に、天皇は神聖な存在であると同時に世俗的な権力でもあった。この二重性が維持されたということが出発点にある。他の世界では、始めは同様だったのが、後に神聖性が排除されてゆくことが多かった。中国にしても、ヨーロッパにしても。ところが、日本では神聖さがずっと維持され、平安時代の後半になると、それがもっと強化されていった。

私がある程度知っている江戸時代について言えば、天皇は在位中には宮廷の外に出られない。以前はしょっちゅう出かけていたようですが。江戸時代では天皇は神聖な存在で、穢《けが》れてはいけない。だから、地面に下りることができない。常に御殿の上で暮らしている。大嘗祭《だいじょうさい》の時は、紫《し》宸殿《しんでん》の南庭《なんてい》に降りねばなりませんが、その時は庭に立派な敷物を敷いて、その上を歩きます。普段は絶対に床から下りません。窮屈なので、はやく引退して上皇になり、遊びに出かけたいということにもなる。

穢れを嫌う思想がその根底にあるわけですが、それができたのは平安時代の後期ではないかと聞きます。

天皇がこの世の中心にいて、その神聖性を穢れから隔離せねばならないとなると、殺すわけにはゆかない。血を見るのが一番の穢れですから。だから、天皇を強制的に排除するのは難しい。鎌倉時代には島流しにされていますけれど、殺されはしない。七世紀までは殺されたことがありますが、鎌倉以後はそうはならない。

こうした点を考えると、特定の天皇は政治的に排除しても、制度自体は、その核にある神聖性を維持するために壊せなくなった。これが二番目の説明です。

ただ、それでも、なぜこれが繰り返されたのかと問われると難しい。たとえば、馬上天下を取った徳川家康はなぜ、歴代中国の皇帝たちと同じように行動しなかったのか。彼が天皇の玉体は神聖だから、けっして穢してはいけないと信じ込んでいたとは考えにくいような気がする。

そうすると、もう少し別の説明が必要になる。かなり空虚な捉え方で恐縮なのですが、いままでずっとそうしてきたからとか、他の選択肢は想定外だった、天皇をなくすなどという発想がそもそも、中世以降の日本人は思いつけなくなっていたという考えはいかがでしょう。

これを抽象的な言葉で言い換えますと、経路依存性という言葉になります。我々はつねに選択を繰り返しながら生きていますが、それはこのような横倒しにした樹木型として表現できます

（図８）。ある時点である選択をすると、別の枝が捨てられます。我々は理屈の上では、未来に向かっていろんな可能性を持っているのですが、選択を繰り返すと、選択の幅が狭まってゆきます。途中で元に戻り、いわば原点に戻ってやり直すということも時に生じますが、普通は選択を繰り返すたびに、一つの方向に進んでゆき、そうなると、まったく違う遠い枝にジャンプすることはできなくなる。

ですから、常に天皇制をのこすという選択をし、それを千年くらい続けると、もう頭の中には天皇制をなくすという発想がなくなってしまう。天皇が居るのが当たり前で、空気みたいになって存在している、というのが一つの説明です。

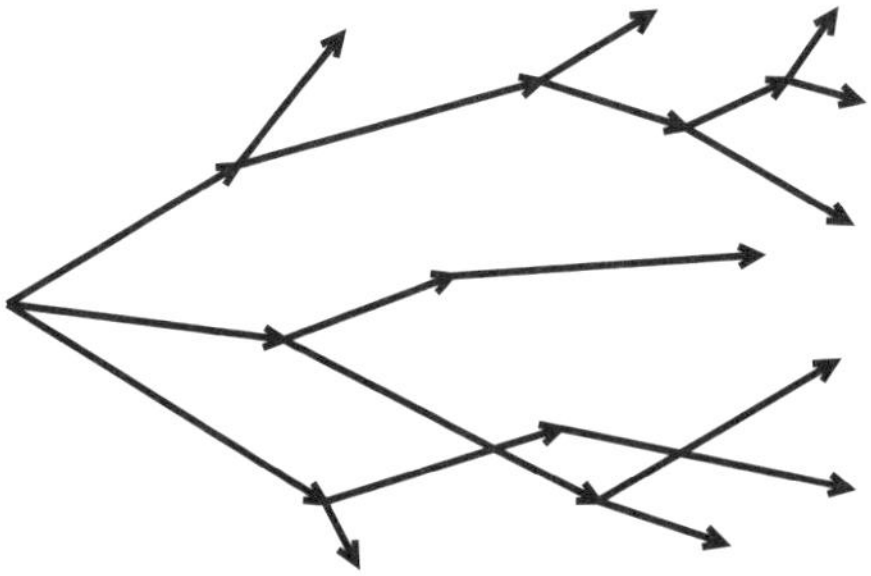

図８　経路依存性

ところで、この図は別の現象の説明にも使えます。たとえば、明治の日本が近隣の諸国と戦争をして、植民地を獲得しましたが、一度握ると離せなくなった。

日清戦争後に台湾をとった。日露戦争後には朝鮮をとった。こういう選択を続けてゆくと、植民地を持たないという別の枝に属する選択肢が考えられなくなります。持っているのが当たり前と人々は考えるようになる。その利害得失や義にかなうか否かという判断はしなくなる。

ところが、欧米と戦争をして負けてしまった。領土を拡げるという選択肢が完全に潰《つい》えた時に、初めて別の枝が見えてくる。こうなった以上、元に戻って別の道に行くか。これはやはり一つの「復古」になる。昭和天皇が戦争に負けた次の年のお正月に、いわゆる人間宣言をしました。その中で、わざわざ五箇条の誓文を引用している。つまり、明治の初心に戻ろう。こっちに進んで失敗したから、過去に戻って、そこから別の道をたどろう。昭和の軍国主義、そして植民地を獲得した日清戦争以前の世界に「復古」し、やり直そうとしたわけです。

この経路依存というのは、歴史の説明にかなり使えるモデルです。天皇制に関して言うと、長い間同じ選択ばかりやってきた、近代では王政復古を軸に大改革を始め、それに成功したので、他の選択肢は論外となった。こういう説明ができます。

だけど決定的ではありません。何かごまかされたと感じませんか？（笑）

1　シーダ・スコッチポル『現代社会革命論——比較歴史社会学の理論と方法』岩波書店、二〇〇一年。

2　中野実『革命』（現代政治学叢書4）東京大学出版会、一九八九年。

3　この傾向は、マルクス主義歴史学のなかでも、いわゆる労農派より講座派に特に強かった。この点については、とりあえず筆者の遠山茂樹に関する評論を参照されたい。三谷博『明治維新を考える』前掲、五章。

4　とりあえず、次を参照。三谷博・山口輝臣『19世紀日本の歴史——明治維新を考える』放送大学教育出版会、二〇〇〇年。維新の政治過程については、次が清新な見通しを与えている。青山忠正『明治維新』吉川弘文館、二〇一二年。
5 渡辺浩『東アジアの王権と思想』東京大学出版会、一九九七年。八尾隆生「収縮と拡大の交互する時代──一六─一八世紀のベトナム」、石井米雄編『岩波講座東南アジア史 第三巻』岩波書店、二〇〇一年。
6 三谷博『明治維新を考える』前掲、序章、第二章。
7 司馬遼太郎『「明治」という国家』日本放送出版協会、一九八九年。『明治維新を考える』前掲、六章。
8 渡辺浩『日本政治思想史』前掲、第五章。
9 福地桜痴『幕府衰亡論』民友社、一八八三年（平凡社東洋文庫、一九六七年）。
10 古賀煜『海防臆測』日高誠實刊、一八八〇年。真壁仁『徳川後期の学問と政治──昌平坂学問所儒者と幕末外交変容』名古屋大学出版会、二〇〇七年。
11 奈良勝司『明治維新と世界認識体系──幕末の徳川政権 信義と征夷のあいだ』有志舎、二〇一〇年。
12 黒板勝美編『新訂増補 国史大系』第五一巻（續徳川実紀 第四篇）、吉川弘文館、一九三六年。
13 三谷博『明治維新とナショナリズム』前掲、第六章。
14 三谷博『明治維新とナショナリズム』前掲、第五章。
15 吉田常吉・佐藤誠三郎編『幕末政治論集』（日本思想史大系56）岩波書店、一九七六年。
16 サイモン・シャーマ『フランス革命の主役たち──臣民から市民へ』中、中央公論社、一九九四年。絵は次の原著からとった。Simon Schama, *Citizens: a chronicle of the French Revolution*, Knopf, 1989.
17 ロイ・ポーター『啓蒙主義』岩波書店、二〇〇四年。
A・O・オルドリッジ「新旧論争」、フィリップ・ウィーナー編『西洋思想大事典』（Dictionary

of the History of Ideas）平凡社、一九九〇年。

18 三谷博「「周辺国」の世界像　日本・朝鮮・ベトナム」（李成市・桃木至朗と共著）、『「世界史」の世界史』ミネルヴァ書房、二〇一三年（近刊）。

19 小沢栄一『近世史学思想史研究』吉川弘文館、一九七四年。日本史全体については、坂本太郎『史書を読む』中央公論社、一九八一年。

20 尾藤正英「解説」、頼山陽『日本外史』全三巻、岩波文庫、一八七六—一九八一年。

21 宮田登『ミロク信仰の研究』未來社、一九七五年。

22 三石善吉『中国の千年王国』東京大学出版会、一九九一年。小島晋治『太平天国革命の歴史と思想』研文出版、一九七八年。

23 岩井惇『千年王国を夢みた革命——一七世紀英米のピューリタン』講談社、一九九五年。エリック・ホブズボーム『素朴な反逆者たち——思想の社会史』社会思想社、一九八九年（原著第三版、一九七一年）。

24 ピーター・ワースレイ『千年王国と未開社会——メラネシアのカーゴ・カルト運動』紀伊國屋書店、一九八一年（原著、一九六八年）。

25 立川孝一『フランス革命と祭り』筑摩書房、一九八九年。

26 今谷明『室町の王権——足利義満の王権簒奪計画』中公新書、一九九〇年。

第4講

革命 二

それでは始めます。今日は、前回提出した二つの大きな問題のうち、維新の原因に関わることを論じてみたいと思います。明治維新は世襲的な貴族がほとんどいなくなった、世界史上の大革命の一つでしたが、なぜ起きたかがよく分からない。結果は巨大なのに原因はよく見えない。武士たちが社会的自殺をしたように見えるが、その動機は分かりにくい。いくつかの要因は指摘できるけれども、それらで説明できる範囲はそれぞれ限界があって、決定的な原因は特定できない。そういった難問をどう理解したらよいかという問題です。

この謎を解こうというわけですが、今日の前半では、そもそも、革命のような大きな社会変革を説明するのに、特定の原因を探そうとするのは意味があるのかという問題を理論的に検討し、その上で、後半では近世日本で秩序が生成・崩壊し、明治の新たな秩序が生成した様子を、複雑系という分野の研究者が提出したアイデアや、戦略論での間接的アプローチというモデルを参照しながら、説明したいと思います。

1　変化理解の方法——因果関係と複雑系

維新にははっきりした原因が見えない。繰り返しになって恐縮ですが、庶民、町人や百姓たちの上層部分が武士による支配を嫌って革命を起こした、階級革命を起こした、そういうものではない。また、ペリーが来て、外から圧力を加えたら大きな変革が始まった。これは事実ですが、外圧で始まったからといって、それが武士身分をなくすのを促したとは考えられません。その間に直接的な因果関係を想定するのは不可能です。

しかしながら、最近、物理学者や経済学者の一部が取り組んでいる複雑系という分野の研究によれば、大きな変化が起きたからといって、その説明に大きな原因、はっきり見える特定の原因は不要ということです。多くの要素が相互作用しているだけで、自然に変化が起きるということが、理論的には分かってきた。その話をまずご紹介いたします。

法則とは何か——マルクスによる因果法則と経験的一般化の混同

さて、一般的に言うと、変化には長い時間をかけたものも短期に起きるものもあって、いずれも歴史を考える時には重要です、革命というのは、短期に起きる大きな変化を言いますが、それに限らず、歴史における変化を把握するため、いままでどういう理解の仕方が提出されてきたかということを、まず復習しておきましょう。

この図（次頁）に描いてあるのは、多分、皆さまの世代にはお馴染みの、古典的なマルクス主義による世界史、人類史全体のモデルです。[1]

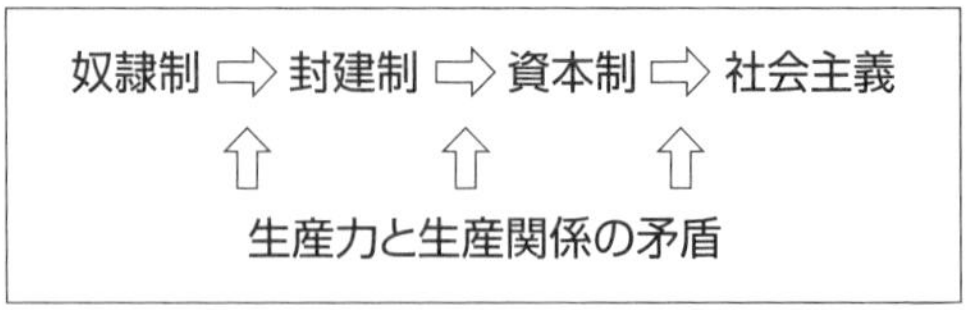

しかし、ここで考えたいのは、マルクス主義者が「世界史の一般法則」と名づけたこのモデルは理論上どんな性質を持っていたかということです。これは自然科学で言う因果法則とは違っています。先回りしますと、下段の「生産力と生産関係の矛盾」は因果法則の形を取っていますが、上段の、いわゆる社会構成体の移行の図式は因果法則でなく、経験的一般化というものに相当します。まず、経験的一般化とは何かを説明しますと、これは繰り返し観察される一定のパターンのことです。

具体的な例を挙げましょう。たとえば人間について、「二〇歳以上の成人男子の身長はどのくらいか」と聞かれた時に、「最小で四〇センチ、最大で三メートル、この間です」と答えると、おそらく一〇〇パーセント正しいはずです。身長四〇センチ以下で二〇歳以上まで生き延びる人はおそらくいないでしょうし、三メートル以上の人もいないでしょう。二メートル超はいくらでもいますが。

このように、「成人男子の身長は四〇センチから三メートルの間だ」と言ったら、一〇〇パーセント当たるわけです。こうした観察を経験的一般化と言います。経験的にはこういう一般的傾向が見える、と。

ところが、人はさらに「なぜその範囲しかいないんですか」と聞くことがある。そういう人は

「人間とはそういうものなんだ」と答えても満足しないでしょう。「なぜ、そうなるのか」という問いを立てて迫ってくる。個別の事件であろうと、経験的一般化であろうと、「なぜ」という問いに答える必要が生じます。その方法、説明する仕方が、いわゆる法則、因果関係の表現なのです。

ここで取り上げた例、人間の身長の説明としては、たぶん最初に思い浮かぶのは地球の重力でしょう。地球が我々を下に引っ張っているおかげで、先の上限、三メートル以上には伸びない。しかしそれだけでは不十分です。では、キリンはどうしてくれるということになる。これには、とりあえずキリンと人間は違うのだと答えますが、どうしてその経験的一般化の間には違いがあるのかという問いがさらに出てくる。また、同じ人間の中でも、土地によって背の高い人が多いところと背の低い人が多いところがあります。さらに、個人差があるのはどうしてかという問いもある。そこには栄養や病気といった要因が絡んでくるはずですが、これらの問いに答えようとするとき、我々はしばしば過去からの経緯を指摘します。前回ちょっと触れた経路依存性です。動物の種、地域の住民ごとに過去の状態が違っていた。遺伝的に差があった、あるいは生まれて以来の栄養が不十分だった。そこで、このグループの現状は他のグループと違うのだと、時間の中での積み重ね、過去にたどった経路の差を説明に使うのです。

ですから、身長の原因を説明する場合は、いろんな要因を一応視野に入れた上で、まず地球上の全生物がその中で暮らしている重力という基本的な要因に注目し、それから比較対照するグループそれぞれについて現状から過去に遡ってゆき、ある決定的な分岐が生じた時点を発見してその時の要因を決め、それからまた時間の流れに沿って現在まで戻ってくるという思考手順をとるわけです。

元に戻ると、マルクスが言った世界史の一般法則というのは、実はこの二つ、経験的一般化と因果法則とを同時に語っています。

上段に書いてあるのは、奴隷制から封建制へ、封建制から資本制へ、資本制から社会主義へという、経験的一般化、社会形態の間の移行関係です。彼は世界中、地球上のどこでも同じ形、同じ順序で変化が生ずると考えた。それで「一般法則」とこれを名づけたのでしょう。世界のどこでも、この四つの段階を踏んで、社会は変化する。たとえば、奴隷制というのは、その社会での生産の主な部分が奴隷によって担われている社会。奴隷というのは、他人によって売買される人々で、彼らが経済の根幹を担っている。これが経験的一般化というものの一つの形です。

封建制というのは、経済面に着目すると、農奴、奴隷と違って売り買いはされないが、特定の土地・領主に縛られている人々が生産の担い手である社会。これも世界に一般的に見られるという。

それが資本制、我々がいま生きている資本主義の中ではまた違うスタイルをとる。資本を持っている人たちと自分の労働力を売る人とで構成されている社会で、未来には、社会主義というもっと自由な社会、人間が資本から解放されて互いに労力を自由に交換して生きる社会ができるに違いない。というわけで、ここに紹介した社会の様々なパターン、社会構成体と呼びますが、そのそれぞれが経験的一般化というものに当たるわけです。

ところが、どうして社会はそのように変化してゆくのかということも説明せねばならない。ここで、自然科学と同じ形式を備えた因果法則、時間と空間を超えて普遍的に当てはまる因果関係の表現を使う必要が出てくる。マルクスは、生産力と生産関係の間の矛盾というものが、その変化をもたらすと主張しました。社会で経済的な生産力が高まると、それまでの生産関係、人と人との関係は維持できなくなる。生産の担い手がより自由になる。生産力と生産関係の間には常に矛盾が生まれるから、社会組織が変わって行くのだというのです。マルクスや社会主義者たちはさらに、この矛盾の端的な表れは階級闘争だと見ていました。ですから、世界を良くするには意識的に階級闘争に訴えねばならないと主張し、そのイデオロギーが一九世紀後半から二〇世紀の末頃まで、世界中で広汎な影響力を持ったのです。

しかしながら、実際にはこのモデルは歴史の説明に失敗しました。たとえば遊牧民族の世界には農業を基盤とする封建制を経験していないものが多い。そういう国が資本主義を実現している場合もあります。ですから、世界中が同じ社会形態をとることはない。経験的一般化として間違っています。

マルクスはまた、変化は階級闘争で生ずると言ってしまった。そうすると、ここで考えている明治維新が全然説明できなくなる。つまり、庶民が上位身分である武士に対して、革命を起こしたというのならよいけれども、そうではない。この法則、マルクスが提出した生産力と生産関係の矛盾、あるいは階級闘争のモデルは維新には使えません。実際に生じた巨大な革命が説明できないのです。

というわけで、現在、マルクスが主張した変化の理解の仕方、変化のための説明モデルは、各社会の経験した歴史の解釈にどれほど使えるかということについて、強い疑問が持たれるようになっています。

因果的説明——必然と偶然の対概念は不要

では、その代わりにどんな説明の仕方が可能なのでしょうか。理論的、抽象的問題は、できるだけ簡略に済ませたいのですけれど、よく、言葉の使い方によって余計な混乱が生じているように見えますので、まずそれに触れておきます。もう少し我慢して下さい。

歴史を論ずる時、しばしば「必然」と「偶然」という対で考えることがあります。人間社会の出来事は必然なのだろうか。人間には選択の自由があるのだろうか。もし世の出来事がすべて必然だったら、本当の自由は存在しないのではないか。そうすると人間に倫理的責任は問えなくなる。それは不都合だ。昔からそういう哲学的な問題があります。いまでも繰り返し混み入った議論がなされているようですが、そうした議論は歴史に深い関係はあるものの、あまり深入りしない方が賢明だというのが、私の立場です。

ただ、歴史を説明するとき、ある時代の有様や先の経験的一般化を描写するだけならともかく、「どうしてそうなったか」を説明するとなると、因果的説明が必要になり、その時にはしばしば「必然」とか、「偶然」という言葉が使いたくなる。とくに「偶然」という言葉は我々は日常的に使っています。予想外の結果が出た時、「偶然こうなった」と言うのです。それは、多くの場合は、普段は遠く離れているはずの複数の因果系列が絡み合った時です。この言い方は、自然科学的な因果観から言っても素直に承認できる。

しかし、「必然」はどうでしょうか。自然科学の法則は、「〇〇という条件があったら、必ず××の結果が生ずる」という形で表現されますが、それが正しいか否かは、〇〇を認識して××を予測し、その結果が実際に観測されることによって証明されます。この場合、理論上は、一つでも予想が外れたら、この法則は誤りとして否定される。「必然」と言っても、それを名乗るには、きわめて厳しい条件がつけられているのです。これに対し、我々が「必然」を使う時は、「あれは必然だった」、「だから仕方がなかった」、「いまさら愚痴っても始まらない」という言葉づかいをする。つまり、ことが起きた後から、結果を承認する、端的には諦める、あるいは諦めさせるために語るのです。ここには、予想という操作はなく、むしろ、ある事件を強い意味の中に閉じ込め、思考を停止させようという意志が表現されています。これを自然科学の法則的必然と同一視するのは適切とは言えません。

というわけで、歴史の説明に当たっては、「偶然」は使って構いませんが、「必然」はできるだけ避けた方が賢明なように思います。

ただ、自然科学的な因果観からすると、この世界は様々な法則によって縛られています。それと歴史との関係はどう考えたらよいのでしょうか。縛られているようでありながら、我々は経験的に未来が予測できないことを知っています。社会生活では予測しても外れることが少なくない。この間の矛盾をどう考えたらよいのでしょうか。説明抜きで言ってしまうと、私は次のような筋で考えたらどうかと思っています。

まず、この世界はすべて因果律の下にある、その外にあるものはないと考える。ただし、我々人間が目にし、手に触れることができる範囲のこととします。次に、この世界は一様ではなくて、無数の「界」、システムからできている。大きい界も小さい界もあって、それらの場で重要な働きをする法則群は異なっている。万有引力の法則はいつどこでも働いているが、たとえば、人間が食事をするときに主な決定因となっているのは、空腹か否かということ、動物の生理です。次に、「界」には実に様々のものがあって、しかも様々の形で重なり合っていることも考える必要がある。外部と内部の境目がはっきりしている閉じた界もあれば、境目がぼやけていて要素が簡単に出入りできるものもある。大小の界が入れ子のようになっている場合もあれば、部分的に重なっている場合もある。一般に境界の明確な界の場合はそこで働く力、法則群は指摘しやすいけれども、そうでない場合はなかなかに難しい。それは経験的に皆さん、ご存じのはずです。しかしながら、閉じた密な「界」であっても、予測不能な動きが生ずることがある。以下ではそれを詳しく見てみましょう。

因果法則が予測不可能性を生む——ローレンツの決定論カオス

自然科学の世界で因果関係はどう考えられているのでしょうか。それは、普通、「決定論」的理解と呼ばれています。

たとえば、月に向かって宇宙船を打ち上げ、それを戻してくるという時ですが、その軌道はニュートンが発見した力学の法則によって決定されています。ある時、ある方向に、ある速さで打ち出したら、特定の方向に飛んで行って、そこでちょっとロケットを噴射したら、少し向きが変わる。その後の軌道が一〇〇パーセント予測できるので、宇宙船をちゃんとコントロールして、地上に戻すことが可能になります。法則があるおかげで予測と制御が可能になるというのが決定論の考え方です。

それに対して、違う理解の仕方もある。確率論です。サイコロを振ったらどういう目が出るでしょうか。次にどういう目が出るかは分からない。五〇回振ったり、一〇〇回振ったりすると、まともに作られたサイコロだったら、各面が同等の回数で出てくるはずですが、次にどの目が出るかは分からない。

本当は、ものすごく詳しくそのサイコロの性質を調べて、放り出す時の角度とか、力を精密に制御すれば、次の予測はかなり当たるようになるはずですが、そんなことは無意味なので誰もしない。しかし、二〇世紀前半の物理学が扱い始めたミクロの世界、量子力学の世界では、そのような決定論への還元は理論上不可能で、確率的にだけ説明が可能だということが判明しました。この世界には次に何が起きるか、確定できない分野が確かにある。それを表現するために確率論が使われるようになりました。

ところが、いまから四、五〇年くらい前に、決定論的な因果法則が支配していても予測ができない場合があることが分かってきた。極微の世界だけでなく、我々が直接に目にできる世界でも、です。いまパソコンで見ていただいている、ふらふら動く水車がその例です。後で説明するように（一九五頁）、四本の連立方程式をプログラムに組んで、それを画面に表したものです。動かしているのは完全な決定論法則ですが、実際に現れる動きは予想が難しい。そこで「決定論カオス」と名づけられました。「カオス」とは日本語で混沌という意味で、完全なランダムさ、不規則性を思い起こさせがちですが、実は、量子力学の世界と違って、決定論カオスには予測可能な面もあります。しばしば単にカオスと呼ぶこともありますが、その点には注意して下さい。

さて、自然科学のモデルでは、様々な要因が具体的にどんな値を取るかで、システム全体の振る舞いが異なってくるのが普通です。ここでは、まず、完全に予想可能な動きを見てみましょう。この水車と同等な仕組みを持つ、振り子の絵を使って説明します[2]（図9）。

振り子をぶら下げて、揺らします。持ち上げて放すと、ぶらぶら揺れる。この図では左側の絵が振り子が動いている姿を写したもので、摩擦がありますので、だんだんと揺れ幅が小さくなっ

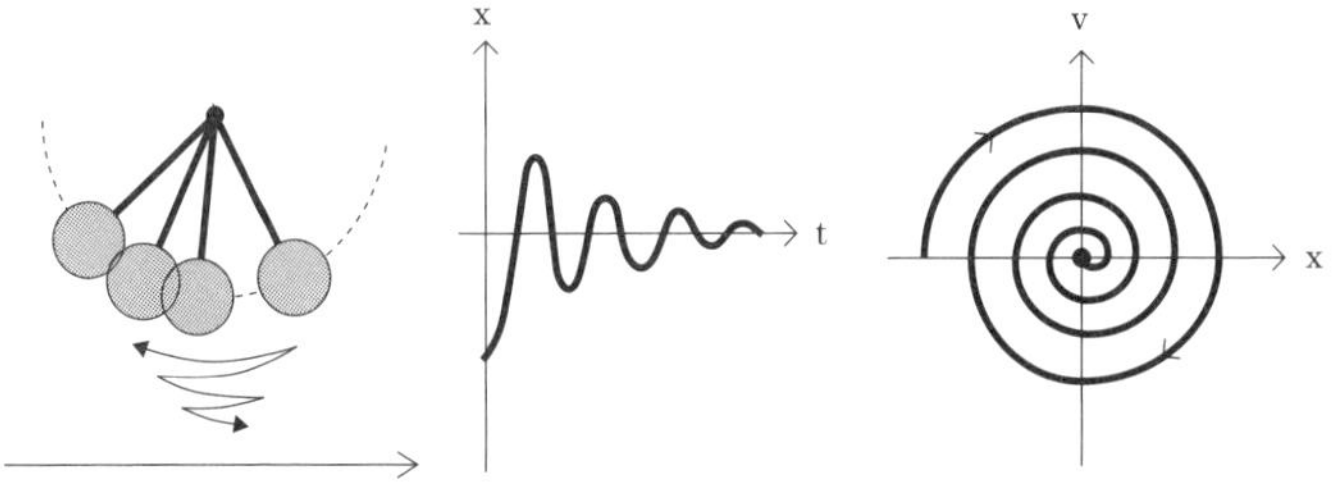

図9　予測可能なカオス（ジェイムズ・グリック『カオス――新しい科学をつくる』より）

てきて、最後は一番下のところで止まってしまう。その動きを、グラフに直してみましょう。まず、真ん中の時系列と書いてあるグラフがありますが、ここでは振り子の横への振れ幅を縦軸に表現し、横軸には時間を描いて、時間に沿って振り子がどう動いたかを見ています。振り子が左側にいる場合を横軸の上の方に描き、右に振れた時は下側に描く。すると、グラフは上に行ったり、下に行ったりしながら、時間が経つにつれて、だんだんと振れが少なくなり、最後は止まってしまう。振れ幅ゼロのところで落ち着く。

次に、別のグラフも描いてみましょう。振り子というのは、動くと速さが変わります。上に持ち上げて、離す直前は止まっています。離すと次第に加速していって、一番下のところで一番速くなって、反対側に行くとまたゆっくりになる。この絵でvと表現してある軸はその速度で、振れ幅はx軸として描いてあります。

そうすると、振り子の運動の、その時、その時の速さと振れ幅を、この直交座標でできた空間の中にプロットしてゆくと、その軌跡はぐるぐるぐるぐるっと、螺《ら》旋《せん》状にだんだん真ん中に近づいていって、最後に原点のところでストップということになります。

我々が普段の生活で見ている物体の動きは、このようにいろんな形で表現できます。大事なのは、いま見たのは動きが法則によって完全に決められているということです。

ところが、同じように決定論的な因果法則でできている世界なのに、長期的には予測が不可能な運動というものがあるということを、いまから五〇年ほど前に、気象学者のエドワード・ローレンツという人が見つけました[3]。実はそれ以前に数学者のポアンカレという人が理論的に想定していたので、正確には再発見だったのですが、ローレンツの発見は多くの研究者たちの注意を引いて、カオスの研究という新しい分野ができました。

彼は、気象学者で大気の運動を研究しており、それを当時研究に使われ始めていたコンピュータの中で再現してみようと考えました。シミュレーションです。大気は地表と上空の間で対流し、循環しています。空気は地表で暖められると軽くなって上に上がってゆく。上にゆくと熱を放出して冷たくなり、重くなるので下がってくる。こうして対流するのです。この仕組みを連立方程式で表現し、プログラムに組んでコンピュータのなかで動かしてみました。ある時、計算をやり直すよう仕掛けてからコーヒーを飲みに行ったのですが、帰ってみたら、予想外の数値が出ていた。驚いて調べてみると、方程式の中の係数を以前と違って小数点以下四桁で四捨五入していたことが分かりました。偉いのは、こういう予想外の結果がなぜ出たのかを考え抜いたことです。

とはいえ、彼の発見が世の注目を浴びたのは十数年後のことです。数学者らがこれを再発見し、カオスと名づけて大々的に研究を展開し始めました。システムの全体は決定論法則でできているのに、初期の状態がほんの少しだけ違うと、ある程度時間が経った後には巨大な違いが生じてしまう。この現象にいたく心をそそられたのです。彼らはこれを初期値鋭敏性と呼び、カオスの基本的性質と考えるようになりました。

話をもっと分かりやすくするため、この大気の循環と同じ形の動きを、コンピュータの画面で見ていただきましょう。ここに示した水車を動かしている連立方程式は、ぐるぐる回る見かけと同様、大気の循環と同じ形をしていますので、「ローレンツの水車」と呼ばれています[4]（図10）。

この水車にはいくつかバケツがありますが、そのバケツの底に小さな穴が空いています。上から水を注ぎますが、バケツから幾分か水が漏れる。水を注ぎ始めると、水車は最初は動きませんが、何かの拍子に動きだします。最初はぶらぶら揺れていて、それからある時、突然くるっと回

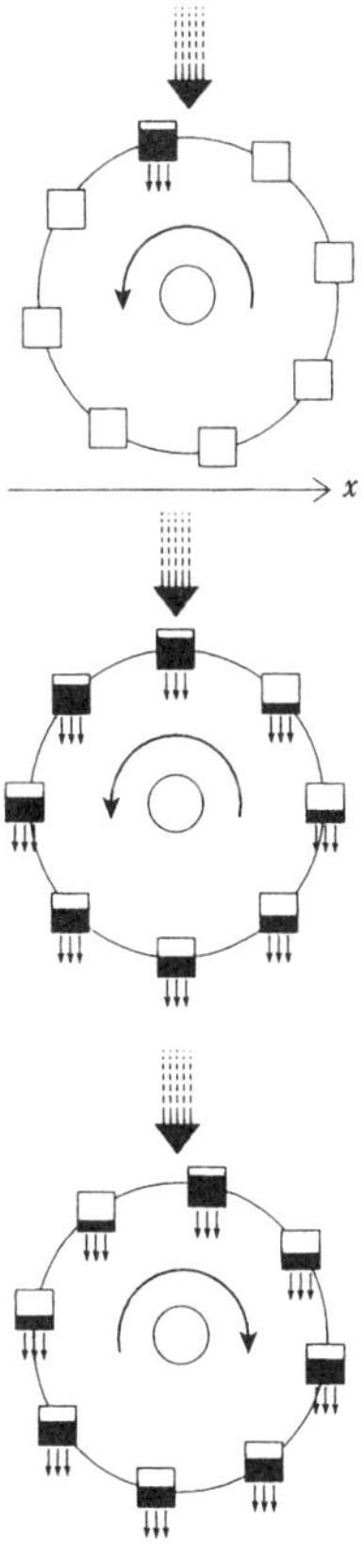

図10　ローレンツの水車

り出す。ぐるぐるぐるっと回りますが、あるところで止まって、今度は逆回りに回り始めます。そうした動作を繰り返してゆく。

ここで大事なのは、たとえばいつ逆転するか、事前には分からない点です。予測ができません。ただし、逆転する前には動きが次第にゆっくりになって止まり、その後、逆転する。ですから、すぐ近くでは、〇・一秒や〇・二秒後には、あるバケツがどこにいるかは予測できるのですが、ずっと後になると、どこにあるかは分からない。

このように、このローレンツ・カオスあるいは水車は、厳密な因果法則によって構成されている世界なのですが、時間がかなり経った時にどういう状態にあるかは予測ができないのです。

実際のお天気で言うと、たとえば、一週間後に東京世田谷区で雨が降っているかどうか、なかなか予測するのが難しい。ある幅では予測できます。いまは観測網が密になって、そのデータを超高速の計算機で処理できるようになったので、昔よりはるかに天気予報が当たるようになった。二、三日後だと雨が降るかどうかくらいは予測できるようになりました。しかし、一方では、その日の何時に降り出すか、降水量がどれほどになるかとか、逆に一カ月後のある日が雨か晴れかは予測できません。

ローレンツは、ある講演で、彼の発見した現象について、南米のアンデスの上で一匹の蝶が羽ばたいたら、北米のテキサスで竜巻が起きるといった比喩で説明しました。しかし、これは不適切な喩えで、カオスの意味を過大評価させてしまいます。うさんくさい疑似科学に見せてしまう。

世の中の現象すべてがランダムかというと、決してそんなことはない。たとえば、地球上の温帯に暮らしている人は、春夏秋冬の季節の循環が確実にやってくることを知っています。そうした地球の自転軸の傾きに由来する大構造自体は動かないのです。その範囲の中で、ある特定の部分を細かく見てゆこうとすると、実は予測ができなくなる。これが、いま決定論カオスと呼ばれるものの性質なのです。

要するに、大気の循環システムよりはるかに複雑な人間社会、その歴史で予測できないのは当たり前だと言いたいから紹介しただけの話です（笑）。

その直観的常識をどうやったら理屈で説明できるか。マルクスやそれ以前以後の歴史思想家たちは、予測ができるはずだと思い込んで無理をしたので、うまくゆかなかったんですね。無理をする必要はないのです（笑）。

でも、それをちゃんと理屈で説明するのは、とても難しかった。決定論カオスが発見されたおかげで、自然科学が研究している世界でも予測は不可能な場合があると分かったので、歴史の説明に厳格な因果関係を想定する必要がないことが分かった。マルクスのように複雑なシステムに単純な因果関係を適用しようとすると、確実に失敗するということが分かりました。自然科学でやっている予測と同じように、厳密な思考法を過去の研究に使わなくてよい、むしろ避けた方がよい。予想ができなくても構わない、気楽に行こうと思っていただくため、お話ししました（笑）。

秩序の生成と崩壊――金子邦彦のカオス結合系

しかし、歴史は決してランダムさだけが支配している世界ではありません。長期の、遠い将来の予測ができないのは当然なのですが、そうは言っても、世の中には秩序というものがあって、人々はそれを当てにして生活しています。物事は想定の範囲内で起きるはずで、そう思わないと不安でたまらず、人間関係や社会は成り立ちません。たとえば、いまヨーロッパの経済危機が心配されていますが、一年後、日本はその影響を受けて不況になるかも知れません。しかし、巨大なダメージを受けて、その結果、一〇〇万人が餓死するといった事態までは、想定する必要はないでしょう。一年後のことです。一〇〇年後は知りません。

こういう具合に、ある範囲の中ではかなり確実に予測ができる。ある範囲で予測できること、それが秩序が存在するということです。

ところが、革命というのはまさにその秩序が壊れることです。そこで知りたいのは、秩序と乱れがどうして起きるのか、どのようにして世の中は乱れ、どうやって秩序が回復するのか、これを次に考えなくてはいけない。これを説明するのは大変に難しいことに違いありません。しかし、今までご紹介した決定論カオスを発展させると、純理論的な、とても抽象度の高いレヴェルではありますが、秩序と乱れがどのようにして生ずるかということが分かる。私の同僚の金子邦彦さんが考案してくれた「カオス結合系」というモデルです。

金子邦彦さんは物理学者で、コンピュータを使っていろんな理論モデルを考える数理科学者の一人です。物理といっても、原子や宇宙といった具体的なモノを見ているのではなくて、物と物のつながり方、その形の動態を研究なさっている方です。[5]

彼は、若い頃、とんでもないことを考えました。カオスとカオスをつないでみたら、何が起きるだろうかというのです。直観的には絶対、カオスしか生じない。乱れと乱れをつないでどうして秩序が生まれるでしょうか。ところが、彼がここに紹介するようなモデルを考えて、コンピュータに計算させてみたら、自然に乱れと秩序が生まれることがある、ある条件の下では、自然に秩序が生まれたり、崩壊したりが繰り返されるということを発見してしまったんです。

この研究分野はいま複雑系と呼ばれていますが、もしノーベル物理学賞が複雑系に与えられることがあれば、金子さんも有力な候補の一人でしょうね。とんでもない、一見無謀な発想をして、意外な結果を発見してしまった。

この図（図11）を見て下さい。カオス結合系と呼ばれるシステムです。[6]

ここには、面倒臭そうなことが描いてあるようですが、実はとても単純な話なのです。上に横に並んでいるのはシステムを構成している要素の群れです。ある時刻tでの様々の要素、X_1、X_2、X_3…がどんな状態にあるかを示しています。一番下に並んでいるのは、それらが次のt+1という時刻になった時の状態で、それを時刻tの時の値と比べてみるわけです。

その時刻tからt+1に移る際に働く力としては非線形関数を使います。線形でない関数。線形

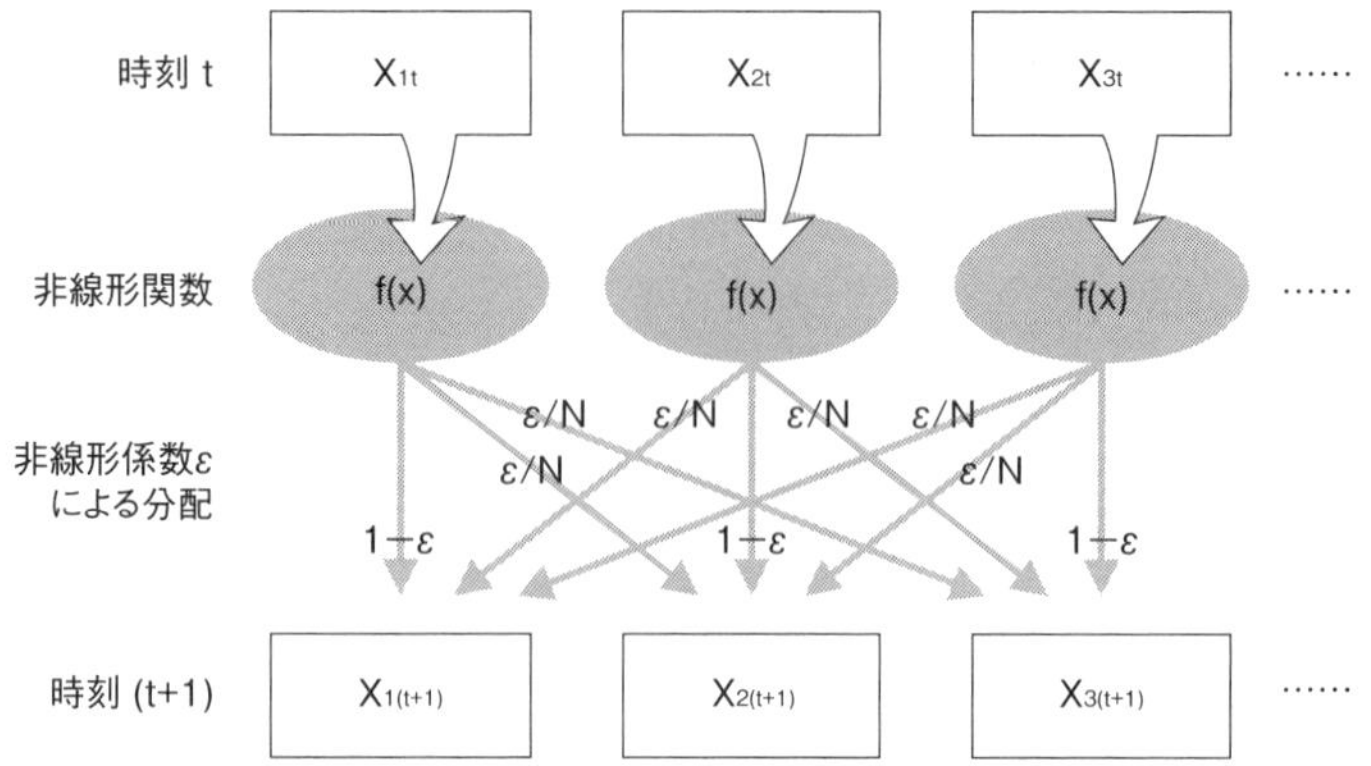

図11　カオス結合系（伊庭崇・福原義久『複雑系入門』より）

の関数というのは私たちが最初に習った関数、一次関数のことで、比例的な変化をします。これに対して、非線形関数としては、たとえば指数関数を考えて下さい。$y=2^x$。xがちょっと大きくなると、あっという間にyの値が大きくなってゆきます。2, 4, 8, 16, 32, 64, 128, 256, 512, 1024……一次関数が比例的な、いわば穏やかな変化をするのと違って、爆発的に変わる。実は、これがカオスを生み出すのです。先に紹介した初期値鋭敏性の数学的表現です。

さて、金子さんが考えたカオス結合系は、要素X_1の時刻tの時の値を非線形関数で変形して、時刻t+1の時の値を出します。そして、要素X_2以下にも同じ操作をします。ただ、ここからが味噌なのですが、その時に、要素が互いに干渉し合うようにします。それは、非線形関数で計算した結果の一部を他の要素にも分配することで実現させます。

ここでは要素のすべてが互いに影響し合う場合につ

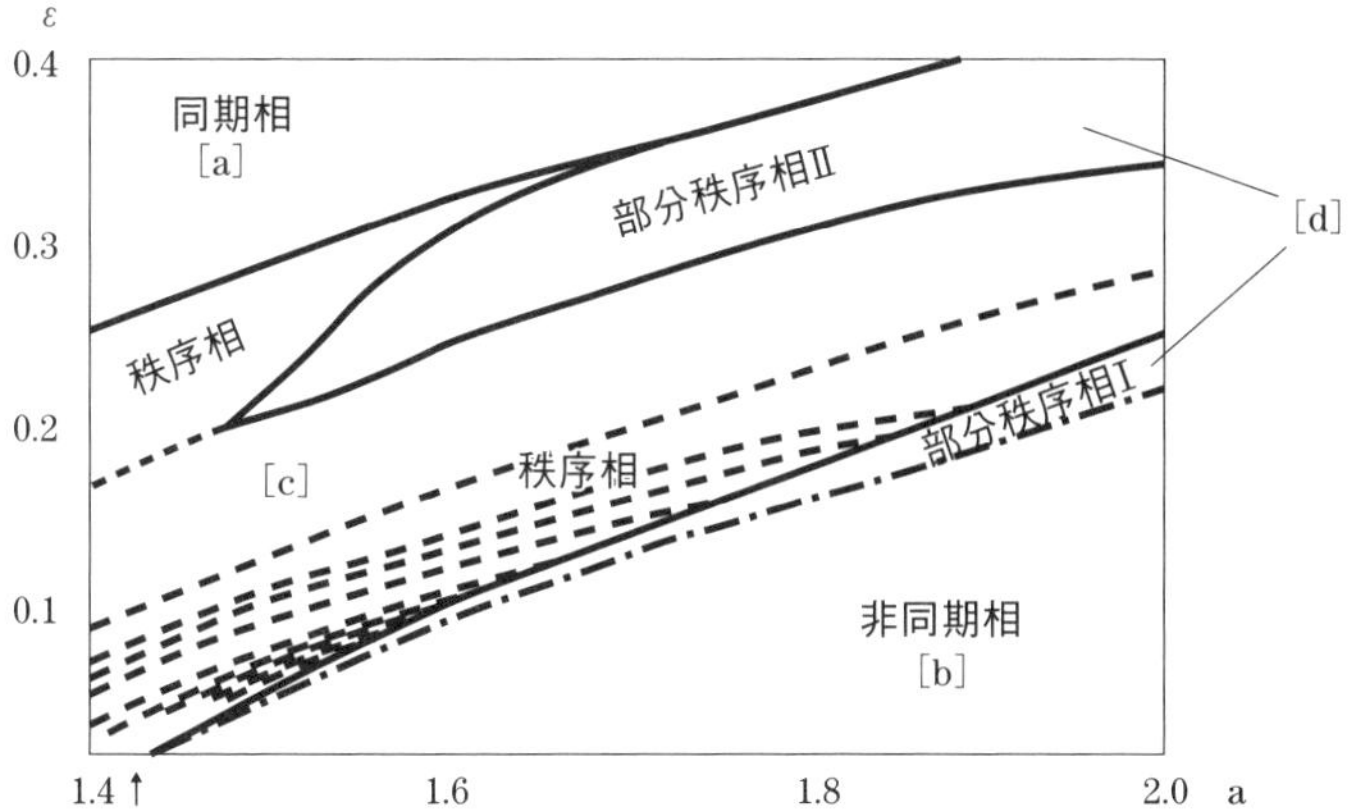

図12　カオス結合系の相図（伊庭・福原『複雑系入門』前掲）

いて考えることにします。このような計算をして、その結果を先ほど振り子のところで紹介した相図として書いてみます。その軸は非線形性がきついか否か、また互いに縛る度合いが強いか否か、この二点にします。次の図（図12）では、横軸が非線形性、縦軸は縛り合いの度合いを表現しています。

この図で左上の部分では要素が全部同じような動きをしています。非線形性が弱くて、要素同士がきつく縛り合っているからです。逆に、右下では、非線形性が強くて、縛り合いの度が低いので全部がばらばらに動いています。これは当然予想できることですが、問題はその中間の部分です。ここでは、秩序と乱れが交互に現れることがある。それが、次の絵（図13）です。

これは時系列といって、時間の中での動きを表現したものです。左から右に時間がずっと流れてゆくのですが、ここでは最初は各要素がばらばらに動き、それらの軌跡は重なりません。ところが、ある時、突然二

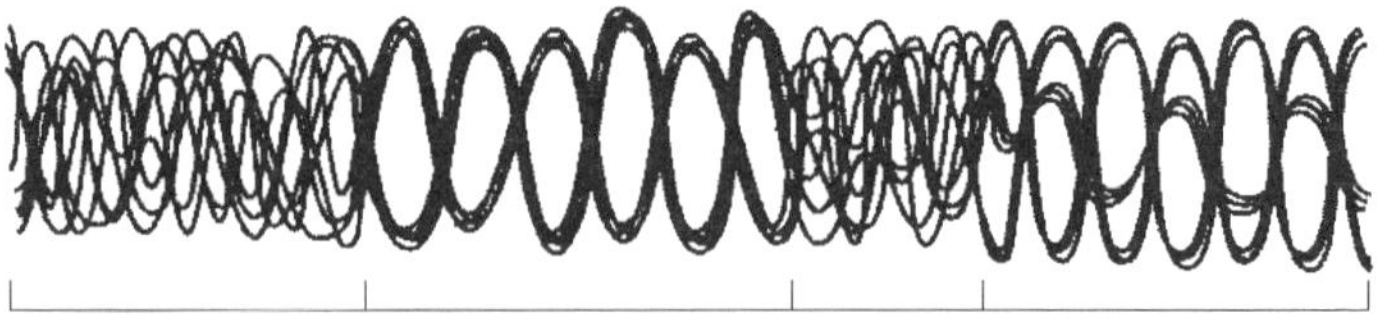

図13　カオス結合系時系列（伊庭・福原『複雑系入門』前掲）

つのグループにまとまって動くようになる。しかし、次には突然、またばらばらに動きはじめ、さらにまた突然、まとまって動くようになる。この図では、今度は三つのグループに分かれています。つまり、乱れが生じ、秩序が生まれ、乱れが生じ、また別の形の秩序ができるといったことが繰り返されてゆくのです。ローレンツ・カオスと同じように、これまた次の瞬間に何が起こるかは分かりません。いつ乱れて、いつ秩序が生まれるか、どんな分かれ方をするか、事前に予測できない。だけれども、パターンとしては、秩序がある状態と乱れた状態とが交互に現れる。特定の条件のもとでは、そういうことが起きるのです。

結局、このコンピュータによる実験で大事なのは何かと言いますと、たくさんの要素が相互作用していると、ある条件の下では、なんら特別なきっかけもなしに、自然に乱れと秩序が生まれるということです。

ここからいきなりで恐縮なのですが、これを人間社会にあてはめてみると、ある大きな変化が見られた時に、そこに特定の大きな原因を想定する必要がないということになります。たくさんの要素があって相互作用しているだけで、大きな変化が起きる。はっきりとした原因の見えない明治維新には都合の良いことですが、そういう可能性があることが純枠に理論的な検討から指摘されたのです。

さて、人間社会は非常に不完全なシステムです。さっき見ていただいたローレンツ水車も金子さんのカオス結合系も、閉じられた、そして厳密に縛られた完全なシステムでした。これに対して、人間の社会は、システムにたくさんの破れがあり、しかも要素が互いに完全に縛り合っているわけでもありません。社会の中にはいろいろな部分システムがあり、その部分システムの相互関係もなかなか複雑です。こういう不完全なシステムの振る舞いが予測できないのは当たり前と言わねばなりません。

金子・安富の共依存的生滅系

しかし、逆に、その人間社会でまったく予測が不可能かというと、そうではない。むしろ秩序があるのが普通です。それは非常に不思議で面白いことではないでしょうか。一体、秩序がどうやって生まれ、維持されるのか。あるいはどうして時に乱れるのかということを次に考えなくてはいけません。ここでもまた金子さんは良いヒントを与えてくれています。安富歩《あゆむ》さんという、経済の面から歴史的変化を考えてきた、これまたとてつもなく頭の良い人ですが、彼と協力して、いま紹介したカオス結合系を人間社会にも適用できるモデルに発展させようと企てたのです。[7]

彼らはこれを共依存的生滅系と呼んでいます。これを簡単に紹介します。彼らが考えたシステムは次のような条件を備えています。まずたくさんの要素があって、それらが互いに相互作用し合う。カオス結合系です。次に、このシステムを構成する要素も似たような構造を持っている。要素自体も一つのシステムで、中にまたたくさんの要素がある。いわゆる入れ子状態になっているという条件を設定したのです。

それから、新しい条件は、それらの要素が増えたり減ったりする点です。一つの要素の内部でも、全体システムの中でも、あるグループが増えたり減ったりし、それに伴って別のグループが増減する。そんな条件を設定して、やっぱりこれもコンピュータで計算してみました。

そうしたら、何が起きたかというと、まず、金子さんが前からカオス結合系の中で発見していたカオス的遷移、乱れと秩序が自然に移っていくという現象が見られた。

それから、次に彼らが見いだしたのは、要素の個性が分化したことです。初め各要素は全く同じ性質を持つように設定されていたのですが、相互作用をしているうちに、それぞれの要素が個性を持ち始める。これは、生物で言えば受精卵の発生という現象に見られます。

ご存じのように、精子と卵子が結合すると、それは一つの細胞になりますが、その後、どんどん分裂し、分化してゆきます。分裂している最中に、それぞれの細胞が違う役割を果たすようになる。我々の胃腸をつくる細胞、皮膚や脳をつくる細胞、筋肉や血管をつくる細胞、それらが分かれてゆく。元は一つだった細胞が分裂して、それぞれが個性を持ち出し、さらにその間に役割分担が生まれます。すると、ある部分をわざと取り除いても、他の部分が変化して穴を埋めるようになる。その間に、実は個々の要素はどんどん入れ替わってゆくのですが、一旦こういう状態になると、要素は入れ替わってもパターンは維持されるようになる。システムが安定するわけです。彼らは、この状態を淀《よど》み的な安定と呼びました。川の流れの中にところどころ水が静止しているように見えるところが生じますが、そこでは個々の水分子自体は入れ替わっている。それに喩えているわけです。

福岡伸一さんという人が書かれた『生物と無生物のあいだ』という名著がありますが[8]、それによると、我々の体を構成している分子は、一年もすれば全部入れ替わっているということです。我々は、自分は紛れもなく自分で、体も心も死ぬまで一向に変わることはないと考えていますが、物理的に言えば、構成要素は全部、短期間に入れ替わっているのです。維持されているのはでき上がったパターンだけ。生命というものはそういう現象です。要素の入れ替わりが止まるのは死んだ後です。このような生命に特徴的なあり方を、この金子・安富ご両人は淀み的安定と名付けました。

さて、ここまでは、先の条件を実験装置の中に設定しさえすれば、人工的に引き起こすことができるそうです。しかし、実際の細胞には遺伝子というものがある。DNAやRNAがタンパク質をデザインし、共同作業をして体の各器官を作ってゆくのですが、これをコンピュータ・シミュレーションの世界に移してみると、遺伝子は諸要素の中でも変化の遅い部分に当たるのだそうです。そして、その遅い部分は他の速い部分をコントロールするようになる。そこで、彼らは、この変化しにくい要素群を記号列と呼んでいます。記号列が導入されると、システムの全体が変化しにくくなり、安定性がさらに高まります。皮膚が傷ついても、修復されて元に戻る。システムの剛性が高まって、変化しにくくなる。

ところが、こうしてシステムの剛性が高まるのは両刃の剣で、固いものは脆《もろ》くもなる。攪乱《かくらん》に弱くなるのです。実際の攪乱がどのようにして生ずるかというと、一つは環境が変わることです。もう一つは、内部からの変化、いわば突然変異です。たとえば、DNAによる複製にエラーが生じて、遺伝子が部分的に変わる。そうすると今までと別の細胞をつくるようになり、生物の体にも変化が生ずる。多くの場合、見かけは変わりません。しかし、内部が変わっているので、適応力に差が生ずることもあります。子孫が殖えるグループや減少するグループができるのです。環境が変わった場合には、また別の形で適応力の差が生まれます。進化論でいう自然淘汰が働くのですが、その時、剛性の高くなったシステムは適応に失敗しやすく、ひそかに変化していたグループの方が意外にも生き延びることがあります。

2　秩序の生成と乱れ——儀礼の機能

以上はあまりにも抽象的な議論で、はたしてこれが歴史や革命にどんな関係があるのか、いぶかしく思われるかもしれません。ただ、私は金子さんと安富さんの論文を読んで、江戸時代の日本に重ねてみました。彼らのモデルを使うと、徳川日本に秩序が生まれ、それが崩壊したことについて、一貫した解釈が可能になるかもしれないと考えたのです。それを紹介したら、少し分かりよくなるのではないか。実際、結構使えそうです。ここで注目するのは、要素としては支配集団の武士たち、記号列は法制や政治的儀礼を考え、それらの相互作用を見ることにします。[9]

徳川初期の安定化政策

江戸時代の日本は、人類史の中でも変わった面白い社会で、きわめて長い安定を経験していました。対外戦争も、内乱も、二〇〇年以上なかった。短く見ても二二五年、長く見ると二五四年ほど、長期の平和を経験していました。

その重要な条件に、鎖国があったことは疑えません。外部との関係がとても希薄だったので、少なくともその面では攪乱が起きようがなかった。最近、鎖国はしていなかったという説が流行していますが、他と比較してみればそんなことはない。同じ日本でも直前の室町時代には足利将軍が明朝から冊封されたことがありますし、明治以後は西洋・近隣両方との関係が密接になって、何度も大規模な戦争を経験している。一方、鎖国をしていても対外関係がゼロという社会はありません。ごく最近までのミャンマーを考えて下さると、お分かりと思います。大きく見ると、やはり外部との関係が非常に希薄だったという事実があり、それが江戸時代の社会が安定していた重要な条件になっていて、だからこそ、幕末にペリーが来た時のように、外からちょっと刺激されただけでも巨大な変化だと認識され、激変が始まることにもなるのです。

さて、どうして長期安定が生成したかという問題です。これを内部からも考えねばなりません。その分水嶺となったのはご存じ、秀吉による日本統一ですが、直前の時代はどうだったでしょうか。戦国大名がたくさんいて、互いに戦争し合っていた。多くの要素が相互作用していたわけです。

そこに秀吉という人が現れて、戦国大名の上に、別の組織をつくった。彼は天皇の名代、関白という座について、戦国大名たちに勝手に戦争してはいけない、私戦をやってはいけない、この命令に違反したら懲罰するぞと宣言したのです。

戦国大名の職業は領土争いでしたが、その領土紛争で武力に訴えてはいけない、秀吉に訴え出て、その裁判に服従せよと命令した。言うことを聞かない大名は、自らが他の大名を率いて懲罰に行きました。たとえば、九州の島津家は、当時九州の半分くらいを領土にしていて、大友氏と争って、もっと拡張しようとしたのですが、秀吉の止戦命令を聞き入れませんでした。そこで、秀吉はわざわざ他の大名を引き連れて九州まで行き、睨《にら》みを利かせました。その結果、ご存じのように島津は戦争せずに降伏し、もとの領地であった九州の南部に押し込められました。

もう一つ、小田原の北条氏にも同じ処置をとった。北条氏は言うことを聞かなかったので、討滅しました。一罰百戒です。彼の場合二回やったのですが、そうしたら他の大名たちは勝手に戦争することを止め、日本国内に平和が訪れた。驚くほど短期間に秀吉が日本を再統一できたのは、大名の一段上に先の記号列に当たる組織をつくり、それによって、並列していた諸要素、すなわち大名たちの相互作用である戦争を止めさせたのでした。

秀吉が信長のように他の主要大名のほとんどを滅ぼす方針を採っていたら、とても長い時間がかかったはずで、はたして成功したか否か分かりません。要素はそのままに、それらが勝手に動けないようにするという政策を採ったので、短期間に日本の再統一ができたわけです。

その天下をまた、徳川家康が奪ってしまったわけですけれど、組織の仕方は同じです。ただ、別の記号列も加えていった。江戸城中の儀礼や法令の整備です。家康の後継の秀忠や、特に三代家光は、殿中儀礼を整備することに努めました。大名が殿中でどの部屋に詰めるか、その部屋の中でどういう順に並ぶかを厳重に定め、大名同士にランキング争いをさせた。戦国時代の大名は武力で領土争いすることに心を傾けていたのですが、その競争を殿中の席次争いに矮小化《わいしょう》したのです。儀礼を整備することによって、そこに紛争を閉じ込めた。それによって、領土紛争や戦争が起きる可能性が少なくなっていった。儀礼という記号列を使うことで、乱れが抑えられていったのです。

さらに武家諸法度も作った。人間をコントロールする記号列として、法律は我々に身近なものです。その中に、「新儀《しんぎ》停止《ちょうじ》」、「新儀」とは「新しいこと」ということですが、それを企てては いけないと書き込みました。江戸時代を通じて、新しいことを企てるのは、文字通り御法度《ごはっと》、タブーになりました。実際、目新しいことをやろうとすると、「お前、何をやっておるのか」と呼び出されて叱られる。初期の徳川家は盛んにお家取りつぶしをやりましたが、瑣細《ささい》な「新儀」を口実に改易された大名も多かったのです。法令をつくり、実際に制裁を加えると、人心は萎縮《いしゅく》する。その結果、一七世紀の後半に四代将軍が幼くして位についた頃には、もはや大名の反乱は起きえないという認識が当然のこととされる状態になっていました。

という具合に、記号列が整備されることによって、秩序が安定してくる、固められてゆくというプロセスが、江戸時代の初めにありました。

変化の吸収と安定——役割分業

しかし、その後、近世の日本社会は、ゆっくりと変化してゆきます。経済が少しずつ発展し、それに伴って富の分布が変わってゆきます。

たとえば、武士たちは、最初は非常に高い年貢を取っていたのですが、取り分が相対的に少なくなってゆく。課税の対象は主に農業で、一七世紀には新田開発が盛んに行われて高い成長を見せたのですが、一八世紀になると停滞します。その一方、商工業がゆっくりと発展してゆきました。江戸時代には商工業は課税されませんでした。そこで、商売した分はまるまる儲《もう》けることができて、商工業者はお金持ちになっていった。それに対して、農業からの年貢に依存していた武士たちは収入が増えない。つまり、武士たちは相対的に貧乏になってゆく。こうして、きわめてゆっくりとですが、富の分布が変わっていったのです。

階級革命モデルですと、経済が発展すれば、生産関係が変わるはずです。豊かになった人々、商工業者が武士の支配に反抗するだろうと予想する。しかし、そういうことは起きなかった。

江戸時代に実際に起きたことは、役割分業の固定です。武士たちは統治が仕事でした。その統治の仕事を他の人々から認められている限りは、貧乏になっても平気、武士は食わねど高楊枝《たかようじ》をやっている。一方、豊かになった人たちは、統治とは面倒な仕事で、下手するとリスクを背負う必要がある。いざとなると命をかけねばならない。そういう政治的リスクなしに儲け、贅沢《ぜいたく》をするだけでいいと考えた。日頃、武士たちからは見下され、たとえば大名行列と出くわすと、庶民は道端で土下座しなくてはならない。それが嫌だったら、大名行列が来る気配が見えたらさっさといなくなるほかはない。そうして不名誉を自覚させられる機会を回避するわけです。それでも、武士たちが横暴・傲慢に振る舞うのを許しはしていても、その裏で豊かな生活をしていれば構わない、という具合に自分の役割を限定したのです。このように互いの役割を承認し合うと、喧嘩《けんか》しないでやってゆける。たとえ、そこに様々な不平等や歪みがあったとしても。

私は、一〇年ほど前、マレーシア西岸にあるペナンという島に行ったことがあります。ここは幕末にアメリカ総領事として日本に来たタウンゼント・ハリスが来日前に一時的に滞在していたところで、後に孫文が辛亥革命の直前にいたこともあります。それがどういう場所か、見に行ったのです。

ペナン島には、いま日本の企業がいろんな工場を建てていますが、山があって安全な飲料水が取れる、あの辺では珍しいところです。それで、昔から、マレー海峡一帯で行なわれた貿易の結節点の一つになっていました。その港ですが、船から上陸した場所にかわいい時計塔が建っています。何だろうと思って近づいてみたら、これは一九世紀に現地の華人、中国系の人たちが、イギリスのヴィクトリア女王の即位六〇年を記念して建てた時計塔だということが分かった。なかなかかわいい。

それを見ていて、あっ、ここに移住してきた華人たちは、イギリスの統治を素直に称えている。政治という面倒なことを全部イギリス人にやらせておいて、自分たちは、その安定した秩序の下で儲けることに専念していたのではなかろうかと思いました。

一九世紀のペナンでのイギリス人による支配と華人たちの商売の関係は、ちょうど江戸時代の武士と商人の関係によく似ている。そういう具合に分業を互いに承認すると、長い時間のなかで富の分布が変わっても、政治秩序は安定を続けられます。

ノイズの混入——尊王思想

しかし、そうした安定があっても、記号列にはノイズが入ってきます。どのような世界でも、ノイズが混入してくるのは当たり前のことです。DNAの複製ミスは確率的に起きる。いま見ている江戸時代の後半で重要だったのは、日常的に従っている規範と、世の中はこうできているはずだという思い込み、私はこれを「規範的秩序像」と呼んでいますが、その二つがずれてきたということです。

具体的に言いますと、江戸時代の政治秩序は、江戸にいる公方《くぼう》様が、日本国中に対する軍事的な指揮権を持っていて、全国に関わる問題について命令を下す。それに無条件に従うべきだという政治的規範がありました。いざ鎌倉という戦争の時だけではなくて、外交も徳川の公方様の指揮や監督下に行うことだし、国内でも、たとえば洪水があって大きな河の堤防を修理しなくてはならなくなると、一大名ではとてもやりきれないので、公方さんの命令に従って、いくつかの大名が組になって工事を手伝う。江戸の公儀の全国命令権という規範が日常的に受け入れられていたわけです。

ところが、一八世紀の後半以降になりますと、国学といま呼ばれている思想が生まれ、拡がってゆきます。そうすると、この日本の本当の統治者、君主は京都にいる禁裏《きんり》様だ、我々はいま天皇と呼んでいますが、天皇こそが日本国の本当の統治者だ、江戸にいる公方さんは天皇から一時的に統治権を委ねられたものに過ぎない。そういう見方が普及していった。

これは、江戸時代初めの徳川家康や家光が聞いたら、「えっ、何ということを言うのだ」と言ったでしょう。「私たちこそが日本国の主人だ。京都の禁裏様というのは、我々のおかげでやっと続いている存在に過ぎない」、これが江戸時代の初めの常識だったのですが、一八世紀の終わり頃になると、「いや、そんなことはない。本当は京都の禁裏様こそが真の日本の主なんだ」という思想が流布していったのです。

そして、この国学者たちの考えは、徳川三家の一つ、水戸の徳川家の人々にも受け入れられた。

水戸の徳川家は、いわゆる尊王攘夷思想というものを創り出しますね。その中にも取り入れられた。[10] 日本という国は太陽神アマテラスオホミカミの子孫が永遠に統治する尊い国である。いま西洋が世界支配の手をこの神聖な国に及ぼそうとしているが、我々は天皇を中心に結束してその侵略から守らねばならない。そういう主張です。

水戸の人たちは、この尊王攘夷思想を実行する第一の主体として徳川家、日本の実質的・政治的な統治者である徳川将軍家を想定していました。日本は二百数十の国からなる連邦国家ですから、下手をするとばらばらになりかねない。徳川将軍がはるかな過去の軍事的威光によって、それを結びつけているけれども、それだけでは弱い。ここに天皇という便利な存在がある。天皇に関しては日本国中の人々がそれを支持している。だから、徳川が率先して天皇を崇敬すると、日本の統合性がより高まって、徳川による全国統治がやりやすくなるに違いない。これが、水戸の人たちが考えたことだったのです。

ところが、ご存じのように、これが徳川幕府の全国支配を破壊するもっとも強力なファクターに変わるのです。良薬だったはずのものが猛毒に。

外交政策の硬直化――「鎖国」

幕末に乱れが起きるわけですが、その遠因にはもう一つ、外交政策が硬直化したことがあります。我々が「鎖国」と呼び慣わしている対外政策ですけれども、これは一八世紀の終わり頃に、中身が変わります。江戸時代の初めには、日本人の出入国禁止、日本人が自らの意志で外国へ出かけ、帰って来てはいけないという側面が柱でしたが、一八世紀の終わりに老中の松平定信が外国側に焦点を移した。外国人、とくに西洋人が日本に来てよいのか否かという問題に関心を移し、外国人は一般的に来てはいけないという原則を建てたのです[11]。

それまでは、来てはいけない国が決まっていました。スペイン、ポルトガル、そしてイギリス。来航を許さない国が、三つだけ決められていた。他の外国は来てよかったし、実際に来ていました。カンボジアやタイからの使節が長崎に来て貿易をして帰ってゆきました。

ところが定信は、一般的にいけないと原則を建てる。その上で例外を設けた。いままで付き合いが続いてきた国、つまり、朝鮮、琉球、中国、そしてオランダで、あとは全部駄目と変えてしまったのです。

もし彼が外交政策を変えていなかったら、幕末はどうなったでしょうか。アメリカから使節が来ました。アメリカはご禁制の国ではありません。新しい国ですから来航禁止の対象ではなく、これと貿易するのは構わない。ロシアも来ました。これもご禁制の国ではありません。

ですから、定信による基本政策の転換、これこそが「鎖国」政策と呼ぶにふさわしいものでしょうし、それがなかったら、幕末に開国すべきか否かという論争は起きなかったでしょう。ロシアであろうとアメリカであろうと、ご禁制の国ではない、だから貿易してよい。こうなったはずなのです。

ところが、定信が外国は一般的に来てはいけないと決めてしまったために、幕末に大問題になった。その後、一九世紀前半の日本人は、事件が起きる度に世界から孤立してゆく道を選んでゆきました。そして、この「鎖国」はほんの少し前に定信が決めたことだったのに、徳川家康が決めたことだと思い込むようになりました。我々は、江戸時代初めからずっと閉じ籠もってきたのだと思い込んだのです。

ペリーはこの狭く、硬直化した部分を直撃しました。軍事的圧力をかけて、外からこじ開けようとした。これは武士にとって許し難い侮辱です。戦士が最も不名誉な形で付き合いを強要された。拒絶するに足る軍事力がないのが分かっていたので、仕方なく付き合わざるをえなかったのですが、国内には強烈な屈辱感が生まれた。ご存じのように、それが徳川幕府が権威を失う重要な出発点になりました。

もし外交政策が硬直化していなかったら、「それもよろしい」と柔軟に受け止めて、別に問題はないという具合にもってゆける可能性があったはずなのです。しかし、直前の時代に逆に舵を切っていた。これが、幕末に乱れが発生したもう一つの前提条件となりました。

乱れの発生と悪循環の増幅

次に幕末に乱れがどのように発生したかを見ます。ペリーの来た五年後、安政五年政変と呼ばれる大政変、江戸時代最初で最大の政変が起きます。[12] その原因の一つは西洋との国交問題でした。

幕府は西洋と二度目の条約、国交と通商を開くための修好通商条約を結んだ時、それまでになかったことをしました。ご存じのように、京都に使いを出して、天皇から条約に勅許をもらおうとしたのです。それまでは、外交はすべて幕府だけで決めていた。そうすればよかったのに、彼らはわざわざ天皇の許可を取りに行き、天皇が「いやだ」と言ったので、大変なことになったのです。この条約勅許を拒否されたという問題が一つ。

もう一つ、それに将軍の跡継ぎ問題が絡んだ。将軍継嗣問題と言います。当時の将軍家定は心身とも病弱であったために、日本全体が深刻な危機にさらされているいま、十分な指導力が期待できない。そこで、有能な跡継ぎを早く決めて、その人に実質的な政権を移そうということを、大きな大名たちが言い出した。将軍家の親族の越前松平家の人たちが言い出し、外様の中からも薩摩や土佐だのといった大大名が提言を始めました。

当時の大きな大名は、幕閣に入って、政治的決定に関与することができませんでした。しかし、彼らの中には、以前から日本と西洋の関係の将来を懸念し、知的・軍事的に準備をしてきた人々がいました。彼らが心配したのは結集の核となるべき将軍が家定では心もとないという問題です。何とかして有能な人を後釜に立て、その下に共同で対外危機に当たりたい。そう考えて、水戸の徳川斉昭の息子であった一橋慶喜を将軍に推戴しようとしました。詳しいことは省略しますが、この問題が京都で条約問題と絡み合ってしまったのです。幕府の老中が条約の勅許を京都に求めに行って拒否される。同時に将軍の跡継ぎ問題も京都に持ち込まれる。薩摩の島津斉彬は、親族の公家近衛家に手紙を書いて、一橋を将軍継嗣に指名してほしいと頼んでいます。

この二つの重要問題が京都で複合します。京都にいた彦根井伊家の家臣、また江戸の将軍側近の中にこの二つの問題をつないで考える人が現われました。水戸の徳川斉昭は自分の息子を将軍の跡継ぎにしたいために京都に迎合している、朝廷の攘夷論を煽《あお》り、西洋への屈服がいやならば一橋慶喜を将軍の跡継ぎにしなさいと働きかけたと解釈したのです。彼らは、もともと、もう一人の後継候補、紀州の徳川慶福《よしとみ》を後釜に据えたいと考えていた人々でした。京都で勅許獲得に失敗し、もっとも苦境に陥っていた当人、老中の堀田正睦《まさよし》一行はそう受け取ってはいませんが、継嗣問題での一橋反対派は条約勅許の難航を水戸徳川斉昭の陰謀のせいだと思い込みました。

将軍家定の側近もそう考えました。有能な後継者を立てたら、家定は即刻、事実上の引退に追い込まれる可能性があったからです。これを一番気にしていたのは家定の実母だったようです。普通、高校の教科書には、南紀派というグループがあって、譜代大名がその中心であり、その頭目は井伊直弼だったと書いてあります。史料を見ていると、そういうことはありません。将軍の側近が中心なんです。

彼らは、井伊直弼を引っ張り出し、大老に据えようとしました。直弼が継嗣擁立については現将軍に血が近い人を立てるべしという論、つまり紀州論だということを知っていて、彼の力を借りて、一橋慶喜を将軍に立てようとする、彼らから見た水戸の陰謀を挫こうとしたのです。

南紀派は水戸陰謀論という解釈を立て、それによって慶喜擁立を進めている越前や水戸・薩摩などへ対抗しようとしました。大老になった井伊直弼は、初めは穏やかに説得しようと努めたのですが、運悪く、条約に調印し、結果的に天皇の意思を無視する羽目に追い込まれました。すると、一橋派は、それを落ち度として大老を退け、それによってすでに将軍継嗣に内定していた徳川慶福を一橋慶喜に差し替えようと企みます。徳川斉昭をはじめ、主立ったメンバーが一斉に江戸城に押しかけ登城をし、大老に面と向かって要求したのです。

元々、この水戸陰謀説は正確な認識ではありませんでした。徳川斉昭は、わざわざ京都の親戚鷹司《たかつかさ》家に手紙を書いて、今度老中が条約勅許をもらいに行くけれども、これには反対しないでほしい、江戸と京都の間柄が割れないよう努力してくださいと頼んでいるくらいです。ですから、斉昭が京都の攘夷論を煽ったというのは嘘です。

のち南紀派と呼ばれるようになった人々の水戸陰謀論は、事実ではなかった。間違い、誤解だったのですけれど、今度はしかし、一橋派の面々が公然と井伊直弼を批判する行動に出たのです。井伊大老は、ああ、この陰謀はやっぱり本物だったのだと信ずるようになって、絶対許さないぞと処罰しました。処罰したのですが、しかし、水戸の人たちはいっかな承伏しない。自分たちの正しさを確信していて、頽勢《たいせい》挽回や復讐を図ります。こうして、この二つの勢力は、あっという間に悪循環の中にはまってゆきました。政界は南紀派と一橋派に分かれ、中間の人たちは容易に口が出せなくなる。世間の同情は一橋派に向かい、特に朝廷は、天皇への約束を反古にして勝手に条約に調印した井伊大老はけしからんと、態度を硬直化させました。こうして二百数十年も天下の静謐《せいひつ》を担ってきた幕府の威信が急速に失墜していったのです。

これを、遠くの抽象的な観点から見直すと、安政五年の日本の政界は破壊的なポジティヴ・フィードバックの中にはまり込んだと見ることができます。反感と憎悪が循環しながら急速に増幅されてゆき、政界は決して元には戻らなくなったのです。

ポジティヴ・フィードバックという現象ですが、一番分かりやすいのはマイクとスピーカーの間に起きる共振でしょう。マイクにスイッチを入れた時、時々スピーカーがキーンという音を出しますね。それがガーッと大きくなって、ぷつんと切れる。あれは、ブレーカーが入っているので切れるので、ブレーカーが間になかったらスピーカーは壊れてしまいます。これは、マイクとスピーカーが近すぎて、マイクが自分が伝えた音をスピーカーから拾い、アンプがそれを増幅してスピーカーから大きくなった音を出し、それをまたマイクが拾うという、正の循環、累積《るいせき》的な循環が生ずるため、起きるのです。

そういう具合に、一度起きた振動がどんどん拡大していって抑えられなくなる。このポジティヴ・フィードバックが、まさに安政五年の日本に反感と憎悪の循環という形で発生したのです。一度悪循環が生ずると、止めるのは難しい。井伊大老に代表される幕府は政変前の状態に戻そうと努力しましたが、それはむしろ火に油を注ぐ結果となり、努力すればするほど政治社会の秩序は壊れていったのです。

以上をまとめると、一九世紀の前半に外交政策の硬直化が進んでいたところに、ペリーが来てそのど真ん中にぶつかった。それが日本の内部に強い屈辱感を生み出し、開国を受け入れた幕府に対する不信感も生み出した。それが下地になります。そして、安政五年に二つの問題が複合して日本の政界が真っ二つに分かれます。幕府は世論からの非難にさらされ、世間から信用されなくなりました。幕府への論難と政治弾圧の応酬の中で、政治動乱が始まり、幕末の一〇年間続きます。一旦、悪循環が生じたら、もう元には戻らなくなったのです。

江戸時代の初めに江戸城で殿中儀礼が整備され、大名の関心が領土争いから席次争いに封じ込められたと申しました。儀礼という記号列は秩序の安定化に貢献したのです。しかし、儀礼は大きな実際問題が出現すると脇に押しやられます。人々は日常の儀礼よりは非常時の対策に関心を移し、あれこれと議論を始めます。ただちに儀礼を廃することはありませんが、関心は問題解決に移り、とくに大きな紛争が起きると権力闘争がすべてとなって、儀礼への関心は吹き飛ばされてしまいます[13]。

以上のように、幕末に秩序の乱れがどのように起きたかは、ある程度理屈で説明できるように思います。しかし、乱れが始まった後、どのようにして秩序が再建されるかとなると、私はあまり自信がありません（笑）。すぐ後でちょっと説明をいたしますが、十分とは思えないのです。

乱れが開く新たな可能性

その話に入る前に、一つ、注意していただきたいことがあります。一般に我々は、乱れが生ずることを歓迎しません。私も嫌いです。嫌いですが、乱れが生ずることによって、それまでなかった可能性が開かれてくることもある。典型的には、江戸時代は身分制の社会で、生まれによって身分が違い、下の身分に生まれたが最後、いつも上から押さえつけられているという世界、下の人間にとっては決して愉快とは言えない世の中でした。それが明治維新によって、天皇以外、人間みな、万人平等であるという秩序に変わる。それは、明治の日本人に大歓迎されましたが、そういうことは江戸時代の、この安政五年政変以前の時代には考えられないことでした。そういう自由が開けるという面が、乱れには確かにあるのです。

その場合、面白いのは、一旦乱れが生ずると、従来は秩序を維持するように働いていた記号列、思想とかイデオロギーとかいったものが、逆さまの働きを始めることがあるのです。その一番よい例が、実は尊王攘夷論です。

さっきご紹介したように、尊王攘夷論というものは、徳川幕府の全国統治を強化するために考え出されたものでした。これがペリーが来た後は、逆に徳川幕府の正統性を否定する思想に変わります。薬だったものが猛毒に変わるのです。思想の内容は変わらなかったにもかかわらず。

どうしてかというと、徳川将軍というものは、外敵から日本を守るために存在している。だから、征夷大将軍という称号を持っている。その征夷大将軍はなぜ外敵に屈辱的な条約を結ばされて平気なのか。武家本来の務めとしては、戦争して夷狄の理不尽で高慢な要求を挫《くじ》くべきなのに、その軍門に下り、むしろ憎き外敵と親しくしているようにすら見える。彼らは日本の裏切り者だという具合に批判されます。

これは攘夷の筋での議論ですが、尊王の筋でも批判されます。条約への態度は天皇の方が正しい。当時の孝明天皇は条約に否定的であり、勅許を婉曲に断わるために、もう一度大名たちに意見を聞いてきなさいと答えた。もう一度大名たちの意見を集めてきたら考えてやっても良いと幕府の顔を立てたのに、井伊大老は約束を破り、天皇へ報告をしないまま、いきなり条約に調印してしまった。天皇をあからさまに侮辱した。尊王という観点から見ても幕府は許せないという世論が安政五年の政変を機に形成されたのです。

というわけで、攘夷という筋でも、尊王という筋でも、この尊王攘夷論があったために、幕府は窮地に陥りました。もしこういう思想がなければ、幕府は条約を結ばされて無様だったな、という程度で済んだかもしれない。天皇は元来、政治に手を出さないのが伝統なのだから、その主張には耳を傾けなくてよろしい。そういう意見すらありえたでしょう。しかし、水戸徳川家発案の尊王攘夷論のおかげで、そうは言えなくなってしまったのです。

我々は、革命のような大変化を観察する時、よく新しい要素を探します。それまでになかった要素が登場し、それが決定的な変化をもたらしたという具合に考えがちです。確かにそういう面もありますが、それだけではなくて、ここで説明したように、元々存在していたものが、突然機能を変えてしまう、薬だったはずのものが猛毒に変わるという現象も無視してはいけないのです。

外から入ってきた要素の働きについては、次回にお話しすることにします。たとえば、議会制やマス・メディアです。日本の内部には従来、「公議」という思想があるにはあったのですが、その思想が政治制度の根幹として根付くには、西洋からの制度の輸入が不可欠でした。

以上、特定の、はっきりとした原因が見えない中で、どのようにして革命が発生するのか、それを抽象的なところから、一応具体的なところまで、駆け足でご説明したつもりです。

3　秩序の再生と犠牲——間接的経路への無意識進入

さて、最後の問題は、崩壊の後、どのようにして新しい秩序が生まれたかということです。これは難しくて、まだ私は決定的なことが言えません。この難問を考えるにはいろんなアプローチがあるはずですが、取りあえずは登場人物たちが掲げた政治目標に目をつけたいと思います。ありきたりのやり方で恥ずかしいのですが、しかし、その際には、普段あまり語られない側面に注意を向けたいと思います。[14]

間接的アプローチ——最終局面

今日、最初に二つ大きな問題を掲げました。武士というエリートがどうして社会的な自殺をしたのか、また、その過程でどうして犠牲者が少なくて済んだのかという問題です。これをどう解くか。

私の答は、当時の日本の政治家たち、主に武士で、文字の読める庶民の一部も加わりましたが、そういった人々が無意識のうちに大改革に至る間接的な経路にはまり込んだということです。この間接的経路という解釈は、戦略論の世界で語られる間接的アプローチというアイデアに少しひねりを加えたものです。その間接的アプローチとは、ある目標を達成したいとして、直進すると強い抵抗が予想される場合は、その目標の代わりに別の目標を立てるという戦略です。抵抗がより少ないと思われる目標を掲げ、人々をそちらに誘導しながら、本来の目標に近づく道を探るというアプローチ。いわゆる迂回作戦です。

この間接的アプローチは、戦略論という学問の世界では最も理想的な戦略だと言われています。と言いますのは、抵抗が少ないですから、実現の可能性が高い。犠牲者も少ない。だから、力をあまり使わなくても目的が達成できるのです。間接的アプローチ、あるいは迂回作戦は、もっとも賢明な戦略だと語られます。

ある時、私はこの分野の名著として知られるリデルハートという人の本をたまたま眼にし、「あ、そうか、そういうことか」と気づきました。明治維新では最終段階近くで間接的アプローチが使われたのを知っていたのですが、幕末の時期についても、これが無意識のうちに起きたのではないかと悟ったのです。

維新史上有名なエピソードですが、木戸孝允は廃藩置県を断行した直後の日記に、廃藩には多くの大名の抵抗が予想された、それを実現するため、私は一生懸命考えて、手前に一つのステップをつくった、それが版籍奉還だったと書いています[16]。江戸時代には、将軍が代替わりしたり、大名が家督を相続しますと、一度大名たちから統治認可証を回収します。領知判物ないし朱印状です。それを回収し、新しい将軍からもう一度与えることによって、大名の統治を保障する制度でした。

　将軍はいなくなったが、大名の領国はそのままでした。その統治許可証を新たに日本全国の統治者になった天皇が回収することにしました。回収しておいて、実は返さない（笑）。大名の中には天皇からもう一度もらえると思っていた人もいたようですが、返したら集権化、日本の統一性を高めることはできない。しかし、統治権をすべて奪うと怒り出す人が出てくるはずです。そこで、一応、同じ土地を支配することを認める。しかし、それは政府の役人として、ということにしました。

　抵抗が少なくなるように配慮しておいて、まず大名の個々人に日本政府の官僚であることを自覚させる。また、それまで大名は領地から上がる収入は全部自分のものにしていましたが、組織を政府の部分、この時初めて公式に「藩」と呼ぶことにしたのです。それと大名の「家」の部分を分けました。そして収入のうち大名の家政に使う部分を一割に限定し、あと全部を政府、「藩」の収入にしました。そうやって大名の権力、発言力を段階的に削っていったのです。

　このような準備をした後、一気に廃藩をやった。かなり抵抗があるだろうと構えていたら、誰

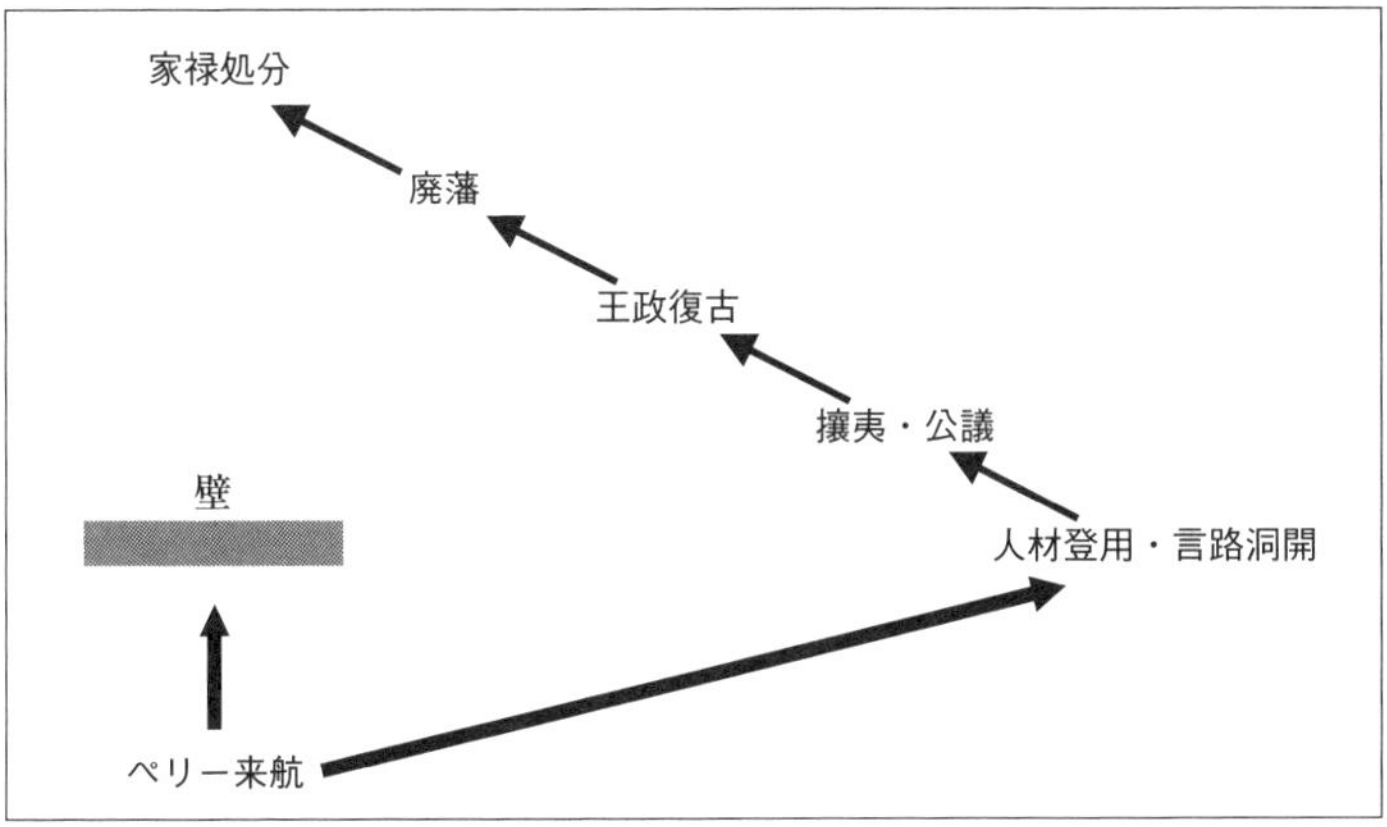

図14　幕末日本における無意識のはまり込み

も抵抗しなかった。後になって士族反乱というつけが回ってきますけれど、当面のところは大名も武士も反抗せず、内乱が起きずに済んでしまいました。意外な結果になったのです。

このように、維新史の最後に近い幕では、この間接的アプローチ、迂回作戦というものが意識的に使われたということが分かっています。

しかし、どうも、ちょっと遠くから眺めてみると、これと似たようなことは初めから起きていたのではないでしょうか。本人たちは気がつかないうちに。それが、私のアイデアです。

間接的経路へのはまり込み(1)——幕末の第一局面

これを図示してみましょう（図14）。この図の左上を見て下さい。維新で最終的に起きたことは、家禄の処分です。侍たちが生まれながらにもらっていた家禄を返上させ、全部国債に変えました。それも期限付きで、ある年月が経ったら全部償還します。最終的には、政府は旧武士たちにまったくお金を支給する必要がない状態に持ってゆきます。

しかし、ペリーが来た時にこれができたでしょうか。絶対にできたはずがない。ペリーが来た時に日本の政治家たちが気づき、維新を通じて、またその後の日本にも一貫していた課題は、西洋による侵略を防ぐことでした。

ペリーが来た後、日本防衛という課題が喫緊《きつきん》のものとなった。日本を守るには、最終的には、日本の住民全員が協力せねばならない。お金を出すのは無論、はては自分の命までも差し出すようにせねばならない。明治政府がやったのはこれです。

しかし、ペリーが来た時に日本を守れたのは大名とそれに仕えていた武士だけです。日本を守るために大名をつぶそうとか、侍の身分を廃止して日本の住民全員が同じ権利を持つようにしよう。こんなことが言えるはずがない。むしろ、日本を守るには、武家という軍事を独占的に担っている人々に奮起してもらわねばならない。だから、武士をなくすなどということは絶対に言えるはずがなかった。この図に描いてありますように、大きな、厚い壁があったのです。

そこで、真っ直ぐは進めない。そんなことは誰も考えない。その代わり、まず彼らがペリーの当時に主張したのは、「人材登用」「言路洞開」ということでした。これはある種、中国の模倣です。近世日本は身分社会で、生まれによって就ける地位が違いましたけれど、当時の武士は漢学を基礎的教養として身につけるようになっていましたので、中国には科挙という制度があり、才能があれば誰でも政府の統治を担うことができると知っていた。それが羨《うらや》ましい。そこで、中国と同じように、有能な人を重要な地位に就けるべしと、人材登用を言い出した。また、良い政策があれば、それを提案する機会を与えよと、言路を開くことも主張する。公開の場で語るわけではないけれど、上書、すなわち上級の統治者に封書にして提言することを認め、さらにそれを十分聞いてほしいという要求を始めたのです。いずれも、身分制的に構成された従来の政治体制では歓迎されないことでしたが、一九世紀の半ばには、口に出しても構わないようにはなっていた。上級身分も同様に漢学を学んでいたからでしょうか。

間接的経路へのはまり込み(2)——公議から王政復古へ

ところが、一八五八年の安政五年政変で、また局面が変わった。何が起きたかというと、一方では、「攘夷」という主張が公言できるようになった。それまでは攘夷論は政策論としては少数派だったのですが、政変のなかで多数意見に変わった。攘夷は正義であって、その実現に腰が引けている幕府は間違っている。そういう言い方で、攘夷論が公言できるようになった。それまでは、政府の政策について、侍たちも庶民たちも、口を出すのを遠慮していたのですが、攘夷論であれば、あるいは尊王でありさえすれば、語って構わないという風潮が生まれた。

これはさらに、政治的主張一般にまで拡がってゆきます。いま日本人が共通に抱えている、公共の問題についてては、発言を許すべきである。我々は良いアイデアを持っているから、それを政府は聞くべきだ。明治以降、現在に至るまでの政治空間を支配することになる「公論」、「公議」の主張です。

これは一橋派の大名たちを先がけに主張が始まりました。攘夷論の方は民間の浪人まで含む、もっと多くの人々が共有していました。関心の焦点は違いますが、両者には重要な点で共通するところがあった。両方とも、いまの政治の仕方では日本を守れないと考え、それを公言した点です。攘夷論も公議の主張の一種であり、公議論も幕政批判という点では攘夷論と同じだったのです。安政五年政変は、このようにして政治的議論のあり方を決定的に変え、それが幕末の政治変動の重要な関門となりました。

安政五年政変の後は、攘夷や公議は公言して構わなくなりました。しかし、それを唱えた人たちが、当時、王政復古まで意図していたかというと、必ずしもそうではありません。天皇ぬきで新しい体制がつくれると考えていた人はあまりいなかったはずですが、天皇が中心に立って政治をすべきだと考える人も少なかった。むしろ多数派の考えは、天皇の下に将軍がおり、その将軍が大名たちに議論をさせて政策を決定し、それを天皇が承認する。こんな徳川を中心にのこした「公議」の体制をつくりたいというのが、多数派の意見でした[17]。

ここで少し理論的に反省してみると、先ほど新しい秩序はプロセスそのものから生まれると示唆しました。人間社会ではその基本的アイデアは実は変動の初期に生まれることが多い。明治維新の場合は安政五年政変の中から、この「公議」とか「攘夷」というアイデアが出てきます。これらには具体的な実施プランはなかったのですが、将来の政治秩序がこの「攘夷」とか「公議」とか「尊王」とか、そういった理念をコアにして創られるべきだということは、長く続いた秩序に乱れが生じた、その瞬間に生まれていたように見えます。

その後、一〇年くらいかけて、政治的な交渉を行い、対立したり、小さな戦争をやったりしている中で、具体的なプランが生成してきます。これが維新の特徴で、たとえば、フランス革命の場合ですと、最初の年にもう「封建制の廃止」や人権宣言が決議・公表されて、来るべき秩序のあり方が具体的に描き出されているのですが、日本の場合はそうではありません。最初に登場したのは核になるアイデアだけで、具体的な秩序像は、一〇年くらいかけてゆっくりと成長し、共有されていったのです。明治維新では、王政復古が実現するとあっという間に廃藩まで行ってしまう。三年半です。初めはとてもゆっくりで、後は速い。初めは処女の如く、終わりは脱兎《だっと》の如し、です。フランス革命では、最初に体系的な秩序像が打ち出されますが、そこから後は漂流を始めてしまう[18]。結局、新たな体制が一応安定するまでにかかった時間はほとんど同じ、二〇年ほどということになります。

王政復古以後——意識的応用へ

次にゆきます。「王政復古」というアイデアが出てくると、これをほとんどの政治家たちが受け入れる。会津を始め、東国の大名たちの中にはそうでない人もいましたが、西日本では、ほとんどの大名は、何らかの形での王政復古を受け入れる。いまの徳川将軍家をどう処遇するか、排除するか否か、主要な役割を与えるか否かは別として、天皇を政治の中心に据えるという意味での王政復古はやらねばならないと考えるようになっていた。

ここで興味深いのは、実は、その時には既に、次の廃藩という課題を考えている政治家がいたことです。それも徳川・反徳川、両方にいました。徳川方では、老中たちが、もし徳川中心の公議体制ができたならば、いずれは大名をなくそうと考えている。大名からまず中央軍を創るためのお金を徴収し、漸進的に統治権も奪って中央集権国家を創ってゆこう。こんなアイデアを考えています。

逆に倒幕に踏み切った側でも、たとえば薩摩では、後に外務卿として有名になる寺島宗則《むねのり》が、王政復古クーデターの直前に次は廃藩が課題だと殿様に上書しています。

ところが、これは公言できない。もし口に出したらどうですか。薩摩は王政復古のあと、大名を無くすつもりだという噂が流布したら、大名のほとんどは反対派に回るはずです。薩摩はひどい陰謀を企てている、我々をつぶすつもりなのだという噂が流れたら、薩長の側は孤立無援になったはずです。ですから、廃藩はアイデアがあっても黙っていなくてはなりません。そこで、ここから意識的に間接的アプローチが入ってくるのです。すでに廃藩という課題が視野に浮かんでいる、そのためには王政復古をやり遂げねばならない、それに成功したら、次は廃藩だ、と。王政復古政府ができた直後でも、これはまだタブーでした。長州の伊藤博文は廃藩論を語ったために命をつけ狙われ、しばらく沈黙を余儀なくされたと伝えられます。

ところが、廃藩の時にも同じことが起きる。次の課題は武士身分を無くすことだと意識していたにもかかわらず、明治政府の首脳はやっぱり黙っていました。もし沈黙せずに、廃藩は武士身分をなくすためにやるのだという計画が明らかになったら、やはり「反対！」という世論が前もってできてしまいます。それは回避せねばなりません。

まとめますと、以上のように、王政復古の直前からは、意識的に間接的アプローチがとられるようになりました。しかし、そこに行きつくまでも大事です。幕末の間に政治家たちは無意識のうちに間接的な経路にはまり込んでいったのではないでしょうか。いつの間にか、武士を無くしてしまうという結末に近づいていったのではないかというのが、私の見通しです。

駆け足でお話ししたので、なかなか納得していただけないかもしれませんが、歴史の実際と逆に、政治家たちが直接的に大名廃止とか、武士廃止とか公言していたら、えらいことになったでしょう。抵抗が激烈になり、死者もたくさん出たのではないでしょうか。

世界への意味

明治維新自体についてはこんな説明が可能かと思うのですが、このようなモデル、解釈法は世界に通用するものでしょうか。多分、可能です。というより、革命という現象には試行錯誤がつきものなので、結果と出発点の目論見は食い違うのが当たり前です。維新でいえば、結果は自由の実現、世襲身分からの解放でしたが、ペリーが来た頃にそれを人々が意識していたかとなると疑問です。人は、結果を目指して努力する存在なので、とかく結果を意図の実現として解釈しがちなのですが、そういうモデルは短期の出来事には当てはめられても、数十年もかかる社会の大変革には使えない。そういうシチュエーションでは、間接的アプローチだけでなく、迂回路への無意識のはまり込みという解釈も、真面目に考える価値が生じます。

「革命」のパートの最初に、明治維新は世界の比較史の中に登場しないと指摘しました。王政復古が決め手になったために、実際には世襲貴族がほぼいなくなった大革命なのに、まがい物の革命という印象を持たれたのでしょう。しかし、日清戦後の東アジアでは、朝鮮も清朝も、最初は維新をモデルにして自国の改革に取り組みました。維新は鮮烈な印象を与えていたのです。これが変わったのは、中国に辛亥革命が起き、さらに第一次世界大戦で世界の君主制が激減してからのことと思われます。

しかしながら、いま維新は別の面から注目してよいのではないでしょうか。それは、政治的犠牲者が少なかったことです。二〇世紀には、ロシア革命以来、抜本的革命には暴力がつきものだという見方が流布し、意図的に暴力革命を仕組むことが世界的な流行となりました。しかし、二〇世紀の終わり近く、東ヨーロッパやソ連では自由化の革命が大きな犠牲なくして行われました。旧ユーゴスラビアなどでは凄惨《せいさん》な争いが起きましたが、多くの場合は平和裏に政治体制が変革されました。それは、二〇世紀の常識に反する、説明しにくい事態でした。また、いま我々はアラブ圏でいわゆるジャスミン革命を目撃しています。比較的犠牲が少ないところと流血の内戦にはまったところと両様に分かれていますが、それでも、無血に近い革命があり得るということを我々は知りました。そして、もしそれが可能なのならば、暴力革命より望ましいと考える人は数多いのではないでしょうか。[19]

明治維新は、このような人類の近代史経験を背景に見ると、世界の今後のため真剣に研究するに値する革命に違いありません。最後に述べた間接的アプローチ・経路だけでなく、様々な側面を、他の革命と比較しつつ、徹底的に研究すべきではないでしょうか。我々は二〇一八年に王政復古一五〇年という年を迎えますが、その時、世界の学者たちと比較研究を行うなら、圧政や極端な不平等を平和裏に是正するための、良いヒントが得られるのではないかと思います。

1　カール・マルクス『経済学批判』序言（『マルクス・エンゲルス全集』第一三巻、大月書店、一九六四年）。

2　ジェイムズ・グリック『カオス――新しい科学をつくる』新潮文庫、一九九一年、第一章。

3　グリック『カオス』前掲、第一章。

4　科学シミュレーション研究会『パソコンで見る複雑系・カオス・量子』講談社ブルーバックス、一九九七年。この本に付録されているプログラムは現在のOSでは動かないが、同様のシミュレーションは、中山裕道氏のウェブサイトで見ることができる。http://www.gem.aoyama.ac.jp/~nakayama/

5　金子邦彦『カオスの紡ぐ夢の中で』小学館文庫、一九九八年。

6 井庭崇・福原義久『複雑系入門――知のフロンティアへの冒険』ＮＴＴ出版、一九九八年。

7 金子邦彦・安富歩「共依存的生滅の論理」、社会経済史学会編『社会経済史学の課題と展望』有斐閣、二〇〇二年。

8 福岡伸一『生物と無生物のあいだ』講談社現代新書、二〇〇七年。

9 三谷博「安定と激変――複雑系をヒントに変化を考える」、史学会編『歴史学の最前線』東京大学出版会、二〇〇四年。

10 尾藤正英「水戸学の特質」、『水戸学』（日本思想大系53）、岩波書店、一九七三年。

11 三谷博『ペリー来航』吉川弘文館、二〇〇三年。横山伊徳『開国前夜の世界』吉川弘文館、二〇一三年。

12 佐藤誠三郎『「死の跳躍」を超えて』第二章、千倉書房、二〇〇九年。

13 三谷博「安定と激変」前掲。

14 三谷博『明治維新を考える』前掲、序章。

15 リデルハート『戦略論――間接的アプローチ』原書房、一九八六年。

16 日本史籍協会『木戸孝允日記 二』東京大学出版会、一九八五年、六五頁。青山忠正『明治維新』吉川弘文館、二〇一二年。

17 前掲『明治維新とナショナリズム』第七章。

18 遅塚忠躬『フランス革命――歴史における劇薬』岩波ジュニア新書、一九九七年。フランソワ・フュレ『フランス革命を考える』岩波書店、二〇〇〇年。三谷博「日本史から見たフランス革命」、山崎耕一・松浦義弘編『フランス革命の現在』山川出版社、二〇一三年（近刊）。

19 ジーン・シャープ『独裁体制から民主主義へ』ちくま文庫、二〇一二年。

第5講

民主一

おはようございます。今日と次回とで民主化の話をします。実は、先週この世田谷市民大学が終わった後、北京に行きまして、北京フォーラムというかなり大規模な学会に出席しました。辛亥革命一〇〇周年という年なので、その中にはそれを記念する「歴史における〈常〉と〈変〉」というテーマのシンポジウムも設けられていました。

そのシンポジウムでは、私は前回ここでお話しした内容の、最重要点だけをざっと英語で話して反応を見たのですが、一部の中国人はすぐ趣旨を分かってくれたものの、あとの人たちは何だろうという表情でした。

一方、韓国から来た学者は率直で、私と同年配の方と若い方二人でしたが、いずれも中国に対していまのやり方を変えてくれと語っていました。一人の方は、すべからく東アジア諸国は小国主義で行かなきゃいけない、大国主義は駄目だと主張した。戦前日本の帝国主義を批判し、それに対する石橋湛山《たんざん》の小国主義を対置したのですが、言わんとすることは中国も帝国日本と同じ道を歩んではならないということです。わざわざ中国語を使った気合いの入った話でした。もう一人の若い人は、孔子は封建制を重んじていた、始皇帝以来の集権制は駄目だと話しました。封建制では基層社会である村に自治があったが、いまはない。人民公社が創られた後、人々は自分で物事を決める経験を持たなくなった。基層社会のレヴェルでも決定をすべて共産党に任せてきた。その若い学者は思想史に訴えて中国の現状を思い切り批判したのですけれど、中国の聴衆はどこまで分かっていたのでしょうか。もちろん、中には「そうだ、そうだ。自分は口に出せないけれど、外国人が代わりに言ってくれた、ありがたい」という人も結構いたはずです、後で私はそういう感想を聞きました。

そのような会議で、私は日本の維新では間接戦略が大事だったと、中国にとっては間接的な形で話しました(笑)。そのせいか、分かってくれた人はあまり多くなかったようです。

1 【問題】なぜ民主、あるいは政治的自由が必要なのか

さて、今日から二回をかけて民主化という問題を考えるのですが、例によって、最初にまず何が問題なのかということをお話しします。私がこの問題を考え始めたきっかけというのは、ずばり、中国は自由な社会になりうるか否かという問いです。

中国が自由な社会にならないと、隣に住んでいる我々は結構困ることがあるのではないでしょうか。それを回避するには、中国はどうしたら民主化、政治的自由を獲得できるのかを考えねばなりません。[1]

政治的自由なき繁栄は他人ごとか

いま世界には、中国を初め、東南アジアの多くを含めて、政治的自由なしに著しい繁栄を享受

しているところがあります。たとえば、サウジアラビアなど中東の産油国は、豊かではあっても、社会の内部には非常に深刻な問題を抱えていると聞きます。そういった地域は、その外に生きている人間にとって、無害なのでしょうか。放っておいてよいのでしょうか。

私は必ずしも無害では済まないと思います。欧米の一部の人々には、あれは遠い世界の話なのだから関係ないと考えていた人もあるようです。しかし、それならば、アメリカ同時多発テロ事件はなぜ起きたのでしょうか。あのニューヨークの高層ビルを、サウジアラビアやエジプトの若者、アッパーミドル出身の欧米で教育を受けた人たちが、なぜ攻撃したのでしょうか。あの事件は大きな衝撃を与えましたが、それを防ぐには、その理由を真剣に考えねばならないはずです。

初めに私の見解を申しますと、自分の生まれ育った社会に全然希望が持てなかったからではないでしょうか。自分の国に政治的自由がない。生まれ育った社会が良くなってほしいと願い、何かをしたいけれども、そのすべがない。彼らは生まれた社会に絶望せざるをえない境遇にある。本来は彼らの国の政府に責任があるはずですが、なぜか直接の責任者を問題化せず、その代わりに、その背後にあると認定したアメリカを攻撃した。私はそういう具合に見ています。

そこで、政治的自由のない社会は、実はその外部の世界に生きている人々にとっても、放置できない存在だと思うのです。

また、二〇一一年に始まったいわゆる「アラブの春」は、チュニジアやエジプトのように秩序の破壊を免れた場合には、若者たちの自国の改革への希望をつなぎ止める可能性がありそうです。

もしそうなら、アル・カーイダのようなテロルへの訴えを止めるに足るオールターナティヴが現に登場したわけで、この動きは強い関心を持って注視し続ける必要があると思います。[2]

また、今回も中国で知人たちと話してあらためて確認したのですが、いまの中国は、外見は盛大に発展しているように見えるけれども、内部には相当問題を抱えていて、この秩序ははたして長く維持できるだろうかという問題があります。中国共産党は、言論の抑圧を通じて強引に現状を維持しようと図っていますが、それが続けられるでしょうか。相当に無理が来ているように見えます。

私の希望としては、中国社会が崩壊しないで、しかしより自由な社会になってほしい。ご本人たち、とくに知識人にはそう望む人が少なくありません。私たちは外部に生きる人間ではありますが、彼らと共にその方途を考えるべきではないか。それが問題の出発点です。

西洋モデルの押しつけは有効か

さて、それでは秩序の破壊なしに自由を実現するには、どんな解決法があるのでしょうか。こういう問題を立てると、欧米の知識人はよく、西洋型の自由民主主義の制度・思想を持ち込めば良い、特にまず選挙をやれと言いがちです。しかし、これを言ったところで、現地の政府の眼には選挙は自殺行為だと映っているのですから実行できるはずがない。政府だけでなくて、一般の国民も、実はこんな言い方をされると、ナショナル・プライドを傷つけられて、眼を背けてしまいます。どんな良い薬であっても、苦いと思ったら誰も飲みません。現実はそういう具合にできているのです。

外部からの声、たとえば「中国には人権がない、けしからん」という批判は、実際にはかなりこたえています。その圧力が無視できないので多少は考えざるをえません。しかし、それ以上に、人からとやかく言われるのは面白くない。反発して頭から受け付けないという人の方が圧倒的に多い。ですから、西洋の俺たちが作ったモデルを採用しろ、採用できないのは劣等生で、遅れている。こういう批判は無効なのです。[3]

政治的自由は必須なのか

さて、その先にはもっと根本的な問題があります。自由というものは本当に要るものなのでしょうか。いま政治的自由のない世界に住みながら繁栄を享受している人たちは、こう言い返したくなるようです。我々はお前たちよりずっといい生活をしている。お前たちは、自由があると威張っているけれども、実際には緊急になすべき事があってもうまく決められないではないか、何でそんなにもたもたしているのだ、と。こういう批判をするわけです。そう批判されてちゃんと答えられないのでは困ります。なぜ自由は必要なのか、それをどう語るかという問題があるのです。

開発独裁という体制の一部は少なくとも経済面では成功しています。そういった国々では、豊かさとともに高等教育が普及し、かつ西洋や日本で暮らした経験を持つ人が増えるにつれて、自由があった方がベターだと考える人が増えてゆきます。しかし、その途上にある国や、社会が豊かになってもその恩恵にあずかれない人々の間では、逆に、自由は不要だ、とにかく豊かになったり、国民として誇りを持てるようになるのが第一で、そのためには強力な政治指導の方が有効だと考える人が大多数です。自由がなくても国民的自尊心が満足できればいい。その極限が北朝鮮であることはご存じの通りです。

もう一つ、自由にとって不利な議論をあげます。開発独裁と逆に、発展を必要としない社会で、自由はどんな意味を持つのでしょうか。ごく最近までのミャンマーを思い浮かべていただければよいのですが、そこでは、自由は敵になります。ミャンマーのようにそこそこ食ってゆける社会では、発展は必ずしも必要ではない。現状維持で構わないとなれば、むしろ自由があっては困る。自由にものを考えると、人は社会を良くしようと考えて、いろいろ工夫を始める。中には良い提案もある。そうすると、社会は変化し、その中には発展してゆくものもある。それは、現状維持に依存している権力にとっては不都合です。江戸時代の日本で政治的発言がタブーだったのは、政府の権力独占のためだけではなく、それが発展を前提にしない、発展が体感上は感じ取れない、発展してはいけない社会だったためでもあります。

人類の未来はどうでしょう。私の直観を率直に申しますと、次の世紀には人類全体が定常社会に入ってゆく必要があるのではないかと考えます。そうでないと、立ちゆかなくなるのではないでしょうか。世界人口がこれ以上増えたら相当困ったことになる。食糧も不足するし、水も不足するし、工業のためのリソースも不足する。その一方、資源やエネルギーを使ったあとの廃棄物の収納場所も足りなくなる。大気汚染や温暖化ばかりではありません。東日本大震災で福島第一原発が事故を起こした結果、日本列島の上に核廃棄物を安全に保管できる場所がないことが判明しましたが、世界的に見ても、この猛毒を引き受けてくれる土地はそうやすやすと見つかりそうもありません。[4]これは、日本人だけでなく、全人類共通の問題で、とすると、人類が種として生き延びるためには、今までのように社会的軋轢《あつれき》を発展によってやり過ごすという生き方は無理になる。発展なしでも何とか暮らせる、楽しくやってゆけそうな世界を創らねばならないのではないでしょうか。[5]私はそう予感しています。

さて、社会主義圏が崩壊した後、唯一生き残った経済システムは資本主義ですが、それは自転車操業の経済にほかなりません。発展がないと社会が崩壊してしまう。そんなシステムを変えることができるのでしょうか。変えたとして、ちゃんとやってゆけるのでしょうか。社会主義の失敗を目撃した我々には、安易な解があるとは思われません。しかし、仮に定常社会を創るとなると、社会主義も選択肢の一つになるかもしれない。私はけっして社会主義に好意的なわけではありませんが、過去の触れ込みと逆に、社会主義が発展を抑制する装置に変わるなら、一つの可能な解かも知れません。何しろ、社会主義は現実に自由を抑圧する様々の手段を講じてきたのですから、定常社会での政治的自由の抑圧に良いモデルを提供するのではないでしょうか。無論、これは恐るべき悪夢です。自由の味を一旦知ってしまった人間にとって、耐えられる社会ではない。少なくとも私は、子孫がそんな社会に住むようになることは、何としてでも予防せねばならない。そうする義務があると感じています。

ここでは、わざと突飛な想定を置いて議論しています。しかし、人類史の曲がり角が見えてきたいま、定常社会でどうしたら自由は可能となるのか、未来の世代のために真面目に考えておく必要があるのではないでしょうか。

「自由」な政治は「決定」ができるのか

さて、もう少し身近な問題に立ち戻りましょう。政治的自由は秩序と両立するのか、多様な意見の自由な表明は適切な集団的決定に導くのかという大問題です。我々はいま、日本でもヨーロッパでも、アメリカでも、政府の決定不能を目撃しています。存亡のかかった大きな危機に直面した時、これは大変に困ることに違いありません。我々日本人は東日本大震災の直後にそれを目撃しました。政府も野党も、挙国一致で対応するかと期待していたら、さにあらず、党派的利害を国益に優先して足の引っ張り合いばかりをしていました。存亡の危機の時には城内平和が不可欠です。ある程度議論を差し置いても、たとえベストではなくても、とにかく短時間のうちに何らかの方針を決めて実行しないと間に合わないということがあります。

無論、平時にあっても、決定不能は困ったことです。民主体制では、様々な政治的要求、多様な利害や考えをはっきりと主張すること、「多事争論」が奨励されますが、それが社会として必要な決定を妨げることがあります。たとえば、消費税の増徴がそれです。日本の国家財政が一〇〇〇兆円近くの赤字国債に依存するようになって、財政・経済の長期的安定に問題が生じていますが、十数年も議論して、言論界では消費増税以外には抜本的な対策がないことがほぼ理解されて来たのに、自民党は決定を先送りし、結局、民主党が貧乏くじを引くという形で決着しました。野田首相は国民に危機回避への希望を与えてくれましたが、それには自党を犠牲にするという、政党政治での反則技を使わざるをえなかったのです。

民主主義の国々では、多様な利害対立を複数の政党間の対立に集約し、自由な選挙で多数を占めた政党が決定を担うという、政党政治の慣行がその運用を担っています。しかし、政党の関心は選挙で勝てるか否かという一点に集中されることが多く、政策は二の次になりがちです。二の次というより、誰にとってもおいしい政策、たとえば減税を提示したり、どんな利益集団に対しててもその意向を代弁するかのような態度をとる。これを「民意」の名においてやるわけです。個々の人や集団にとって最適なことが、全体としては破壊的結果をもたらすということはしばしばあることで、現に我々はギリシアにその極端を見ているわけですが、日本でも、アメリカでも、似たようなことが起きています。政党政治の「民意」迎合や決定不能。いま民主政治は世界的に共通の病いを抱えているといってよいでしょう。

以上は個々の国家内部で起きている問題ですが、いまはもう一つ、国家とそれを超える政治体との関係をどう調整するかという問題も重要になっています。経済は相互依存が進んでいるのに、政治的決定は個々の国家が行い、人々の想像力も国民国家の中に閉じ込められがちです。いまのところ、世界大の民主主義というものは考えられず、ＥＵなどのリージョンのレヴェルでも民主主義は難しい。我々はやはり、その下のレヴェルにある国民国家、主権国家の中だけで民主主義を考えています。

しかし、たとえばギリシアのように、国民が増税と緊縮財政、賃金カットにあくまでも反対する。国内の多数派の意見に従えば、ギリシア政府は、ＥＵがそれと引き替えに申し出ている資金提供を断らざるをえない。そう決めてしまったら、ギリシア経済は本当に破綻してしまいますし、ギリシアが起点になって、ＥＵさらに世界経済を奈落の底に引きずり込む可能性もあります。我々はいま、地球の裏側に住みながら、その反対側の住民の事情で自らの生活を左右され、しかも口出しできないという、以前にはなかった環境で生きざるをえなくなっています。

以上、民主主義とそれに基づく政治にとって不利な条件を敢えて取り上げ、様々な角度から指摘してきました。言うまでもないことですが、これは民主政治を否定するために語っているのではありません。逆です。自由のない世界がいかに息苦しいか、それは現代の中国知識人の少なからぬ部分が、日々、痛感していることです。改善すべき問題に気づいても、どんなに良い提案があっても、政府に聞いてもらえない。市民としてのやる気がなくなります。また、批判を許さない政府は腐敗まみれになる。「絶対的権力は絶対的に腐敗する」（アクトン）。いま中国共産党のトップは党員の腐敗を最重要課題として撲滅に躍起《やっき》になっていますが、それが自己矛盾であることは、外部の人間や歴史を学ぶ者には明らかです。どんなに欠陥を抱えているとしても、民主主義の社会は、こうした、より深刻な問題は免れています。ごく普通の人間に発言の余地があるからこそ、この国は自分のものだと思えるからこそ、その政治体制は強い正統性を持っているのです。

しかし、民主政治を理想として語るのは、いまの世界では説得力がありません。戦後の日本では、民主主義は自明の理想として語られ、それを否定する発言は抑圧されてきました。「この人類普遍の理想を否定するとは何事か、人非人め」という具合です。ところが現在は、戦後という時代には批判が少なくなかった民主政治が自明の慣習として定着している一方、その欠陥もまた公然と論じられるようになっています。民主主義一般とは言わないまでも、たとえば、二大政党制は適切な制度か否かという議論が真剣に語られるようになっているのです。したがって、民主主義の正しさは自明だとか、自由の必要は説明不要だという言い方は、有効ではなくなっています。もし大事だと思うのならば、その必要と上手な運用法をきちんと説明しないといけない時代になっているのです。

とりあえずのヒント

その場合、いろいろな考えの筋道があるはずですが、私としては、とりあえず次のように考えたいと思います。民主主義、または自由というものは、多様な利害、多様なイデオロギー、多様な主張が表に出てくる世界ですので、それをどうやって調整するかという課題が重要です。そうしますと、政治家は無論のこと、ごく普通の市民も政治的なアートを身につけることが必要になります。結論から言えば、コンプロマイズ、妥協ということが上手にできる、相互調整が無理なくできる、そのような能力を身につけることが不可欠なのではないかと思います。

かつ、この妥協の芸当がうまく働くには、戦略的思考ができるか否かということが大事です。短期的な目前の利害や必要と、中期的な目標と、さらに長期的な目標と、短・中・長期の課題を時間の奥行きの中に配置して考えることです。判断を下す時に、人間は当座必要なことだけを考えがちですが、その際にも、中期的な課題を合わせて考える。また、長期的な目標も自らと人々を鼓舞するためには不可欠です。そして、場合によっては、その中・長期目標を実現するには、当座は、一見、逆に進むように見える道を選択することすら必要かも知れません。このように時間を意識すると、面白からぬ問題が生じても優先順位を冷静に考えられます。相互にそうすれば、ギブ・アンド・テイクの幅が拡がります。

実際のところ、このような訓練を積む機会はなかなかありません。自らかなりの難局に直面して何とかしのぐという経験をしないと、その必要にすら気づかないのが普通です。しかし、リーダーたる職業政治家には必須の素養ですし、その政治家を選ぶ一般市民にも、もしそうしたアートを見抜く力があったならば、社会全体としての問題解決の技量は上がってゆくに違いありません。上手な妥協や戦略的思考、このようなアートが一旦成立し、普及すると、その社会は非常に頑強と言いますか、危機に強い社会になります。それが慣習として定着すると、少々のことがあっても崩れません。

戦前の日本では、立憲政治がある程度機能するようになっていました。ところが、それは一九三〇年代にはあっという間に崩れてしまった。しかし、現在の日本では、多分、崩れることはないだろうと思います。経済面であれ、軍事面であれ、強い不安にさらされると、人々はどこの国でも、つい強そうに見えるリーダーに頼りがちです。実際は強そうに見せかけているだけですが、それにすべてを任せようとしがちです。いまその可能性はゼロとは言えません。決定不能が続き、それによって損をした上、他人から嘲られたら、つい拙速な解決法を選びがちです。しかし、私は、自由の歴史を長年にわたって経験してきた日本では、理性的に考えようという主張が吹き消されるような事態は生じないだろうと予測しています。六〇年以上の経験によって、我々は暴力や脅迫に訴えないで物事を解決するという習慣を身につけました。人間の社会ですから、どこかで逸脱することは常にあり得ますが、しっかりとした慣習ができていると、必ずそれを復元する力が働きます。自由を支えるのも、また慣習なのです。

2　民主化への様々なアプローチ

では、民主主義にまつわる様々の問題をどう整理したら適切な対処ができるでしょうか。これから五つほどの観点をあげて、検討してゆきたいと思います。

政治制度からのアプローチとその限界

民主化とか、あるいは自由な政治体制をつくろうといった場合、しばしば、すぐ政治制度をいじればよいという答えが出てきます。端的には、選挙という制度を導入すれば、民主主義はできるのだというのですね。

9・11の後、アメリカがイラクを攻撃して、サダム・フセインの体制を壊しましたが、その時に戦後日本を引き合いに出した。日本の民主主義は我々アメリカ人が与えてやったものだ、我々のおかげで日本は民主化できた、これと同じことがイラクでもできるはずだ。こういうことをジョージ・W・ブッシュ大統領自らが言いました。僕はそれを聞いて仰天しましたね。日本で民主化ができたのは、その前に七〇年以上の経験があったからです。日本人は戦後のはるか前、維新の頃から立憲政治を実現しようと努力を重ね、その経験をすでに持っていた。そこから十数年間、逸脱したのですが、失敗と分かったので戦後はそれを元へ戻そうとしたのです。

しかし、イラクの人たちは、自由な政治体制で自らものを決めた経験を持っていない。そういう世界にいきなり選挙制度を持ち込んだところで、選挙自体が機能しません。日本でも、いまから三、四〇年前ですと、選挙のときお金で票を買収するということがありました。選挙政治を始めたら、買収は無論のこと、ひどい場合は暴力で票をさらう、あるいは投票させないということが世界で普通に起きます。そうでないとしたら、そこにはしかるべき努力の歴史があるのです。

ですから、選挙という制度は、それに見合った政治慣習が育たない限りは機能しない。選挙という制度は、被治者が権力者を選ぶだけでなく、それを通じていつでも政府に注文をつける権利を持つという点で民主主義の根幹をなしているのですが、ただ制度をぽんと放り込めば立派な政治ができるというわけではありません。機械の部品を買ってきて組み合わせるような発想で、人間の社会がうまくゆくはずがありません。

もう一つ考えねばならないのは、司法の行政からの独立という制度です。この政治制度は、健全な、つまり人々が信頼できるような政府を持つために非常に有効です。いまの中国にはこれがない。中国人の中には、立派な裁判所をつくり、その裁判所に行政府が介入できないようにしよう、そのために法律を整備したり、法教育をしようと考えている人がいます。要するに、権力、行政権力から裁判所を分離したいというのです。

いまの中国では、役人、末端と党中枢の幹部とを問わず、権力を利用して自分の懐をこやすという腐敗現象が社会の至るところに見られます。これを放っておくと、人々の批判は中国共産党に直接向かうことになる。私の考えでは、中国共産党がもし政権を握り続けたいならば、腐敗した幹部を党の内部で処理するのではなくて、全部裁判所に預けてしまえばよい。私たち党は腐敗問題には責任を持たない、人民のための行政だけに専念するのだと言えばよいのです。そうすると、人々の不満は全部、裁判所で解消されてしまい、中国共産党自体には責任問題が生じません。負担が軽くなって、共産党が恐れている、一気にその支配が覆るという事態は起きえなくなるはずです。しかしながら、これは難しいと聞きます。中国の憲法には、三権分立が規定されず、逆に共産党がオールマイティだと定められている。したがって、むしろ党が司法に介入するのが当然だと考えられ、現に実行されているのです。批判を許さず、他から監視される政治制度も持たない行政権力が腐敗するのは当たり前です。泥棒に縄をなえというに等しい。

　しかし、紙に書かれた制度の上では不可能であっても、これに近い、司法の独立に近い慣習というものができるならば、その分だけ人々の人権は守られますし、政府の負担も軽くなるのではないでしょうか。

　というわけで、政治制度というものは、基本的には重要なものであるけれども、これを外から輸入すればうまく行くというものでは全然ない。輸入自体がほとんど不可能な場合もありますし、輸入できたところでうまく機能するとは限らないのです。[6]

コミュニケーションのあり方

そうすると、政治制度の他にも民主化を促し、支える条件を考える必要が出てくる。大きく分けて、コミュニケーションの問題と経済利害の問題とがあるかと思います。私は長い間、コミュニケーションの問題を考えてきたのですが、つい最近になって経済利害も無視できないと思い始めました。後でそれにほんの少しだけ触れることにします。

私は、一九九九年に中国やアメリカや韓国の学者と一緒に、東アジアでの「公論」を考える研究会を立ち上げ、四年後の二〇〇三年に『東アジアの公論形成』という本を出版しました。その研究会を始めてみましたら、メンバーの何人もが「ハーバーマスはこう言っている」と発言しました。ドイツの社会哲学者、ユルゲン・ハーバーマスの「公共性」、「公共圏」という言葉がキイワードとして共有されていたのです[7]。

実は、この研究会を始めた時、私はハーバーマスをまだ読んでいませんでした。そこで、次の学期に大学院のゼミで彼の『公共性の構造転換』という本を取り上げ、読むことになったのですが、私自身は実は、以前からハーバーマスに近いアイデアを持っており、それで、この研究会を立ち上げたのです。その源泉となったのは、幕末日本の横井小楠《しょうなん》という人でした。

横井小楠は、幕末の代表的な知識人として佐久間象山と並び称されることが多いのですが、私は彼の本質は政治家だと思います。『国是三論』という本が主著とされますが、これは、彼が書いたものではなくて、対話の相手が記録し、本にしたものです。他にも優れた対話記録を残していますが、自分では全然本を書かない人でした。[8]

しかし、実はこの対話という点に彼の特徴があって、たとえば井上毅、明治憲法を書いた人の一人で、大変な切れ者ですが、この若き井上毅と横井小楠の対話たるや、大変スリリングです。井上毅がズバッと弱みを突いてくるのに対して、横井小楠はひらりひらりとかわしながら、見事な答えを返してゆくんです。弁慶と牛若丸みたいな感じですね。

横井小楠は、『国是三論』でもやはり同様のことをやっている。その冒頭で、相手はいきなり世に開国論と攘夷論があるが、あなたはどっちが正しいと思うかと聞きます。これに対し、小楠は即座に「どちらも間違いだ」と答えるんです。そう答えることによって、開国か鎖国かという二分法、当座は解決のつかない対立に入り込むことを回避し、そうした問題設定自体を無化してしまう。そういう論法を使って、実際には自らの持説である開国論に相手を引っ張り込んでゆくのです。そういう具合に、彼は非常にダイアローグというか、政治的討論の術に長《た》けていた人です。ですから、著述だけ、文字を見ただけでは、彼の優れたところは分からないはずです。もし小楠がこの場にいたら、私やあなた方に対していろんな挑発的な質問を投げかけてきて、この場全体が「何だこれは」と考えざるをえないように仕向けるだろうと思います。

私は、以前、彼の対話記録を少しかじっていたものですから、いまお話ししている公論研究会を開こうと呼びかけた時、かつての日本に、対等な立場でちゃんと議論し、ものごとを決めてゆくという決定の仕方が存在し、幕末のように諸説紛々、対立激烈という局面ですこぶる有効だったという史実を知っていたのです。そこで、こうしたやり方は中国に持ち込めるかも知れないと考えた。つまり、政治制度という面では、中国では選挙を導入することも、司法の独立も全く不可能だ。けれども、そういう政治制度の枠があっても、コミュニケーションのやり方次第で、あるいは日常的にそれを実践してゆくことによって、突破口が開けるのではないかと予想したのです。「公論」という言葉自体が中国産で、中国の人たちは議論によってものを決めるのに慣れているので、日本人よりは馴染みやすいのではないかとも思いました。

そんな発想から研究会を始めたところ、メンバーがしきりにハーバーマスに言及するので読まざるをえなくなった。運の良いことに、『公共性の構造転換』の日本語版には一九五〇年代の原著や英語版にはない、新しい序文が付いていて、そこに記されていたアイデアは、コミュニケーションという角度から民主政を考えるという点で、横井から私が読み取ったものと同じだったのです。

そこで、我々の研究会では共通の基盤ができて、政治制度の議論には踏み込まず、もっぱらコミュニケーションに焦点を合わせて民主化の可能性を考えるという方向に進めてゆきました。

メディアの問題

研究会を始めてみると、当然のことながら、コミュニケーションを媒介するメディアがとても大事だということにあらためて気づきました。いまの我々にとっては、テレビの問題、さらにインターネットの問題があって、これがなかなか対処するのが難しい。

公論研究を始めて間もなく、私はたまたま、二一世紀の初めに隣国との間に生じた歴史認識問題、つまり日本人が隣国民に対して二〇世紀前半にしたことをどう考えるかという問題に関わることになりました。その時に一番心配したのは、午前中のテレビで放映されていたワイドショーの作り方です。そこでは、中国や韓国との間の歴史問題があまりに感情的に扱われているように見えました。誰でも人から非難されるのは嫌なことですが、私は歴史家なので、二〇世紀前半の隣国との関係には反発や回避では済まない歴史があることを知っていました。不愉快であっても、ちょっと立ち止まり、反省する必要があります。しかし、ワイドショーは視聴者がそう考える余地を作ろうとしていなかった。それを見て考えたのは、こういう番組を制作している人たちは、エンターテインメント感覚だけで作っているのではないか。政治問題を深く考えたことのない人が番組を作っているために、かつとにかく視聴率を上げることが優先されるため、中国や韓国への反感を煽るように番組を作り、それによって問題をこじらせているのではないかと観察したのです。これではたまらん、メディアの人がもう少し日本が置かれている国際的な立場、相手国だけでなくて、アメリカを始めとする友好国や第三国の眼も意識して番組を作ってくれないと困るなと思いました。

また、いまでは、インターネットというメディアが、見方によってはテレビ以上に影響力を持っています。これもまた同様に感情的議論が先行しがちです。中国では、マス・メディアが党によってコントロールされているため、人々はこれを信用せず、むしろインターネットのウェブサイトから真実に近い情報を得ようとするのが習慣になっていて、そこでは感情的発言だけではなくて、理性的議論も堂々と表明できるようになっていると聞きます。[9] しかし、日本の場合は「2ちゃんねる」に典型的なように、感情の表白が主になっているように見えます。公共的な言論空間では、新聞やテレビがある程度は客観的な報道や理性的な議論を伝えるという慣行が歴史的に形成されてきています。しかし、そこには読者、視聴者の感情的なもやもやは登場を許されない。これに対し、インターネットでは自分の思いをそのまま表白できるので、そこで時事に引っかけて憂さを晴らすという使い方がされているようです。きわめて断片的な情報に基づいてすぐ断定を下し、盛り上がるというか、炎上するというか、そういう雪崩現象がインターネットの世界ではしばしば起きている。こうしたコミュニケーションのあり方は、日本社会が合理的で適切な決定をするのに、かなりマイナスの影響をもたらしているのではないでしょうか。

しかし、これをどうしたら熟したものに変えてゆけるのか。上から押さえつけたり、排除するのではなくて、インターネットを使う人々が自らその発言の仕方を変えてゆくように誘導するには、どんな方法があるのかというのは、まだ誰も解答を見出していない深刻な問題です。

経済利害と政党組織

次に、最近になってようやく気がついたのは経済問題の重要性です。まことに迂闊《うかつ》の至りと恥じるほかはありませんが、弁解すれば、私が幕末の研究者で、当時、つまり公共性あるいは公共圏が形成され始めた頃に、あまり経済問題が重視されなかったためではないかと思います。民主化への口火を切ったのが侍だったのも大きかったかも知れません。

しかしながら、今日最初に触れましたように、世界経済と個々の国での民主主義の関係、これがしばしば矛盾を来すという問題が現にあります。また、二〇一〇年のタイ、バンコクの激しい街頭衝突を見ていてはっと気づくことがありました。タイでは民主化とか自由化という問題が経済利害、それも階級的なそれと密着していることです。首都に住んでいるお金持ちやアッパーミドルの利害を代表する政党と、その外部、東北などの地理的周辺部に住んでいる貧しい農民たちの政党が、はっきり二つに分かれている。政党が階級の区分線に沿って組織されている。追放された元首相のタクシンという人は一代で財をなした人ですが、資産家グループには入らず、貧しい人たちにお金をばらまいて熱狂的な支持を獲得し、それによって自分の会社の中と同様の専制をタイに敷こうとしているようです。これが、経済利害からも自由の抑圧という点でも、アッパーミドル以上にとっては気にくわないという構造があると聞きます。

政党がもっぱら階級的利害で組織されると、政党同士の妥協が難しくなります。そういう非常に深刻な問題がタイで起きています。

アメリカでもやや似た現象が見られます。アメリカの場合、お金持ちの共和党と貧乏人やマイノリティの民主党という階級対立はかなり以前からのことと聞きますが、最近は、選挙の度に解説されるように、海岸部の民主党と内陸部の共和党という形で地理的にも支持基盤が分かれています。海岸部には高等教育を受けた人が多く、それに基づいた知的雰囲気が醸成されていますが、内陸部はそうでないと聞きます。

これには、「保守主義」の変化も絡んでいるようです。以前は民主党は理念志向で、共和党は現実主義だという常識がありましたが、かつて民主党支持だった知識人の一部が「新保守主義」なるイデオロギーを編み出して、共和党に肩入れを始めた。彼らは、宗教や道徳、また外交に関して、いわゆる原理主義的な硬派の主張を展開しています。息子の方のブッシュ大統領のイラク介入という悲劇も、それに後押しされた面があったようです。「保守主義」とは、元々、イデオロギーにはあまり関心を寄せず、利害の熟慮を重視するのが特徴だったはずですが、「新保守主義」はむしろその逆です。そうすると、政治に不可欠の妥協が難しくなってしまう。利害は調整できますが、イデオロギーに妥協はないからです。政治家たちも、そうした雰囲気の中で育つので、妥協のアートを磨こうという意志が乏しくなります。

アメリカでは、経済利害だけでなく、イデオロギーでも、二大政党がくっきりと分かれていて、重なる部分が少ない。取引き、ギヴ・アンド・テイクが難しくなっている。二〇一一年七月末、共和党がオバマ民主党の政府に対し、債務限度の引き上げを認めないと主張し、デフォールト寸前まで追い詰めました。二〇一二年の大統領選挙が終わったら、その対決姿勢は変わるかと思っていましたが、オバマが再選されても止める気配がありません。国民生活を二の次にして、妥協なき対決を続けています。日本人としても、アメリカ政府がデフォールトになったら、円高にさらに拍車がかかる。日本の製造業は大丈夫でしょうか。まさに他人ごとではないのです。

このように、二大政党制は、両党の間に妥協の意志とアートがない限り、うまくゆきません。イギリスは、長年にわたって二大政党制を運用してきましたが、伝統的にそのアートを磨いてきたので、それが可能だったのでしょう。アメリカも昔はそうだったのでしょうが、いまは運用技術に変調が起きているようです。このアートの欠落は深刻な事態と言わねばなりません。

話は飛んで、いまの中国でも階級対立が鮮明になっています。党は一つですが、被治者の中には都市の富裕層と農村部の貧民という二つのはっきりとしたグループが現れつつあるようです。共産党は元来は後者の代表として成立し、権力を取りましたが、鄧小平改革の後は党員が国家財産を流用して資本家になったため、むしろ資本家の政党に変わっています。貧しい人々の党に裏切られたという思いには深刻なものがある。政府は「中国の夢」を語り、外国に力を誇示して国威発揚し、それによって圧力をそらそうとしていますが、それは果たして有効なのでしょうか。自殺行為にならないでしょうか。永続できるものなのでしょうか[11]。

3　経路の多様性・様々なモジュール

さて、いろいろ民主化にまつわる問題点をお話ししてきましたが、以下では、具体的な歴史を見るに先だって、その視角を定めておきましょう。民主主義を論ずるというと、西洋の人たちはよく、民間、**civil society** による政府 **government** あるいは **state** に対するコントロールのことだと考えます。アメリカの人たちは、とくにそうです。

そこで、アメリカには、極端には日本には民主主義はないと言う人すらいます。それは日本ではシビル・ソサイアティに当たる言葉があまり使われないからです。日本には、市民社会という訳語がありますけれど、普段、日常生活では「市民」という言葉は使わない。その代わり「国民」を使うのが習わしです。そういうところを捉えて、日本にはまともな民主主義がないという議論をする人がいます。いまはどうか知りませんが、二〇年前にアメリカの学会でそういう議論を聴いて、ぶったまげたことがあります。

どうしてそうなるかというと、アメリカの英語を通じてよその国のシステムを見るからです。そうすると、対象がばらばらにされてしまって、全体像が見えてこない。具体的に言えば、日本の場合、民権運動にしても、その前の尊王攘夷運動にしても、「国家」という言葉を使って、

「官」すなわち政府を批判したのです。「民」が「国」という概念を使って「官」を批判する。いま「官」すなわち政府がやっていることは、日本という「国」のためにならない、と。当時、「民」は政府から見下され、その権威は著しく低かったのですが、「国」を笠に着ると批判ができたし、とても効き目があったのです。

ですから、アメリカ型の「民」が政府に向かって「お前は一時の雇い人に過ぎない」と言って批判するのとは、言い方が違う。同じく「民」が政府を批判していても、拠り所が違うのです。政府への批判がなかったということでは、まったくありません。

「官」・「民」・「国」

そこで、日本を始め、東アジアの民主化を考えるには、とりあえず、英語の civil society や government、state という言葉を使わない方がよい。いま申しましたように、日本の経験は、「政府」と「国家」が別物であるということを心得ておかないと、理解不能になるのですが、英語ではこの区別がうまく表現できません。英和辞典を見ると、government は政府、state は国家という訳が当てられているかと思いますが、実際の用法では両者は互換的な語で、state による government の批判といった表現は全く理解してもらえないのです。

そこで、代わりの言葉を探さねばなりませんが、東アジアに限れば、いま使った「官」「民」「国」という文字を使うと便利でしょう。こうすると、アメリカ式の「民」による「官」の批判や「官」に対する要求とか、「民」が「官」を選挙によって構成すること等が表現できるだけではなくて、「官」の中でもきちんとした公論が必要だとか、あるいは、「官」が専制的すぎたり無能だったら、「民」はそれを打倒して新しい「官」を創る、つまり伝統用語で言う「革命」ということが、表現できるようになります。「革命」の場合には、「民」の一部が新たに政府を構成することになりますが、彼らが「民」にあった時に自治の経験を持たなかったならば、前の政府と同じく、やはり専制政府をつくることで終わります。革命が起きても、結局元と同じ、専制体制には変わりがないということになる。

このように概念を定めると、よくあるような「民」と「官」の関係だけではなくて、「官」の中での公論とか、「民」の中での公論、あるいは自治の経験というものが、キイ・ファクターとして見えてきます。「官」と「民」を一旦分けた上で、それぞれの内部、および相互関係とを考えるという分析法には、こういう効能があります。

さて、いま「公論」という言葉を使いました。ここに含まれる「公《こう》」という字の使い方には、よく気をつけねばなりません。英語だったらpublicがそれに当たります。で、漢語でも英語でも、「公」や「パブリック」は、「官」ないし「ガヴァマント」と同義に用いられることが少なくありません。英語では経済をpublic sectorとprivate sectorに分けることがありますが、そのように、英語でも、「公」という言葉は「官」に近い意味で使われることがあります。東アジア、とくに中国ではもっと近く、伝統的に「公」とは「官」と同義だと理解されてきました。しかし、「公」

には「官」をはみ出す意味があるのです。日本では幕末から、「公」という言葉が別の意味、いまで言う「公共性」とか「公共」という意味で使われるようになりました。そして、「天下之公論」の名で「官」を批判することが始まったのです。

日本では、古来、「公」という文字は「おほやけ」と訓読されてきました。「おほやけ」とは大きな「やけ」、大きな「家」という意味で、実は政府を指します。古代からずっとそのような使い方がされてきました。したがって、「公」を「おほやけ」と読むと、公というものが全部政府の中に吸収されてしまいます。「民」は、絶対的な正統性を持つ「おほやけ」、すなわち「官」に対峙《たいじ》することになって、立場が非常に弱くなる。発言権がなくなります。

そういう背景があるため、日本人の中には、「公」という言葉が嫌いな人が結構います。「滅私奉公」を連想するからです。私の高校同級生の中には、わざと「滅公奉私」と語る人もいたくらいです。しかし、いまは、若い人たちが「公《こう》というものを大事にすべきだ」と語り始めています。世間が「私」だけの利害でできていたら、どこかおかしくなりはしないか。欠陥があっても見て見ぬ振りをするのはおかしい。これはまことに健全な市民感覚で、それがなかったら住みやすい社会はできません。公共問題への無関心を放置すれば社会は壊れ、堕落してゆきます。しかし、こうした理想主義が「おほやけ」に奉仕するという方向にのみ向かったらどうでしょうか。先に触れたように、日本で秩序の主体は「市民」でなく、「国民」と表現されるので、結局は「公」の独占を標榜《ひょうぼう》する「官」、つまり政府の手足として都合良く使われるだけに陥りかねません。かつての特攻隊のように、理想に燃えた真面目な人たちが最も気の毒な運命にさらされることが起きかねないのです。

そこで、最近哲学とか、歴史を研究している人、また政治学者の中に、私と同じく、「公」を「官」と分離した上で、「官」にも「民」にも「公」がある、あるいは「官」と「民」の関係として「公」が成り立つのだという言い方をする人が増えてきました。[12] それはとても健全なことと思います。また、そうした使い方は、英語での **public** にも近く、世界から理解されやすい。**public** の語源を遡ると、ラテン語の **res publica** に使われていることが分かりますが、それは「共有されたもの」という意味です。「関心と利害を共有し、ともに考える」と取ると、我々の考える「公」や「公共」という言葉にとても近くなります。

多様な経路への配慮

さて、これから各国内部での民主化の様子を見てゆきますが、その前に一つ、留意していただきたいことに触れておきます。それは多様性への配慮です。どうして必要かというと、たとえば、中国にアメリカモデルをそのまま当てはめてうまく行くのか、中国人が自尊心から拒むのは当然ながら、実際にやろうとしてもうまく行かないのではないかということです。

これに気がついたのは、先ほど申しましたように、アメリカで日本にはまともな民主主義がないという議論を聞いた時です。私はたまたま、日本の近代史を勉強していたものですから、「民」

の「官」に対する立場が弱くても、「国」を持ち出せば「官」を批判でき、それによって「民」が勢力を伸ばしたという史実を知っていました。それを一般化すると、どんな国でも、すなわち違う経路を辿り、違う手段を使っても、同じ結果に到達することは可能だということになります。自由で民主的な体制を実現する手段や経路は、ただ一つアメリカ式があるのではなくて、多様でありうるのだということを、私はその時から強く意識するようになりました。

別の比較をとりますと、日本と韓国での民主化の経路はかなり異なっていました。韓国の場合は反体制運動が成功しました。成功したというか、学生運動や新聞といった政府外の組織が政府に対する公然たる反抗を長年にわたって続け、結局、軍出身の大統領が妥協して自由な大統領選挙に踏み切り、自由な体制への移行に成功しました。日本の場合は、民間に自由民権運動とか、尊攘運動とか、かなり有力な運動があるにはあったのですけれども、韓国に比べると、政府自らがとったイニシアティヴが最初から重要な役割を果たしました。たとえばペリー来航の際、権力を握っている人たちが自発的に世論を聞くということを始めています。いま、日本も韓国も自由な政治体制を持ち、非西洋世界で成功した代表的な民主国家になっていますが、その実現への経路は随分異なっていたのです。

そう考えると、ある国が先に民主政を実現し、他の国々はそれをモデルにして真似るということは、けっして妥当ではない。各国の初期条件を無視して、別のナショナル・モデルをそっくりそのまま当てはめるのは、無効です。

モジュールの状況的投入

それぞれの国は異なった歴史的前提を持っています。そこで、民主化は各国に即したオーダーメイドでないと成功しない。先行経験の参照は大事なことですが、特定のモデルをそのまま模倣するのではなくて、いろいろな国を眺め、比較して、どんなモジュールがどんな局面で使われ、どこで成功し、どこで失敗したかを綿密に観察しておく。そして、自分たちの国でいま何が有効かを考えて、状況の変化に合わせつつ、次々と手を打ってゆく。状況的にモジュールを投入するというのが良い方法なのではないでしょうか。

なぜそうかというと、やはりそれぞれの社会が経路依存性を持っているからです。昔どういう選択をしたかによって、いまできることは限られている。たとえば、いまの中国は直近に、民主化あるいは、自由化にとってはきわめて不利な選択をしてきました。人民公社をつくった結果、基層社会が持っていた自治の伝統を根こそぎに壊してしまい、「公論」の慣習的・制度的基盤が一旦はなくなったという歴史を持っているのです。

あるいは、暴力への訴えも日常化している。共産党は戦争の中から登場した政権なので、ともすると、暴力に訴えがちです。その極限は暗殺ですが、それはいま、さすがに見られなくなっている。しかし、政府に批判的であると眼をつけたら直ちに監視下に置き、中心人物と認定したら、見せしめのために一生牢獄に閉じ込めるということが、日常茶飯的に行われています。世界ではどこでも、戦時には暴力で決着を付けることが広く見られますが、中国ではそれが公安警察と刑罰という形を取って日常化しています。そうした長年の習わしから離脱するのは非常に難しくなっているのです。

伝統への訴求

その非常な困難の中で、しかし、何とかもう少し穏やかで寛容な体制をつくれないものかと考えている人はかなりいます。

そういう時、彼らが一つの有効な手段として使うのは伝統です。中国の歴史、その伝統は、けっしていまの体制が唯一無二のものではないことを教えます。基層社会の自治という伝統もその一つです。これは一旦なくなってしまいましたが、思想という伝統は無尽蔵にある。

かつて「公論」というものがあった。「公論」はもともと中国語で、「公議」とも言います。公論とか公議、公に論ずるという伝統があった。たとえば、宋朝の時代の村で、家の代表者たちが集まり、村の規約を定めた。その末尾には「公議」によってこれを定めたと記してあります。「公議」を制度化せよと直接に語るのは危険を伴いますが、中国の古典からは自在に引用ができます。先ほど韓国の若い学者が封建制は良いものだという議論を持ち出したと紹介しましたが、そういう言い方で、暗に現在と別の、良き統治の仕方があるのだということを語るのです。

中国の人たちは歴史と思想の伝統を誇りにしています。ですから、過去の偉大な学者たちの言葉を参照することによって、議論にかなりの自由度が生まれます。今回、私が出た北京フォーラムでも、中国の学者が様々の古典を華麗に引用しつつ、情熱的に語っていました。私は中国語が分からないのですが、それを聞いていた中国人の友人は、あの先生は随分思い切ったことを話しましたねという感想を漏らしていました。

このように、外部からでき上がったモデルを持ち込もうとすると、普通の人は反発しますが、「自国の伝統にこうあるじゃないか」と言われたら、考えざるをえなくなります。そういう意味で、伝統の参照は民主化のために必要不可欠なのです。

4　民主化の初期条件――日本の歴史的前提

では、ようやく、歴史自体の話に入ってゆきます。以前と違って、ここではもっぱら日本について取り上げます。今日は、日本での民主化がどんな歴史的前提から始まったのかということをお話しします。

初期条件――朝鮮・中国と比べた不利

実は、日本の民主化は、中国、朝鮮に比べて、一見不利なところから出発しています。先ほど触れましたように、「公論」や「公議」という言葉は中国産で、もともと中国にはそういう慣習がありました。また、政府の中には政権を担う人々を批判するために設けられた組織がありました。古く漢代から設けられていた御史台という組織がそれで、明朝以降には都察院と名づけられましたが、実際にそれが有効に機能した時期は短かったようです。

朝鮮の場合はもっとはっきりしておりまして、このような組織は一般に「言官」と呼ばれて、政府の高官だけでなくて、国王までを批判する職務と権限を負っていました。一九世紀に入ると力を失いましたが、それまでは一貫してかなり強い力を持ち続けたと言います[13]。

同時代の日本にも、幕府に目付という制度がありました。目付は役人の間違いを見つけ、それを弾劾《だんがい》する権限を持っていましたが、老中、まして将軍を批判することはできませんでした。政府の中に自己浄化の装置を設けるという点では同じ趣旨ですが、朝鮮や中国と比べると、その権限や実際の機能は弱かったのです。

そういうわけで、公論とそのための政治制度という点から見ると、日本は実は中国や朝鮮より不利なところから出発しています。しかし、その、最も初期条件が不利な、公論が難しそうに見えた場所に、最初に公論による政治体制ができたのです。

初期条件(1)——「官」内部の決定手続き

では、どうしてそういう逆説が可能になったのでしょうか。以下では、「官」内部の問題と、

「民」の内部の問題とに分けて考えます。

「官」、政府の内部の問題で重要なのは、決定の手続きが高度に制度化されていたことです。決定の手順がはっきり定められていて、全員がそれに従わなければいけないという慣習が成立していました。実は、いまでもこれが日本人を縛っています。どんな組織のトップでも、創業経営者以外はものを自由に決められない。全部手順を踏んでやっていかないと、正当な決定だと見なされません。これがはっきり制度化されたのは、近世の大名国家の中のことでした。上の図（図15）を見て下さい。

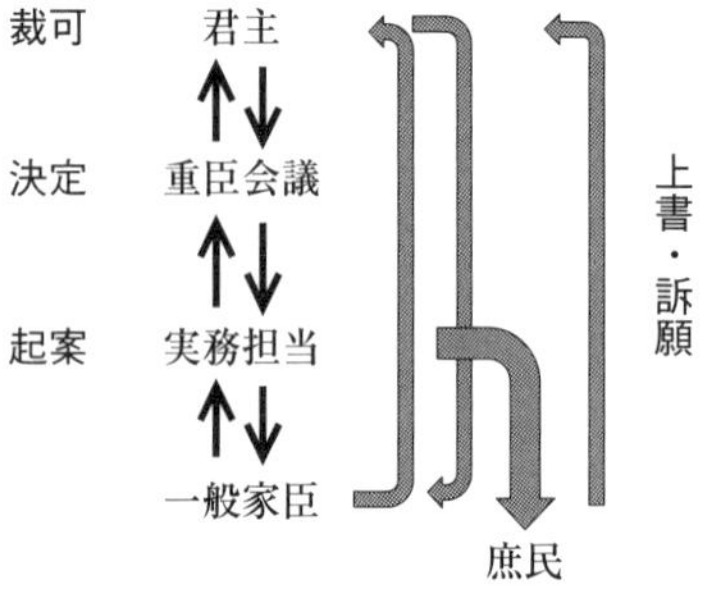

図15　官内部の決定手続き

この図で大事なのは、日本では江戸時代から、ものごとを一人で決めることが滅多になかったという点です。決定が起案、決定、裁可という三つの段階に分かれ、その責任がシェアされるのが普通でした。まず現場の役人が行政上の問題を発見して、その対策を考えます。起案です。起案するのは、江戸時代でも、いまでも、地位的には低い人です。官庁で言えば、無論、次官や局長ではなく、課長ですらそうでない。普通のヒラの事務官が、課長補佐あたりと相談しながら原案をつくり、上に上げます。ボトム・アップと言いますね。昔は稟議《りんぎ》制と呼んでいました。これが、最初の重要な段階です。

しかし、彼らには決定の権限がない。人々が従うに足る権威ある決定ができない。そこで、重臣の会議にかける。課長たちや局長レヴェルの会議に上げて決めることが必要です。これが事実上の決定が行われるレヴェルです。

しかし、近世の大名国家の決定はそれだけでは正当性はありません。人々は従わない。結局は、君主御一人に持っていって、「よろしい」と言ってもらわなくてはならない。裁可という手続きがどうしても必要です。

というわけで、日本では江戸時代以降、起案、決定、裁可という三つの段階を踏んで、決定が行われることになっています。たとえば、江戸時代の対外事務ですと、長崎に外国の使節がやってきたとします。長崎奉行が応接をして、こういう事件が起きた、これについてはこんな策を講じたらよかろうと、事実関係に意見を添えて、江戸にいる長崎奉行に書き送ります。長崎奉行は江戸と長崎一人ずつ、二人いて、交替で長崎にゆくのですが、その片われ、江戸にいる同僚に送る。そして、報告を受け取った長崎奉行は、その上にいる勘定奉行に持ち込みます。正確には勝手方の勘定奉行。裁判専任の勘定奉行もいますけれども、そうではない勝手掛《かってがかり》の勘定奉行が、実は徳川幕府で一番権力を持っている人でした。彼らは、財政だけでなくて、幕府直轄領の裁判もやりますし、外交も担当する。つまり、裁判以外は何でもやるのが勝手掛勘定奉行の仕事なのです。

そこへ持ち込んで、彼らがこれは重要だと思ったら、案件を老中の会議に上げる。老中は四人ほどいて、日常事務は月ごとに回り持ちにしていて月番と呼びましたが、実質的な権力を持っていたのはやはり勝手掛の老中です。月番または勝手掛の老中は、上申を受けると、秘書官である奥右筆という人に先例を調べさせて、この案は妥当かどうかをチェックさせます。奥右筆が調べて良かろうとなったら、担当老中は対策の原案にそれを正当化するような先例を添えて、老中の会議に出し、その合議によって結論を出します[14]。

ここで決まると、将軍のところに持ち込みます。将軍は大抵の場合OKを出します。しかし、気に入らないと、老中会議に差し戻す。老中たちも、議論してみて適切でないと思ったら、またそれぞれの掛に下ろして、もう一度やり直しを命じます。かなり大幅な改革を要する案件ですと、上げたり下げたりを繰り返して、二年から三年くらいかかることもありました。天保改革が始まった頃の江戸湾防備策がそれで、これに熱心だった老中の水野忠邦は、下僚や同僚の悠長さに音を上げた手紙を書いています。無論、途中で握りつぶされて、棚上げになったまま、立ち消えになることもあります。

多くの場合、それぞれの案件は各レヴェルで十分に議論した上で、君主まで上げられますので、滞りなく裁可を得ます。そうすると、それが同じルートをたどって下に行き、命令として、武士へは書き付け、庶民に対してはお触れの形で公布され、実行されることになるわけです。

これが政府内での決定手続きでした。このスタイルを明治以降の日本政府は引き継ぎ、民間の企業もこういう形で決定をするのが慣行となりました。創業したばかりの会社は当然、それではやってゆけませんが、組織が大きくなるとそういう傾向が出てくるようです。

このように、「官」の内部では下から、ボトム・アップで決定をしてゆく。しかし、下にいる人間が、直接にトップに意見を述べる機会がないかというと、あったのです。この図には、右側の方に、別のルートが書き込んであります。上書とか、訴願とかの制度です。武士一般からも庶民からも、君主に直接に意見具申できる、いわゆる目安箱という制度があった。[15]

幕府の場合、八代吉宗の時に導入されたと教科書に書いてあると思いますが、この場合、大がかりな案件を裁くための裁判所、評定所の門前に鍵がかかった箱が置かれていて、誰でも投書ができる。投書とは言っても、ちゃんと身元を明らかにしないといけない。身元を明らかにせずに上書することは禁じられていました。

しかし、これを開ける人が誰かが問題です。上書は政策の批判が主になりますから、もし重臣がこれを見たら、責任者ですから握りつぶすに決まっている。ですから、鍵がかかったまま君主の面前に持っていって、そこで開けねば意味がないのです。

しかし、実際には、君主の側近が開けて、いろいろ見た上で、適当なものを選んで君主の御前に差し出すというのが多く行われたことのようです。

場合によっては、これが有効に機能することもあります。君主と重臣の間柄というのは、微妙な緊張関係にあります。有能な、あるいは政治意欲の強い君主が現れると、特に漢学を一生懸命勉強して立派な君主にならねばと思い込んだ人は、どうしても理想主義に走ります。いままでの政治はおかしいようだと考え、現在の政治を担っている重臣たちと対立を起こすということがよくありました。
これがひどい場合には、両者の全面対決になります。君主の側が弱い場合には、重臣たちに居並ぶ前で糾弾され、「押し込め」という処分、幽閉処分をされて終わる。中には、理想の政治を追求して途中で挫折し、最後は放蕩三昧《ほうとうざんまい》に走った大名もいました。この場合も重臣に取り囲まれて、「あなたは駄目ですよ」とレッドカードを突きつけられ、やはり幽閉処分になる。そういうことが江戸時代の特に前半にはよくあったようです。笠谷和比古さんの『主君「押込」の構造』という本に非常にうまく、面白く書かれていますので、それをぜひご覧ください。[16]
元に戻ると、君主としては、重臣を全面的に信用し、政治を任せっぱなしにすることもできない。民の声を聞く気があるなら、目安箱に入った上書を見て、「あっ、そうか」と、気がつくこともあります。そして、重臣たちの中に賛同者を見つけ、重臣層をうまく丸め込めたら、改革を行って良い成果を収めることもできました。

阿波徳島の藍専売

実際に、庶民からの上書を活用して大儲けをした大名があります。四国徳島の蜂須賀《はちすか》家です。平川新さんの研究によると、蜂須賀家は民間から藍を専売事業にしようとの提案を受け、これを実行しました。[17]藍というのは、いまはジーンズに使われている青い染料です。昔から日本人が好きだったようで、朝鮮半島の人たちが日本人を見分けるのに、この色を目印にしていたようです。

藍は徳島の特産で、良い品ができていたのですが、従来は大坂から領内にやってきた商人に売っていました。そのため、徳島の藍生産者は、大坂市場では高く売れるにもかかわらず、買い手に安く買いたたかれていた。そこで、この上書の主は、徳島領内では売らず、藩がまとめて大坂市場に送り、そこに独占的な価格を形成しよう、価格をつり上げようと提案したのです。

蜂須賀家はこれを取り上げました。庶民からの上書を君主が採用し、それを重臣、さらに実務担当者に下げて議論させ、原案を作らせました。その上で、これを庶民に公開して意見を求め、その内容をくみ取って最終案を作ってから実行したのです。これは目論見どおり大変に儲かりました。儲けは、大名、したがって家来たち、また無論、庶民の生産者や商人たちも分けあいました。こういうことが江戸時代の一九世紀前半には行われたのです。経済政策に関しては、結構民主的なやり方をして、成功した例があったのです。

もう一例をあげます。幕末の水戸です。[18] ここには徳川斉昭という強烈な個性を持った君主が現れましたが、彼は家臣たちからの上書を受け取ったら、ちゃんと返答を当人に当てて出していま す。直書《じきしょ》と呼びましたが、直接に返事を下したのです。

斉昭はそれによって、これはと思った有能な家臣たちを味方にして、改革を始めました。これは途中までは大成功します。中下級の武士と主君とが連合して、間にいる重臣を挟み付け、改革を断行した。しかし、これは後には惨憺《さんたん》たる失敗に終わりました。詳しくは後で話しますが、水戸では斉昭自身が幕府から強制隠居を命じられ、それを支えた役人も藤田東湖をはじめ幽閉《ゆうへい》処分にされてしまった。彼らは後に政界に復帰を許されましたが、その時、斉昭が重臣に報復をしたものですから、重臣たちと不倶戴天《ふぐたいてん》の敵となった。安政五年政変の後には、尊王攘夷論を奉ずるいわゆる天狗党と守旧派の重臣たちの間で、血で血を洗う争いが起きます。そのため、水戸は明治維新の口火を切りながら、明治政府には一人も政治家を送り出せませんでした。有能な人はみんな幕末に殺されてしまったからです。水戸は、一旦成功しながら、結局は失敗した典型的な例です。

手続きの専制――ボトム・アップのメリットとデメリット

さて、江戸時代には、いまの日本まで継承されているような決定手続きが形式化され、それが決定の正当性を担うようになりました。この慣習の下では、個々人の意思、とくに君主の意思は大して重要ではなく、リーダーシップを発揮する余地は少なくなりました。現在、日本の企業や政府のトップは無能だと世界から譏《そし》られることがあるようですけれど、これは近世からの遺産なのです。

ですから、たとえば中国や韓国の上の方の人たちが、日本人と交渉して困るのは、トップと話がついたと思っても、その後、全然ことが進まないことです。実行までやたらに時間がかかると文句を言います。どこの国でも、トップにいる人は権力を持っている、金も人事権も持っているのが普通です。だから、何でも決めやすい。ところが、それは日本では通じないので、困るわけです。

デメリットばかりではありません。明治になりますと、西洋から「法の支配」という思想が入ってくる。「法」というものが権力から独立していて、統治者も被治者もともに縛るという思想です。日本人はこれをすんなりと受け入れました。それは、法を西洋のように神聖な契約として尊重したからというよりは、手続きを大事にする慣習を既に持っていたからと思われます。「法の支配」はしばしば、「法による支配」、人が法を使って支配することだと捉えられることがあります。いまの中国で「法治」と言うと、共産党が法律を使って人民を支配するということだと理解される。しかし、日本の場合はそうではありません。手続きの支配という慣習があり、それが上も下も縛っていた。手続きの延長で捉えられた法は権力者も縛るのです。ですから、明治政府はいろんな法律を作ったり、憲法を作りましたが、その時に、彼らは律儀に自分たちの作った法律に従ったのです（笑）。本当に律儀です。憲法起草者の伊藤博文を初めとして、よく真面目にこんなことをやったものです。他の世界だったら、権力を握る人たちは、法を作って人を縛りながら、自分たちはその例外とするのがしばしばです。明治の日本人がそうしなかったのは珍しい。手続きの専制という慣習は江戸時代の大いなる遺産だったと思います。無論、いままでは、我々の決定を遅らせているネガティヴな遺産でもあるのですが。

初期条件(2)――「民」のなかの文芸的公共圏

さて、次に「官」から「民」の側に眼を移しましょう。結論から言いますと、ハーバーマスが発見し、提唱した文芸的な公共圏というものが、確かに日本にも生まれていました。ハーバーマスの『公共性の構造転換』によると、これはオリジナルの本文に書いてあることですが、一九世紀の初め頃のヨーロッパ、古典的な自由主義体制の頃の社会について、人々がコーヒーショップや喫茶店で自由に議論するという慣習が生まれたことに大きな意味があったということです。公開の美術展が始まり、不特定多数の人がそれを見に行って、その帰りに立ち寄った喫茶店で、あの作品はどうだったこうだったと議論をするようになった。あるいは様々な著作についても喫茶店やカフェで議論をするようになった。出身や身分を問わず、対等な立場で議論して、芸術批評をした。議論の中で審美眼が高まり、かつそうした気のおけない議論自体を楽しむ文化が生まれた。そういう社会学的な分析をしています。

この文化が後に、政府の中にも持ち込まれた。文芸的な公共圏に誕生した討論文化が政治的公共圏に転写され、それによって、政府の中でも討論、議論というものが重要な決定方式として公認されるようになった。そういう歴史解釈をしています。

これと同様の動きが日本でも見られました。その場合、日本でそういった討論文化を生み出したのはどこかというと、喫茶店ではありません。日本には喫茶店はなくて、お茶屋つまり芸妓を侍らせて遊ぶ遊郭がありました。幕末にお茶屋は政治的会合に使われたことがあります。しかし、遊びに行って政治の議論をやるのは付随的なことです。お茶屋、遊郭で、理屈を闘わすのは野暮の極みです。

では、どこが本場かというと、塾です。学校です。江戸時代の学校は、いまと違って、私塾が主流でした。一九世紀の前半には大名がいま藩校とか藩学と呼んでいるものを競って造りましたが、それ以前も以後も、学問の場として中心を占めたのは私塾でした[19]。

学塾の討論文化とナショナル・ネットワーク

江戸時代以前には、学問は宮廷とその周辺、また寺院で行われていました。漢学の中心は禅寺で、仏教の教理だけでなく、朱子学などの儒学も熱心に学ばれました。これが民間の学校で教えられるようになったのは江戸時代になってからのことです。武家は初め、身近な「太平記読み」などから統治の示唆を得ていましたが、それが一七世紀の後半には次第に儒学に置き換えられ、さらに後に国学と呼ばれるような学問も生まれました。日本では、中国・韓国と違って科挙は設けられませんでしたから、漢学を学んだからといって政府の中枢に立つことはまずありません。漢学も他の学問も、仕事のためではなく、立派な人間になるための教養として学ばれました。学者たちも、民間にあって塾を開き、学問を楽しみながら、学問によって生計を立てるのが普通のあり方でした。

後になって、大名が藩校を設け、学者たちはその教官に雇われましたが、以前と同じく、自宅で塾を開き続けることがしばしばでした。そして、藩校といった公的な場ですと、どうしても学生たちは身分によって差別される。たとえば庶民は、大抵は藩学に上がることができなかった。大名が田舎に造った郷学という学校は、庶民に漢学を普及させるのが目的でしたから構いませんでしたが、城下にある藩学には、庶民は普通はゆけなかったのです。

ところが、そこで教えている先生が自宅で開いている塾は誰でも迎え入れました。一九世紀の前半に広瀬淡窓《たんそう》という儒者が開いていた咸宜園《かんぎえん》、これは片手間の塾ではなくて、専業の私塾で、北九州の日田《ひた》にありますが、最盛期には学生が二〇〇人ほどもいたそうです。大きな学校ですね[20]。

しかも、そこの学生の半分は庶民でした。この日田という土地は天領、つまり幕府の直轄領です。したがって武士があまりいなかったせいもあるのでしょう。しかし、武士もこの塾には結構集まっていました。庶民と一緒に学ぶのは面白くないという侍もいたはずですが、淡窓の塾にはたくさんの侍が来ていたのです。

ここから窺《うかが》えるのは、私塾が身分が消える場所だったということです。塾の外に出たら、ちゃんと身分相応の振る舞い、言葉づかいをしないとえらい目に遭わされるのですけれど、学校に入ったら、その瞬間に身分が消える。学生としては対等だという文化があったのです。

この文化はお寺が起源のようです。日本の古代に寺院が創建された当時、学僧が養成された。その中では対等な立場で教理の討論が行われることがありました。中世以降ですと、茶の湯です。

茶室に入るとやはり身分が消える。また、中世の連歌とか近世の俳諧を詠む結社、こういうものも出身の身分を問わないことが多かった。その閉じられた、結界された場に入ると、その時だけ身分が消えて、対等な付き合いをする。そして、彼らはその場ごとに別の名を名乗った。学問の号、お茶の茶名、俳諧の俳名、同じ人が場に応じて異なる名を使いました。この場に応じた名前、ひいては人格の使い分けという慣習が、厳格で複雑な身分社会の中に、対等な人間関係をつくりだしていたのです。

近世の塾に戻りますと、広瀬淡窓の塾には「三奪法」という規則がありました。これが身分を問わないという約束事の表現だったのです。三奪法とは三種類の身分を奪ってしまうということです。まず学歴を問わない。以前にどんな偉い先生のもとで学んだかどうかは関係がない。出身の身分、武家であるか、町人であるか、百姓であるか、それも問わない。それからもう一つ、当時の人にとっては大事だった年齢も問わない。儒教の塾だったのですが、「長幼序あり」は討論の席では言わない。年長者だからといって常に上席に座るわけではないのです。要するに、塾に入る以前の三つの属性を奪ってしまって、唯一学業成績だけで席順を決めるのです。

多分、皆さんの中には『福翁自伝』を読まれた方がいらっしゃると思います。福沢諭吉はこの回顧録で、彼が学んだ大坂の適々斎塾《てきてきさいじゅく》での住み込み生活を愉しそうに活写していますが、この適塾でも、淡窓塾と同じルールが行われていたことが分かります。まだ読んでいない方はぜひご一読下さい。[21]

このように、日本の江戸時代は厳格な身分社会ではあったのですが、そのまっ只中に学問の塾があって、そこでは対等な交際が当然という世界があったのです。学校の全部が全部、そうだったわけではありませんけれど、そういう塾が少なくなかった。

塾で学んだ知識人は、いろんな塾を遊歴しました。中世以後のヨーロッパ知識人たちと同じように、いろんな先生の塾を経めぐります。そうすると、行く先々で友達ができる。そして、その塾を退いた後も、気に入った友達同士は手紙を交わす、最新ニュースを交換する。珍しい本が手に入ったらそれを知らせ、「貸してくれ」とか、「貸してあげようか」とか、「こういう本を探しているけれど、どこにあるか教えてくれないか」という手紙を書いて、本の貸し借りもするようになります。

江戸時代の日本は連邦国家で国境を越えるのにパスポートが要ったのですけれど、そういう分断された社会の中にあって、知識人は日本国中にネットワークを拡げ、つながっていった。これが幕末の政治運動の基盤になったのです。

以上のように、近世の私塾では討論文化、対等な討論を交わすという習慣・慣習が生まれました。また、知識人の中でナショナル・ネットワークも生成を始めました。この二つが、「民」の世界で、主に私塾を基盤にして成立したのです。これらは後に政治の世界に転写され、大きな力を振るうことになります。幕末の政治運動の孵卵器《ふらんき》は私塾だったと言ってよいでしょう。

文芸から政治への転写

最後に、この文芸公共圏はどうやって「官」に転写されていったのでしょうか。政府の中に、この討論文化、またナショナル・ネットワークがどう結びついていったのかという問題です。

ここでまた、水戸を例に挙げましょう。水戸の重要性に気づいたのは、私ではなくて、私のところで勉強していた韓国からの留学生、朴薫《パクフン》さんです。彼はいま、国へ帰ってソウル大学校の先生をやっていますけれども、彼が水戸に目をつけた理由は、それが尊王攘夷運動の源泉だったからです。韓国人にとって、水戸は自国を痛めつけた日本ナショナリズムが発した土地なので、気になってしょうがない。ところが、史料を読んでいるうちに彼は別の面に気づいたのです。この水戸の人々こそが、幕末から明治にかけてあれほど流行したものの決め方、公論を始めたのだ、少なくとも源流となったのだという事実を発見したのです。

なぜ気がついたかというと、彼が韓国出身だったからです。実は朝鮮の政治文化というのは、まさに議論が本体なのです。はっきりとした主張をし、論敵の主張をきっぱりと否定する。相手の間違いを証明するために、自由自在に儒教の古典を引用する。韓国の歴史ドラマをご覧になっている方は、毎回、そういうシーンを目撃なさっているでしょう。無論、今でも議論の慣習は根強くて、だからこそＴＶドラマでも真実みたっぷりと表現できるわけです。党争、党派争い、学問を使った党派争いが、朝鮮王朝の初期から続いていました。ある意味で、公論を体現した政治文化として、世界の極限を実現していたと言ってよいでしょう。

ところが、日本にはそういう政治文化がない。日本人は、むしろ逆に議論を回避したがる。面と向かって対立するのを嫌って、すぐ「話し合い」をしましょうと言う。議論には、理屈で「お前は間違っている」と批判することが含まれますが、「話し合い」というと逆です。車座に座って立場を同等にし、相手の顔色を見ながら、話を小出しにする。挨拶から始まって、いつ話を切り出せばいいかと考えながら、本題と別の話をし、タイミングを見てはちょっと話をする。行き詰まったと思ったら、また別の話に振って、と、こういう長話を延々と続ける。これは民俗学の宮本常一さんが有名な『忘れられた日本人』で活写された村の寄り合いの進め方に明らかです。[22]宮本さんの描かれた村の寄り合いは一晩中、明け方まで続くのですが、そこまで悠長ではないにせよ、それに近いことを我々はずっと続けてきました。日本の会議は長くて非効率的だと批判されがちですが、結論を急ぐと却ってこじれるのがしばしばです。

ところが、突然、幕末の水戸に議論文化が出現した。朴薫さんはないと思っていたものを発見し、朝鮮の政治文化と似ていることに強い印象を持って、これをテーマに博士論文を書きました。日本人が気づかなかったことを外国人が発見した好例です。

さて、水戸では、先ほど触れましたように、中下級の家臣が主君斉昭に上書するだけでなく、斉昭もまた直書を下しました。下級の家臣は普通なら君主に直接お目通りしたり、面前で意見を述べることは不可能なのですが、書面では議論が可能になった。藤田東湖や会沢正志斎たちは、もともと徳川斉昭の藩主擁立《ようりつ》に功があった人々でしたが、斉昭は彼らの上書を喜んで受け入れ、しかも直接に返事を出すという珍しいことを始めました。双方向のコミュニケーションです。藤田東湖ら水戸天狗党の面々は、上書で随分率直に政権や重臣の批判を書いています。さすがにあからさまに主君を傷つけるようなことは書かなかったようですが。

しかし、書面での議論は先鋭になりがちです。今でも、インターネットやEメイルでの議論はきつくなりがちですが、さすがの徳川斉昭も辟易《へきえき》することもあったようです。

水戸ではもう一つ、面白いことが行われました。茶会です。遊びとか、芸術の世界にあった茶会の組織法を、政治目的に転用しました。江戸小石川の水戸藩邸で茶会を催して、そこに見識が高いとの噂のある大名、たとえば佐賀の鍋島斉正《なりまさ》や宇和島の伊達宗城《むねなり》らを招く。それだけではなくて、幕府の能吏とうたわれていた川路聖謨《としあきら》や房総の代官羽倉《はくら》外記《げき》らも同席させ、東湖ら腹心とともに茶会を催したのです。

斉昭は、かなり以前から日本と西洋の関係の将来を懸念していました。いわゆる海防、海岸防備の問題です。集められた面々はそのエクスパートだった。つまり、お茶をやるという名目で政治的な議論を試みた、あるいは人物のチェックを行ったと言ってもよいでしょう。江戸時代には政治目的の会合は御法度です。やっては危ない。しかし、お茶会という名目だったら構わなかった。お茶の名目で呼んでおいて、自分の臣下たちと率直な議論をさせたのです。その場にいた藤田東湖は、斉昭の伝記『常陸帯《ひたちおび》』で、その様子をとても活き活きと書いています。呼ばれた人は議論好きな人たちで、我々の方もそれに負けず劣らず議論が好きだった。そこで丁丁発止と非常に面白く議論が展開し、いまでもその情景を思い出すと楽しいと書いています。[23]

この水戸に始まった議論というものが、実は幕末の尊攘論者に限らず、明治にも継承されてゆきました。当時の人たちは水戸を真似ようとした。水戸の人々はそれを十分意識しながら、デモンストレイトして見せたと言ってよいでしょう。

しかしながら、議論政治、水戸に始まった議論による政治には限界があります。君主が主導しない限りできないからです。横の議論ではなくて、上を介した議論だからです。したがって、日本全国で可能かというとできない。天皇は無論のこと、将軍が返書を下すなどということはありえません。この人々はあまりに身分が高く、下々と直接対話すると、たとえそれが書面を通じてであっても、権威を傷つけてしまうと考えられていたからです。

そこで、このモデルは幕末ですべて受け入れられたわけではありません。彼らが開発したコミュニケーションのルートは拡がらず、議論というモードだけが横のつながりで使われるようになりました。また、会議自体も頻々と開かれるようになり、そこには従来は許されなかったような身分の侍が出席するようにもなりました。そういう形では転写されていったのですが、水戸で生まれた君主主導型のモデル自体は使われなかったのです。

その幕末以降の変化については、次回に詳しくお話しすることにします。

1 三谷博編『東アジアの公論形成』東京大学出版会、二〇〇三年。

2 酒井啓子編『「アラブ大変動」を読む――民衆革命のゆくえ』東京外国語大学出版会、二〇一一年。同編『中東政治学』有斐閣、二〇一二年。

3 ただし、私とは全く違う観点から非暴力的抵抗の方法を説いている次の書は、参照に値する。ジーン・シャープ『独裁体制から民主主義へ――権力に対抗するための教科書』ちくま学芸文庫、二〇一二年。

4 NHKのBS放送が繰り返し放送している次のドキュメンタリーはフィンランドでの稀な実行例を紹介している。『地下深く、永遠に――一〇〇、〇〇〇年後の安全』。この章では、他にも多くのTVドキュメンタリーを参照した。いま進行中の問題に関しては、速報性に富み、かつ具体的映像を提供してくれるので、有用かつ感銘が深い。逆に文献の参照は最小限に留めることにする。

5 ケネス・ボールディング『地球社会はどこへ行く』上・下、講談社学術文庫、一九八〇年。

6 中国人で制度面を正面から論じたものとして、獄中にあってノーベル賞を受賞した劉暁波の著書を参照。劉暁波『天安門事件から「08憲章」へ――中国民主化のための闘いと希望』、藤原書店、二〇〇九年。

7 ユルゲン・ハーバーマス『公共性の構造転換――市民社会の一カテゴリーについての探究』未來社、第二版、一九九四年。

8 松浦玲編『佐久間象山・横井小楠』(日本の名著30)中央公論社、一九七〇年。苅部直『秩序の夢――政治思想論集』筑摩書房、二〇一三年。

9 遠藤誉『ネット大国中国――言論をめぐる攻防』岩波新書、二〇一一年。

10 浅見靖仁「加熱するタイ政治――対立の構図を読み解く」、『世界』岩波書店、二〇一〇年六月号ほか。

11 清水美和『中国農民の反乱――昇竜のアキレス腱』講談社、二〇〇二年。加藤隆則『「反日」中国の真実』講談社現代新書、二〇一三年。毛利和子・園田茂人編『中国問題——キーワードで読み解く』東京大学出版会、二〇一二年。
12 山脇直司『公共哲学とは何か』ちくま新書、二〇〇四年。
13 朴薫「一九世紀前半日本における「議論政治」の形成とその意味——東アジア政治史の視点から」、木村直也・三谷博編『世界史のなかの明治維新』(講座明治維新1)、有志舎、二〇一〇年。
14 河田煕、旧事諮問会編『旧事諮問録——江戸幕府役人の証言』下、岩波文庫、一九八六年。
15 大平祐一『目安箱の研究』創文社、二〇〇三年。ルーク・ロバーツ「土佐と維新——「国家」の喪失と「地方」の誕生」、近代日本研究会『地域史の可能性』山川出版社、一九九七年。
16 笠谷和比古『主君「押込」の構造——近世大名と家臣団』講談社学術文庫、二〇〇六年。
17 平川新『紛争と世論——近世民衆の政治参加』東京大学出版会、一九九六年。
18 朴薫、前掲論文。
19 前田勉『江戸の読書会——会読の思想史』平凡社、二〇一二年。
20 海原徹『広瀬淡窓と咸宜園——ことごとく皆宜し』ミネルヴァ書房、二〇〇八年。
21 岩波文庫を始めいろいろな版があるが、次には詳しい註がついている。河北展生・佐志傳編『「福翁自傳」の研究』注釈編、慶應義塾大学出版会、二〇〇六年。
22 宮本常一『忘れられた日本人』岩波文庫、一九八四年。
23 橋川文三編『藤田東湖』(日本の名著29)、中央公論社、一九八四年。

第6講

民主 二

おはようございます。最終回ですが、よろしくお願いします。今日はパートが二つあって、最初は日本の話の続きです。その後には、この日本の経験からどういう一般論が引き出せるか、あるいは世界における民主化をどう理解したらよいかということを、結びとしてお話ししたいと思います。

前回には、日本の民主化過程の出発点にあった初期条件を見ました。その所見の第一は、上下の双方向コミュニケーションが政府への上書とそれへの対応という形で、ある程度始まったということでした。

もう一つは、政府の外で横のつながり、知識人同士の横のつながりが、主に私塾を媒介にして成立したということです。二百数十の国に分かれていた連邦国家の中で別々の土地に生まれ育った人たちが、私塾での交際をきっかけに、日本全体に拡がってゆく水平的なコミュニケーション・ネットワークを創っていった。

この後の方が、幕末の変化には重要な意味を持ちました。幕末の尊王攘夷運動も、明治になってからの自由民権運動も、いずれも一九世紀前半に生成した知識人の横のつながりを基盤とし、それを「公論」の場に変形しながら拡がっていったのです。

では、今日はまず、幕末の日本にどのようにして公論空間が出現したのかということを、具体的に見てゆきましょう。[1]

1　公論空間の創発――幕末

(1)政府のイニシアティヴ①

日本で興味深いのは、公論空間の形成の引き金を引いたのが政府だったという事実です。世界ではよく、公論空間は民間がイニシアティヴをとり、政府が譲歩してできると考えられていますが、日本のケースはそうではない。最初に政府がイニシアティヴを取ったという非常に面白い特徴があります。

対外政策の諮問

一八五三年にアメリカの使節ペリーが来ましたが、彼が一旦去った後、老中阿部正弘は、大名と旗本に対してペリーがまた来た時にどうすべきか、意見を述べよと諮問を行いました。[2]

対外政策というのは、現在でもそうですが、政府にとってもっとも重要な問題に属します。これについて政府の外部の意見を求めるというのは、相当大きな決断でした。危険な行為と言ってもいい。その冒険をあえて当時の幕府はやったのです。この諮問がきっかけになって、徳川幕府の外にいる武家、また民間の人々が、日本の将来という問題、すなわち最重要の政治問題について発言してよいと気づき、実際にそう行動し始めます。

それが「公論」という幕末に新たに出現した政治的コミュニケーションの様式に発展するのですが、いまだになぜ幕府が権力の根幹をなす問題について諮問を下したのか、公論という危険を伴う道を開いたのかという疑問には、ちゃんとした説明がありません。阿部ののこした史料の中に手がかりがあればいいのですが、いまのところは発見されていないようです。阿部家のご子孫が史料を神奈川県立博物館などに寄託されたそうなので、探せば見つかるかもしれません。

大大名の政権疎外と参加願望

とにかく、日本では、政府の側がまず民間の意見を聞いた。それに触発されて、今度は幕府外の人々が、武士も庶民も発言を求め始めた。その中で特に重要な存在だったのは大きな大名です。よく幕末の政治運動は下級士族がやったと思われていますが、実はそうではありません。最初に口火を切り、イニシアティヴをとったのは大きな大名だったのです。

どうしてそうなったのでしょうか。幕府の慣習では、大きな大名は老中になれないという決まりがありました。たとえば、一八世紀末の老中、松平定信は、『宇下人言《うげのひとこと》』というとても面白い自伝を書いていますが、そこには、老中は小さな大名から選ぶべきだとあります。彼自身は御三卿という徳川家の出身で、一〇万石を超える中規模の大名に養子に入った人でしたが、同僚の老中には二万石くらいの非常に小さな大名を選んでいます。[3]

このような人事慣行によると、小さな大名は日本の権力の座につき、日本全国の問題について決定に関わることができるわけです。しかし、大きな大名はそうできない。これは、実は世界の君主制にしばしば見られる不文律です。大きな大名は潜在的には将軍家の力を脅かす可能性を持つ。いまよく、薩長のような外様の大藩、国持大名が警戒されたと思われていますが、徳川の一門も警戒対象です。徳川三家をはじめとする親藩は、親族なので潜在的には将軍家を相続する資格を持ちます。そこで将軍家、とくにその子の地位を脅かす可能性は実は外様より高い。したがって、かつて関ヶ原で闘った外様であれ、親藩であれ、大きな大名はすべて危険な存在と目されていました。なので、将軍家の権力を直接に担う老中という地位からは排除されるようになっていたのです。

この慣行の存在が、大きな大名に強い不満を持たせる基盤となりました。小さな大名や中規模の大名はそうでもない。それは、小さいと、たとえば天保改革の際の真田幸貫《ゆきつら》のように、外様でも老中に選ばれる可能性があり、かつ自分だけでは目覚ましい働きができるほどの国力がなかったからです。逆に、大きな大名は幕府権力に参与できない一方、日本全体のために働く能力を持っていました。大きな大名は国持と親藩を足しておよそ三〇家近くありましたが、彼らは単独で政治や軍事に携われる財政基盤を持っていたと同時に、その一部は自発的に海防問題を研究していました。いずれ西洋からの侵略が起きるかもしれないと予想し、自ら防備に努力してきた大名がいて、その人たちは、日本全国の政治に対して発言権がないことに強い不満を持つようになっていたのです。

幕末に実際に京都に入って政治運動をやった大名は、約三〇家のうち一五家ぐらいあったようですが、その一部はペリーが来るずっと前から海防の準備をしていました。実力があると同時に、一九世紀の日本が抱えることになった重要問題について研究を重ねていた。徳川将軍家を手助けできる立場にあり、その意志があるのに、公式な発言権は一切ない。強い不満を持たないとしたら、それは変な話です。

ペリーが来た時の老中、阿部正弘は、この点をよく理解していたので、個別にそういう有力大名、学習院大学の井上勲さんは有志大名と呼んでおられますが、有志の大名に対して個別に協議をして意見を汲むように努めています。[4]

たとえば、島津斉彬《なりあきら》です。ペリーが来る直前の年に、彼は参勤を終えて国元に帰りますが、阿部はその直前に会って、大船建造の禁があるにもかかわらず、琉球航路に使うという名目の下に、洋式の大船の建造を許可しています。そのように、阿部は個別に大名の意見を聞き、これは有用と判断した人はちゃんと使っていたのですが、ペリーが来た後になると、それでは不十分だと思う大名が現われました。個別な協議では面白くない、制度的に発言権を得たい、つまり幕府の政権を握りたい。そういう考えを持つ人々が、ペリーが来てから、安政五年（一八五八）に大政変が起きるまでの間に登場したのです。

その代表格が越前松平家です。福井の城主松平慶永《よしなが》という人でした。越前松平という家は、徳川の親藩の中では第四番目の家格を持っていました。つまり、徳川三家に続く家格で、実は徳川家康の次男の後裔《こうえい》に当たります。そういう身分の高い家だった。

しかし、この当時、天下が一致して強い政権参加の願望を持つと見ていたのは、水戸の徳川斉昭です。彼は息子に一橋慶喜という次期将軍の候補を抱えてもいました。しかし、いまの日本でもそうですが、権力を握りたい人は、自分から「なりたい」と言うと、まず最初に排除されることになります。なりたくても、「私は関心がありません」というふりをする必要があります。そこで、水戸は代わりを越前松平に頼んでやってもらったのです。

大大名の幕政参加構想

そういうわけで、国持と親藩の大名が松平慶永を中心にして連合することになりました。その連合の一番重要なパートナーが薩摩の島津斉彬で、それに土佐の山内豊信《やまうちとよしげ》とか、宇和島の伊達宗《むね》城《なり》とかといった人たちが加わって、一橋慶喜を次の将軍に推戴しよう、さらにその功績を背景にして、我々有志の大名が政権を執ることを認めてもらおうと考えた。

越前の家臣に橋本左内《さない》という人がいます。これは蘭方のお医者さんで、歳は福沢諭吉と同い年、また学んだのも同じ大坂の適々斎塾でした。ただ、二人はちょうど入れ替わりの形になっていて面識はありませんでした。橋本左内が塾頭をやってから国許へ帰った後、福沢が入塾して塾頭になったという関係です。その橋本左内は、実はこの一八五八年という年には日本で一番重要な政治家となっていました。

というのは、彼がのこした手紙を見ると、一橋慶喜を将軍の跡継ぎに推戴した後は、大改革をやろうと書いている。それは大きな大名を幕府の老中にすることです。水戸の徳川斉昭、薩摩の島津斉彬、そして我が公、松平慶永。この三人を国内事務宰相にして、対外問題は以前から海防に熱心だった佐賀の鍋島斉正《なりまさ》にやらせる。この四人の強大な大名が、幕閣の中心に立つ。それを旗本の優秀な官僚に補佐させ、さらに、陪臣《ばいしん》、牢人を問わずと言っていますから、身分にかかわらず、日本全国から優れた学者を選んで幕府の政治に直接タッチさせる。そういう挙国一致の人材動員という構想を述べています。

こうして、大大名の政権参加ということが具体的な政治日程に上ったのです。ただし、これを知っていた人はごくわずかと思われます。松平慶永とその腹心橋本左内、プラス島津斉彬とその腹心西郷隆盛。西郷はこの時、島津斉彬に命じられて江戸に出て来ていました。橋本左内と会って相談した上で、江戸城の大奥に一橋慶喜擁立論を吹き込もうとしたのです。ご存じのように、これは失敗します。将軍家定の実母が薩摩出身の御台所《みだいどころ》の発言を完全に封じてしまった。

さて、ここで質問です。もし大大名の政権参加という構想が一橋擁立論の背後にあると知れたら、どんなことが起きたでしょうか。大名が将軍の後継ぎという徳川内部の問題に口を出したことですら大騒動になったのですから、その次の計画が表に漏れたら、まず老中たち、譜代の中小大名からなる老中たちが猛反発したに違いありません。現実に起きたよりもっと激しい紛争が起きた可能性があります。

しかし、大大名の政権参加という段階に到達する前に、別の問題が絡んで来て、江戸時代空前の大政変が起きました。例の条約勅許問題が将軍後継問題に絡んで、対立が対立を増幅する悪循環が始まったのです。

しかし、この安政五年の政変が起きたおかげで、すなわち大大名が後継問題に介入し、処罰されたおかげで、大大名の政権参加というアイデアが実質的に日本全国に拡散していった。その結果、中小大名による老中の地位独占、あるいは日本全国政治の決定権独占という不文律が維持できなくなったのです。

(2)政府の分裂

さて、安政五年の政変は、近世日本の連邦国家のあちこちにひびを走らせました。幕府と一橋擁立に失敗した大大名たちとの間に激烈な対立が生まれたのは無論のこと、幕府内で一橋に肩入れした改革派官僚も排除されました。何よりも日本政界のトップにあった朝廷と幕府の間に厳しい対立が生まれた。この政変をきっかけに、二〇〇年以上もの安定という世界記録のなかにあった近世日本、双頭の連邦国家には、あちこちに亀裂が入り、それらがつながって、一気に崩壊に向かってゆくことになります。

しかし、実はこの亀裂、裂け目ができたおかげで、「公論」ということが可能になったのです。それまでは、お上の御政道を批判することは、幕府の役人ですらできなかった。責任者の立場にないかぎり、政治への発言は控えねばなりませんでした。この近世通じてのタブーが、この政変の最中に破れ、公然と政府を批判することが可能になったのです。

それは、一つには、条約勅許問題によって幕府が天皇を侮辱した恰好になったからです。一旦、天皇に勅許を求めながら、それなしに条約を調印した、何たる不敬であるか。その反面、アメリカや西洋に対してはいかにも弱腰だ、臆病者め、武士の風上にも置けない、ということです。こう言われると、幕府は立つ瀬がない。ナショナリズム、愛国という観点を持ち出すと、幕府を批判するのはいとも簡単になったのです。

もう一つの将軍後継問題でも、政府批判の正当化が始まった。この筋では言葉も発明されます。「天下の公論」という言葉です。これは、私の知る限り、松平慶永が大老井伊直弼に面会した時に語ったのが初見です。慶永は、一橋公を将軍の跡継ぎに推す意見は天下の公論だ、だから耳を傾けてほしいと迫った。もし聞かなかった場合、大騒動になりますよという、ちょっと脅しめいたニュアンスもあります。

そういうわけで、幕府の政策、あるいは大名の国家を含め、政府がやっていることを公論の名で批判できることになりました。こうして登場した「天下の公論」がいかに強いレトリックであったかということは、このすぐ後に拡がった尊王攘夷運動の猛威、さらに明治の自由民権運動が

「愛国」という名で「藩閥」政府を正面から批判できたことに明らかです。ナショナリズムと結びついた「公論」には強い効き目があったのです。

最近、私たちは中国で「愛国無罪」という言葉が使われるのを目撃しています。私が気づいたのは二〇〇五年の春。中国の若者が反日運動をやって、日本の領事館にペットボトルを投げつけたりしていましたけれども、その時に北京の若者が着ていたTシャツの背中にこの文字が書いてあった。「愛国無罪」。ああ、ついに中国にも現れたか。これは効き目があるぞ、と。

何を考えたかというと、つまり、彼らは日本を批判しているけれども、これは中国共産党への批判に転化する可能性がある。中国共産党の批判はご法度だけれども、反日はいくらでも語れる。中国共産党はどうして日本にそんなに弱腰なのだ、小泉首相の靖国参拝をどうして許すのか、と。ナショナリズムを振りかざすと、誰もそれに反論できなくなる。とくに政府の人間は国の仕事をしていて、それが誇りなのですから、国家を持ち出されると弱い。世に弱腰と見られたら、反日の刃はすぐ共産党に向かいます。共産党にとっては非常に危険なスローガンです。それを見て、私は「ああ、中国はついにここまで追い詰められたか」と思いました。かつて日本で何度も起きたことが中国で起きるかもしれない。そういう可能性が開かれたのです。

この運動は一旦は鎮静しましたが、中国の新しい政権は、この動きに学んだせいか、先手に出ているようです。国威発揚を公約し、今まで積み重ねてきた軍事力を背景にそれを実現することで、国民の不満をそらそうとしている。隣国にとってはえらい迷惑ですが、中国政府もまた退路を断つという危険な賭けに出たと見てよいでしょう。

(3)政治参加の拡大

さて、幕末の日本に戻ります。安政五年政変の結果、かなりの人々が全国大の政治に目覚めたのですが、井伊大老の圧政の下で一時は沈黙します。しかし大老が桜田門外の変で暗殺されたのをきっかけにして、今度はおおっぴらな政治運動が始まります。いままでは絶対にやってはいけなかったこと、政府批判だけでなくて、権力の組み替えを目ざす政治運動も始まります。

尊攘運動と公議運動

それには二つあって、有名な尊王攘夷運動、そしていまは有名ではないけれども、当時はもっと重視されていた大大名による「公議」「公論」を標榜《ひょうぼう》する改革運動です。尊王攘夷の運動は、大名の家臣であろうと庶民の出身であろうと、「尊王攘夷」を唱えさえすれば、政治に打って出られる。彼らは、水戸だけでなく、西は九州から東北は秋田まで、全国のあちこちから立ち上がり、みな京都に集まって、そこで政治運動をやります。

もう一つの「公議」運動の担い手は大大名たちです。一八六二年になって井伊大老によって処罰された大大名たちが政界に復帰を許され、かねて志していた政権参加を実現してゆきます。越前の松平慶永は、大老を改称した政事総裁に迎えられ、将軍家茂の後見に任じられた一橋慶喜とともに、政界の中心に立ちました。そして、外様の国持の政権参加をにらみつつ「公議」の必要を繰り返し主張するのです。[6]

幕末の一八五八年から六八年までの約一〇年間は、この二つの運動が交錯しながら、徳川の政権独占を崩してゆく時代でした。

ただ、政治課題、あるいは争点としての「公議」「公論」、また「輿議《よぎ》公論」といった主張は、「尊王」や「攘夷」という主張と、必ずしも矛盾するものではありません。運動として見ると、その担い手は重なる部分が少ないのですが、政治課題としては別次元のことなので、同時に両方を唱える人がいても不思議ではない。実は、ご存じ長州の桂小五郎、のちの木戸孝允はその代表的な人物です。よく、政策の次元と運動のメンバーの次元を混同して解釈する人がいますが、そうすると幕末の錯綜《さくそう》した動きが分からなくなるので、よした方がよいと思います。

松平慶永、一旦隠居させられたので春嶽《しゅんがく》と改名しましたが、彼をはじめ「公議」を主張した人たちは、対外的にも、国内的にも、暴力に訴えることは考えていませんでした。島津久光は当時としては大規模な軍隊を動かしましたが、それで戦争をしようというつもりは全然なかった。逆に、尊攘運動の方は水戸ゆずりで、むしろ意図的に暴力を使うことによって、日本が二〇〇年も浸ってきた停滞を打破しようと考えていました。この点では、「開国」か「攘夷」かという争点とともに、両者の政策は対立していたわけです。

さて、「公議」派の大名は、一八六二年に幕府の中枢に地歩を占め、四年前の橋本左内の政権構想は実現するかに見えました。政事総裁の松平春嶽は、将軍後見の一橋を自陣営に引き込もうと努めながら、かつて共に一橋擁立を図り、安政五年政変で共に政界から追放された高知の山内容堂や宇和島の伊達宗城、また亡き島津斉彬から後事を託された薩摩の島津久光らと提携して、将軍の上洛を機に、次の展開を図ろうと構想しました。

しかし、翌年、京都で尊攘運動が異様に高揚し、彼らの目論見ははばまれます。その鍵になったのは、彼らの仲間ではなかった長州でした。長州では、安政五年政変で殺された吉田松陰門下を中心とする尊攘論者が政権を動かすようになり、京都の急進派公家を取り込んで、一八六三年には新たな政治中心になっていた京都で一番影響力の強い大名にのし上がりました。しかし、彼らもまた、同じ年の秋にクーデターで京都を追放されました。公議派も尊攘派もお互いをつぶし合う結果となったのです。

長州を先頭とする尊攘派は翌年、巻き返しを図り、京都に攻め込んで負けました。朝廷に向かって弓を引いたので、こと志に反して「朝敵」とされ追討されることになった。逆に公議派は息を吹き返し、事後処理のため京都に招かれました。ところが、この時、彼らがあてにしていた一橋慶喜は、江戸から来た老中たちに味方します。すべてを栄光の過去に戻し、大名への譲歩は一切拒もうとする老中や守護職の会津に同調して、彼らの政権分与の要求を斥《しりぞ》けたのです。公議派は幕府の窮地を救うために少なからぬ努力をしてきたのですが、その報酬はもらえなかった。そこで、薩摩はこともあろうに朝敵になった長州と手を結ぼうと考え始めます。それまでは、親藩の越前同様、幕府を助けようとしていた態度を改め、幕府と正面から敵対していた長州と提携して、圧力をかけようとしたのです。

これが、元治元年、一八六四年のことです。当時の日本でもっとも実力のあった、財力・武力・人材の各面が整っていた二つの大名が連合に動きだった。幕府や会津は徳川一門による政権独占の状態に復古しようとしたため、つまり一時的に訪れた好条件を頼みに欲張りすぎたため、自ら墓穴を掘ることになったのです。[7]

「王政」「公議」政体へ

こういう次第で、幕府による政権独占は崩れていった。世の中では、いずれ天皇の下に公議を実現する政体をつくらざるをえないだろうとの見方が浸透してゆきます。広い意味での王政復古は不可避で、その下に大大名を政権に参加させ、「公議」を行うなら、政界の安定は取り戻せるのではないか。そういう観測が、少なくとも、西国の大名の間には拡がってゆきます。

ただし、そうした将来構想の中でも、中心は徳川であるべきだと考えられていました。一八五八年から六八年の王政復古まで約一〇年動乱が続きますが、その後半では大体これが多数意見になりました。

しかし、実際に実現したのは一番極端な道です。徳川を排除した公議政体。「王政」と「公議」を掲げる政体には、いろんなタイプがありえましたが、実際には徳川を排除したものが成立します。これは、それこそ成りゆき次第、政治的かけひきがどう進むかに経路依存していて、当時は誰もどっちに転ぶか分からないというのが実情だったでしょう。徳川を排除した王政復古になるとは限らないという状況だったのではないかと思います。

(4)公論と暴力との親和性と空間の閉鎖性

さて、以上、幕末の政治過程をざっと見ましたが、その中で民主化への道を考える際に一般的に注意すべきことを指摘しておこうと思います。

公論と暴力

その第一は、「公論」と「暴力」が代替可能である、あるいは親和性が高いという事実です。尊攘運動をやっていた人たちは、公論と暴力の両方を使うのが当然だと考えていた。

公論と暴力は、現在の我々の価値観だと対立的に見えます。いまの日本では多くの人がものごとは平和的に決めてゆくべきだと考えており、最近しばしば熟議民主政という学術語を耳にしますが、そういう考え方と、悪い政府は暴力を使ってでも倒し、正義にかなう体制を樹《た》てるべきだという考え方、この二つはまるで異質なものと我々は考えがちです。自由民主主義の体制の中に育った人々は、日本人を含めてそれが常識だと思っています。

私は、長い間幕末史を研究し、史料の上で目にしていたはずなのに、大事なことに気がつかなかった。それは、公論と暴力はとても仲が良いという事実です。つまり、いまの政治はおかしい、批判し、改めねばならないと思ったときに、人は、これは正しいことなのだから多少の暴力は使っても構わないと思いがちなのです。あえて言えば、これが普通なのかも知れません。むしろ、公論が暴力と切れている方が珍しいのではないでしょうか。公論はどうしたら暴力と手が切れるのか、それが肝腎の問題だと、かなり後になって気がついた次第です。

世界中で公論と暴力はとても仲が良い。一番極端な例は文化大革命です。「造反有理」と称して、青年だけでなく、子どもたちが随分暴れて、大人たちは職業や身分に関わりなく巻き込まれて、痛い目に遭わされました。あの運動は毛沢東御一人によって仕掛けられ、誘導・動員されたもので、その言説は特定のパタンを反復するだけのものでしたが、公開された場で不特定多数に向かって発せられた「公論」であったことは間違いありません。政府のトップ、党の幹部、大学の教授たち、果ては自分の父親まで、子どもたちは批判し、糾弾しました。公論が暴力性を体現した極限的な姿です。

幕末の尊王攘夷運動はまさに相似たものでした。天皇が動員したわけではありませんが、彼らの言説と行動の仕方はよく似ていた。おおっぴらに権力者を批判し、糾弾し、それを妨げると見たら誰でも容赦なく暴力で排除する。しかも、この運動を支えた水戸学は、もともと対外面では暴力行使が必須だと主張していました。西洋の侵略から日本を守るには大改革が必要不可欠だが、日本の内部からはきっかけがつかめない。ならば近づいてくる西洋船を砲撃し、相手から日本を攻撃させよう。そうすれば、泰平に眠っている日本人も、さすがに改革の必要に覚醒し、そのためには自己犠牲もいとわなくなるだろう。将来は開国が不可避なのは分かっているが、とにかく一度は派手に戦争をしないと、日本の将来はない。こう言うのです[8]。こうした暴力への肯定的態度は、いざ内紛が生ずると、身近な敵にも適用されます。相次ぐテロがそれです。それが、後にはどうして見られなくなったのか。外国人はともかく、日本人への暴力が抑制されたのはなぜか。この講義の冒頭の問いに戻りますが、大事な問題です。

現在の世界を見ても、公論と暴力は親和性が高く、その事実を私たちはしっかりと見据えてゆかねばなりません。

閉じた公論空間

もう一つ幕末で注意しておく必要があるのは、幕末で交わされた公論、あるいは公論という主張は、閉鎖的な空間の中にしか存在しなかったことです。つまり、街頭でおおっぴらに不特定多数の人に向かって語られるものではありませんでした。

政府の中で、特定の部屋に集まって議論する。そこに招集されるのはごく一部の人物に限られる。それは以前からの習いで、幕末には招かれる人たちの身分が下ってゆきますが、正式の会議が閉鎖空間で開かれることは変わりませんでした。

その一方、民間の志士に典型的ですが、政府の外で他藩出身を含めて、いろいろな人と会い、同志を組織してゆく。その場として一番ポピュラーだったのはお茶屋ですね。そこでお酒を酌み交わしながら、大いに気勢を上げる。本当に大事な話は人目をはばかって下宿でひそひそ話しますが、政治運動に人を集めるにはお茶屋がいい。

無論、彼らは全国大で運動を組織しようとしたので遠隔地の知り合いと手紙を交わします。その同志の間で交わした手紙もかなり閉鎖的な空間だった。信用のおける人には見せましたが、広く公開するわけにはゆかない。手紙は、初期条件のところで触れた知識人のネットワークに乗って、公論空間を全国大に拡げて行きましたが、それは閉じた空間でもあったのです。

幕末には、街頭で不特定多数を相手に演説することはありませんでした。落とし文というものはありましたが、それが噂話で伝わる程度ではあまり効果がありません。どんな政治目標を立て、どのように行動すべきかということは、落とし文では語れません。政府への批判、というより不満を表現することは可能ですけれど、政治運動はできない。フランス大革命で、パンフレットが大量に印刷・発行されて、大いに影響力をふるったのとは違います。

では、王政復古の後にはどうなったのでしょうか。そこでまず起きたのは、まさにこの閉鎖された空間が公衆に向かって開放され、爆発的な拡がりを見せたことでした。

2　公論空間のビッグ・バン――明治初期

明治一桁の時代での公論空間の爆発的拡大には本当に驚くべきものがあります。しかも、誕生の時と同じく、この時も実は最初に引き金を引いたのは政府でした。

(1)政府のイニシアティヴ②

それはいわゆる五箇条のご誓文です。新政府ができて三カ月ほど後に公表されました。最初は宮中で天皇が神々に向かって誓いを立てる、そういう儀式で三条実美によって読み上げられたのですが、すぐ後に太政官日誌《だじょうかんにっし》に載せて公表されました。新政府は発足の一カ月ばかりの後に、いまで言う官報を印刷・発行し、その主要人事や法令を載せて、いま政府が何をやっているかを不特定多数の人々に知らせたのです。戊辰戦争が始まると、その戦況の記事が多くなり、宣伝の要素も加わりましたが、大事なのは、太古以来の政府の習い、民に「知らしめず、依らしむべし」を改めたことです。

五箇条誓文と「政体」

五箇条誓文は、「政体」という政府の組織法の冒頭に引用される形で公表されました。[9] この「政体」というのは、実は近代日本の持った最初の憲法です。学界ではこれを憲法と認めていないようですが、私は不思議に思います。そこには、同時代西洋の国家基本法には必ず書き込まれていた、選挙による議会や司法権の独立性、また基本的人権の条項がない。そのためなのでしょう。現在の憲法学の価値観を遡らせるとそうなるのかも知れませんが、歴史の立場から言えば、これが近代初の基本法であることは間違いありません。いまの世界には、そうした基準から言ったら不十分な憲法がいくらもありますが、それがなぜつくられたか、どのように機能したのかを問うのが歴史学です。「政体」をじっくりと眺めると、明治初年の政治家たちが、それまでの政府のあり方をどのように変えようとしたのかが、ひしひしと伝わってきます。

批判ついでに、もう一つ。歴史の教科書には「政体書」と書かれているのが普通なのですが、なぜ「書」という文字を追加しているのか分からない。太政官日誌の載せる元の法令には「政体」と明記されている。これが我々の政府の骨格なのだと堂々と述べているのです。脇の史料には、「政体書」と書いたものもありますが、本体はそうではありません。

それはともかく、この五箇条誓文の第一条に「広く会議を興し、万機公論に決すべし」という宣言がなされていて、これがあっという間に日本国中の知識人たちに知られることになった。大いに共感を寄せ、支持されることになったのです。

戦後日本の史学では、この公論の宣言はまやかしである、明治政府は本気ではなかったのだという解釈が行われていました。明治政府は民権運動家が攻撃したように専制政府だった、それが「公論」を標榜したのは軍事的に弱体だったからだ、世の支持を獲得するためにいやいやながら、その「本質」を隠してこう語ったのだというのです。しかし、それは間違いです。幕末の事情を詳しくお話ししましたので、もはやお分かりと思いますが、この「広く会議を興し、万機公論に決すべし」という言葉は、幕末の政治で最も重要だった政治的主張を集約したものだったのです。ですから、戊辰内乱で新政府に対抗した東北諸藩も、やはり「公議所」を設けました。諸藩が連絡し、抵抗するための会議を「公議所」で開いたのです。

したがって、私は誓文第一条は真に受けていいと思います。天皇の下に「公論」あるいは「公議」を実現する政体として、明治政府は出発したのです。後に民権運動の人たちは、大いにこれを利用しました。有名な民選議院設立建白では、「公議」の名の下に政府の「専制」を批判しました。それが五箇条誓文を引用する先例となったようです。議会が開かれた後も「公論」というキイワードは頻用されました。果ては、日本が戦争に負けた後、翌年の元旦に昭和天皇がいわゆる人間宣言の冒頭に引用することにもなった。「公論」「公議」はいまや日本の「国体」になっているとすら言えるかも知れません。このように、政治的伝統というものは、引用の継続を通じて創られてゆくものなのです。

人材登用・会議・建白奨励

さて、明治政府のイニシアティヴに戻ります。明治政府は人的構成という点から見ても、幕末の基準で言えば、やはり公議政体と見てよいでしょう。そのメンバーにはあまり大名がいない。幕末に活躍した大大名のうち、松平慶永と伊達宗城と山内豊信あたりがごく初期に在職したくらいで、彼らもすぐいなくなる。しかし、その代わりに彼らの家臣たちが大量に進出して、政府の仕事を担った。薩摩、長州だけではなくて、日本全国から優秀な人が集められます。これを当時「選挙」と言いました。投票による公選ではなくて、上の者が人材に眼をつけて、選び、挙げるということです。身分を問わず抜擢《ばってき》するという点では、確かに幕末基準では公議の政府と言っていい。

こういう新政権ができた時、世界に普遍的に見られるのは、論功行賞、ついで縁故採用です。これが腐敗の温床になるのが普通です。明治政府にもそういう面がないことはありませんでしたが、しかし、それよりは公平な人事の方が目立ちます。発足の一カ月後に設けた徴士や貢士の制度はまさにそうしたもので、これによって王政復古に活躍した大名家以外からも優秀な人々が集められました。朝敵とされた幕臣も例外でなく、どんどん採用しています。たとえば、渋沢栄一が大蔵省、今の財務省の幹部になります。この人は、元は群馬県の庶民でしたが、幕末に一橋家に仕官したために徳川家の人になり、明治の初めには静岡藩に行っていた。しかし、新政府の財政を預かっていた大隈重信がぜひにと東京に呼び出しました。大隈自身も佐賀の出身で、薩長と違い、幕末には何の功績もなかった人です。たまたま外交上の難問の処理に成功したことから、難しい実務問題はすべて預けられる立場になって、あっと言う間に政府の中枢に立つことになりました。だからでしょうか、出身にはまったくこだわらず、有能と見たら誰でも引っこ抜いて使おうとした。渋沢は新参者の幕臣なので躊躇《ためら》っていましたが、大隈の建国に対する熱意に負けて、一緒に仕事することになったのだそうです。[10]

また、明治政府では新しいタイプの会議が始まった。昔から日本では会議が決定手続きとして重視されてきましたが、以前と違うのは、西洋風の会議運営を導入したことです。座席や発言順、そして論難や結論に至る手順を書面に書いて、その通りに実行する。私たちから見ると、どうしてここまで律儀にするのか、不審に思うくらいです。無論、重要な問題は、太政官正院トップの数人が集まって、村の寄り合いと同じく、話し合いで決めましたが、正式の決定は、そうした公式の会議やその記録を通じて行われました。

初期の政府は、太政官を正院・右院・左院と三つに分けましたが、そのうち後に左院と呼ばれた組織は議事専門機関でした。いまの国会と違って最終決定権はありません。太政官の中枢である正院の人たちが決定権を握っていますが、左院は正院からの諮問に答えて審議するのが主な仕事でした。ただ、左院は自ら会議を開いて、その結論を建議することもできました。また、目安箱の制度を大幅拡張して、民間からの請願や建議を奨励し、重要と判定したものは正院に送ったり、提携していた新聞上に公表したりもしました。

このように見ると、明治政府では公論を実現するための仕組みが内部に設けられていた。全国から公平に人材を集めるだけでなく、その仕事ぶりを外部に見せたり、民間の意見を汲む制度も拡充されていて、近世に比べるとかなり透明性も高まっていました。幕末基準で言えば公論を体現した、というより、公論の実現を重要目標の一つとして掲げる政府であったのです。

(2)公衆を造るメディアの輸入——新聞と演説会

というわけで、幕末だけでなくて、明治の初めにもまた政府の側がイニシアティヴをとった。しかしながら、その公論空間が爆発的に拡大して、力強い政治領域になってゆくには、あるいは立憲君主制を導入し、それを国政に生かせるようにするには、民間からの力強い運動というものが欠かせません。その面では、西洋から輸入された新聞と演説というメディアが大きな貢献をいたしました。いずれもまったくの輸入ものですが、時の需要にピタリと合っていたのです。[11]

新聞の定期刊行と政論

新聞は、政府の太政官日誌から始まったのですが、戊辰戦争が始まった後、敗れたばかりの旧幕臣たちが商業的な新聞を発行するようになります。日本で定期的に発行された新聞の始めは、居留地で外国人たちが出版した英語やフランス語の新聞です。幕府はそのうちの重要記事を翻訳して内部で回覧していたのですが、その翻訳に当たっていた洋学者たちが、幕府瓦解の後、民間で新聞を発行し始めた。彼らは戊辰戦争の戦況が旧幕側に有利に進んでいるなどと報道したため、発行停止を食らうのですが、内乱が終わった後、政府は彼らを取り込んで再発行をゆるし、共に文明開化の必要を宣伝し始めました。

当初の商業新聞は不定期刊行だったのですが、明治三年から『横浜毎日新聞』が日刊を始めました。ただ、その内容は経済記事が主でした。海外の戦争に関わる記事以外は、横浜に今度こういう船が入った。どういう品をどれだけ積んでいて、その値段はこれくらいだ。そういう内容です。それが政治的な情報を載せ、議論まで始めるのはもう少し後のことで、明治六年の政変の後です。

ご存じのように、明治六年（一八七三）の征韓政変の直後、翌年の正月に民選議院の設立建白書が新聞で公表されて、日本国中で大論争が始まります。載せたのは、左院が提携していた御用新聞『日新真事誌』です。これはジョン・ブラックというイギリス人が刊行していた新聞ですが、政府の法令などを転載することで、収入の足しにしていました。左院は民間からの建白書を受け付けていましたが、その中で良いものを選んで、この新聞に載せるという契約を結んでいました。あろうことか、その権限を使って明治政府内部の組織が政府自体を批判した建白書を新聞に載せてしまったのです（笑）。

これはどういうことかというと、左院の人たちは正院にいる薩長出身の政治家に対して距離を取っていた。幕臣や佐賀の出身、あるいは薩長出身でも正院で時めいている同藩出身者に批判的だったりする人がいて、対抗意識が強かった。政府が一枚岩でなかったために、こんなことが可能になったのです。しかし、一旦それが新聞に載りますと、他の民間新聞が追随して、民選議院を創るべきか、創るとすると早いのが良いか、遅い方が良いかと論争を始めた。反対論はほとんどなかったのですけれども、開設の時期については大きな論争になりました。

こうして明治七年には様々な問題が新聞紙の上で議論されるようになった。実は、その前から左院に寄せられる建白書では、民間人が新時代に発生した実に様々な問題について論じていました。中にはお葬式の時に火葬すべきかどうかという論争まであった。当時の民間人は驚くほど熱心に建白をしていて、いまそれが『明治建白書集成』という全一〇巻の史料集として出版されています。牧原憲夫先生がそれを分析して『明治七年の大論争』という面白い本を出されています。いわゆる文明開化の時代ですが、当時の文字が読めた人々は何にでも興味を持って、進んで意見表明をしている。この本を読んでいると、いまや自分たちの時代が来たという解放感と熱気を如実に感じ取ることができます。ぜひご一読ください[12]。

そういう時代なので、『日新真事誌』が民選議院建白を載せると、各新聞がここぞとばかり意見表明を始めました。この頃から政治問題がお好みの話題になり、かつ新聞と新聞の間での論争が世の注目を集めます。

同一紙面での公論

次いで、翌明治八年になりますと、大久保利通と木戸孝允・板垣退助が大阪で会議をした結果、明治政府が天皇の名でいずれ立憲政体を創るという宣言をします。その直後に、面白い新聞が出た。『評論新聞』と言います。新聞と言っても、体裁は有名な『明六雑誌』と同じ小ぶりなもので、定期刊行ではない。しかもニュースはあまり載せていないのです。最近起きた事件を二、三行で紹介した後、それにいろんな人が「評」をつける。その後にはやや長い「論」を載せた。だから、『評論新聞』と名づけたのです。このジャーナルで非常に面白いのは、各々の評・論の末尾に四、五人が一行ぐらいの寸評を載せていることです。それらは、賛成、反対、また全然違う観点を投ずるものというふうに、非常に多彩だった。一つの紙面の上で論争を展開しているのです。前の年には新聞と新聞の間で論争したのですが、この年には同じ新聞の中で論争する、そういうスタイルが出現しました[13]。

私は、これは実はとても大事なことだと考えています。一つの紙面上で真の公論が展開されていた。後にはこれがなくなり、新聞雑誌やテレビなどのマス・メディアは、自分の意見を一方的に大衆に押しつけるようになります。いまインターネットが受けているのは、個々人が自分の意見を公衆に発表できるメディアを見つけたからですが、マス・メディアもそれに近いことができないでしょうか。インターネット上の議論は、事実の批判的な吟味や冷静な判断を欠きがちだという弱点がありますが、マス・メディアにはそれを是正するに必要な経験を持っています。その上で質の高い議論が交わせるようになるなら、いまのジャーナリズムも、もう一度、インターネットに負けない活力を獲得できるのではないでしょうか。

この『評論新聞』は過激なジャーナルで、何でもいいから政府を批判しろという傾向がありました。創刊当初はそうでもなかったのですが、夏に政府が讒謗律《ざんぼうりつ》と新聞紙条例の改訂版を出して、言論の取り締まりを始めたらどんどん過激になった。仕舞いには、専制政府は革命しても当然だという論の書評まで載せています。そのため、編集人が次々と捕まえられたのですが、それがあまりにも頻繁《ひんぱん》だったので、停刊までの一年半で編集人は二三人も交代しています。ただし、この時代の批判というのは、民権派からだけではなくて、新体制が気にくわない漢学知識人も健筆をふるっていました。また、途中からは、薩摩の征韓派の士族に関係ある人が発行人になり、西南士族の東京代理店という観も生じたようです。ともかく、その三種類の異質な人たちが同じ新聞紙の上で明治政府を批判するという、そういう構造になっていました。

あと、付け加えますと、編集人たちが次々捕まえられましたが、昭和前期の共産党員の扱いと違って、監獄での彼らの待遇は比較的によくて、虐待されて病死するなんてことはなかったようです。何しろ当代一流の文士たちですから、結構獄吏から尊敬されて大事にされていたと聞きます（笑）。

演説会とジャーナリズム

それから、もう一つの西洋直輸入メディアも無視できません。演説会です。不特定多数の聴衆の前での演説は、それまでの日本には極めて稀だったようですが、これが大いに受けました。その口火を切り、先導したのが福沢諭吉が始めた三田演説会です。それが明六社の演説会になり、さらに各地で模倣されてゆきました。その会場はいま慶應義塾に保存されています。アメリカの村にある教会のような造りで、私も一度、あそこで演説して、明治の先輩たちを偲《しの》んでみたいものです。

初めは皆さん、経験がないので苦労したようですが、やってるうちに面白くなったらしい。あっという間に拡がってゆきます。

そして、演説の内容はその後、『明六雑誌』みたいな雑誌や新聞に載せられて、広く読まれるようになった。[14] その内容は、西洋帰りの人の最新知識や社会改良のための苦心の提言でしたから、のどから手が出るほど聞きたいものだったはずです。東京にいる人はラッキーでしたが、ジャーナルに転載されると、田舎の人だって、いまの日本で一番ホットな話題に接することができました。

さらに、田舎で読んだ人たちは、新聞に投書しました。明治政府は当時、投書については郵便料金を取らない政策を採っていたので、文字の読み書きさえできれば、東京の論壇に登場するのは難しくありませんでした。良い投書を頻々《ひんぴん》と出す人は、新聞社から声がかかって東京に呼び出されて新聞社員になり、それから政府に転ずる人も初期には少なくありませんでした。演説とその新聞掲載、そして投書の制度は、明治初期にはまだ存在しなかった西洋式の中高等教育の代わりをし、メディアと政府への人材供給ルートにもなったのです。

(3)公論の暴力との訣別

もう一つ、明治の初期に起きた大事な変化についてお話しします。この文明開化の時代でも、公論と暴力の親和性はなくなっていません。薩摩の征韓派の士族だけではなくて、民権運動を始めた、例えば高知出身の政治家たちにもそういう面がありました。西南戦争が起きた時、高知の片岡健吉は、西郷たちに呼応して、武力蜂起する計画を立てています。その準備が整わないうちに西郷たちが劣勢になり、決起のタイミングを失ってしまったのですが、発覚して後で捕まる人も出てきました[15]。

一方、西郷軍には当時最も先鋭な民権運動家、熊本の宮崎八郎という人がいました。『宮崎兄弟伝』というとても面白い伝記がありますが、その長兄です[16]。宮崎八郎の末弟が宮崎滔天《とうてん》という支那浪人で、孫文の友達として有名だったことはご存じと思います。彼は別に中国が根っから好きだったというのではなく、東京に出ていた時にアメリカのアナーキストと知り合い、世界革命を企てるようになった。世界を革命するために、まず近くにある大国、中国から始めようと考えたのです。宮崎滔天は、いつもお兄さんたちから、長兄の八郎みたいになれと言われて育ったそうです。その八郎は、西郷軍に加わり、結局熊本の戦いで戦死します。

このように、明治一桁の時代には、もっとも先鋭な民権運動家が武力行使に訴えても当然だと考えていたのです。

ところが西郷軍は負けてしまった。片岡健吉は挙兵の機会を失った。当然、面白くなかったでしょう。面白くなかったはずですが、無理矢理武力蜂起しても、明治政府は倒せないということを認めざるをえなくなった。そこで、彼らは不承不承、剣をペンに取り替えました。あるいは舌に替えたというべきでしょうか、新しく西洋から入ってきた文筆と演説という武器に取り替えて、政府批判を続けました。

ところが、この戦術転換が大成功するわけです。それが次の話です。ご存じのように、民権運動を支えた人々は、地方の大金持ちたちでした。地主であると同時に商工業を兼業しているお金持ちたち。お金も暇もあって、向上心の高い人たちでもありました。東京や大阪から新聞や雑誌、また翻訳書を取りよせて新知識を勉強します。その人たち、庶民の中の上層部が民権運動を支えたのです。

後に帝国議会が開かれて、そのために衆議院選挙が始まった。すると、何度解散し、選挙しても、民権派の流れを汲む民党が多数を占めました。当時、政府支持派を吏党と呼んだ。「官・吏」の吏、下級官僚の党という蔑称です。これに対して、民党の側が一貫して勝利を収めます。それは地方の有力者が、政府が働きかけを始めるよりずっと前から、民権運動の支持者になっていたからです。

この人たちは、お金持ちですから、戦争、とくに内乱は好きではない。起きたら、自分たちの商売や生活に差し障るわけですから。民権運動家が武力蜂起を諦め、ペンと言論だけで運動を再開した。これが彼らには非常に親和性があって、それが日本の立憲君主政の形成と定着に深い関わりを持つことになったのです。

3　公論空間の制度化──明治中期

(1)「民」からの政治運動

次に、民権運動自体を見ましょう。これは皆さんよくご存じでしょうから、詳しい話はなしにして、大事なポイントを二つだけ指摘します。

娯楽としての演説会

一つは、当時の演説会が、娯楽として楽しまれ、それで人気があったことです。私は近代史を勉強し始めた頃、まず升味準之輔先生の『日本政党史論』を読みましたが、その第一巻で一番面白かったのがこの部分でした[17]。

地方の有力者が、東京の有名な知識人の実物を招いて演説会を開く。演説をやっていると、それを監視している警官が「弁士中止！」とやる。演説者は無論、これを無視して演説を続ける。

警官は腕ずくで止めようとする。すると弁士を取り巻いていた若者たち、当時「壮士」と呼びましたが、彼らが警官と乱闘を始めて、結局弁士ともども捕まってしまう。これは見ていて面白いですね。

血を見るわけでなかったら結構面白い。プロレスと同じと言ったら悪いけれども（笑）。正義の味方が悪者に捕まる場面です。それで、この場合は、弁士を招待したお金持ちたちだけではなくて、周りの人たちも楽しんでしまうわけです。政治小説の中の人物にいま会っている、自分もその小説の場面に立ち合ってるような気がしたのではないでしょうか。

だから、民権運動というのはとても楽しい運動だったはずです。ご存じのように、若くて凛々《りり》しく美しい女性も弁士として登壇したことですし（笑）。

「愛国」のレトリック

次に、民権運動がどうしてこれほど急激に盛り上がったのか、その事情を探ってみると、田舎のお金持ちの支持ばかりではなかった。彼らの用いたレトリックがとても強力だったことを指摘せねばなりません。「官」というのは、古来どこでも大変な権威があって、その外側、下にいる「民」がたてつこうとしても、なかなかできることではありません。しかし、民権家たちはそれを乗り越える理屈を、おそらく無意識に使ったのです。

いまのような「藩閥」政府、この頃は「薩長土肥」の土肥が抜けて薩長だけになっていましたが、彼らに政権を独占させていたら、日本は危ない。西洋からの侵略を免れることはできない。我々日本人は日本全国の力を結集しなければ、幕末以来の危機を克服できないのだから、到底薩長だけに任せることはできないのだ、と。そういう愛国のレトリックを使ったのです。民権運動は、日本を西洋から守るには全国の人材を集中せねばならない、それには民選議会を開くのが不可欠だと主張しました。

愛国のレトリックによる「官」の批判は簡単にできます。政府といえども、「黙れ」とはなかなか言えない。「官」の権威は究極的には「国」を守ることに由来しますから、そこを突かれると反論がしにくい。共有する価値観に立って攻撃されると、弱いのです。これが明治の日本で民権運動が成功した非常に重要なファクターになりました。[18]

(2)「官」の側の忍耐と譲歩——政府の分裂と「歴史への見栄」

このような民権運動の盛り上がりに対して、政府の側がどう対処したかというと、忍耐と譲歩という言葉に尽きるのではないでしょうか。

政府は、こういう「愛国」を論拠とした批判、民間からの政治参加の要求に真面目に答えました。明治八年(一八七五)にはいずれ立憲政体を導入すると宣言し、明治一四年政変の直後には期限を切って民選議院を開くと約束します。天下に公約をして、律儀に履行しました。権力を持つ者は、世論の怒りが収まると知らん顔を決め込もうとする誘惑にさらされがちですが、明治政府は真面目に対応しました。その結果、帝国議会の中に民間から選ばれた議員が構成する衆議院が開かれて、国の一番重要な問題である予算と法律の決定に関与する制度が導入されたのでした。

そのターニング・ポイントとなったのは、明治政府第二回目の大分裂となった明治一四年の政変です。ご存じのように、当時のナンバー・ワンだった大隈重信が政府から追放されました。しかし、伊藤博文を始め、のこった面々は、世論を鎮めるため、一〇年後の国会開設を約束をすることになりました。政府内では、それまで立憲政の導入について様々な立案がなされていましたが、なかなか決断は難しかった。しかし、たまたま政府分裂という大事件が発生したために、政府は背中を押される格好になったのです。

しかし、その時に、なぜ民権運動を徹底的に弾圧しなかったのでしょうか。あるいは大隈を追放する代償に、どうして立憲政体の導入を公約したのでしょうか。「歴史に対する見栄」という言葉が西洋にありますが、多分、そうした心理が政府の人々を縛っていたからではないかと思います。

我々は文明の政府をつくるのだ。西洋から文明の国として高い評価を得られるような政府をつくるのだ。そのためには、民間から選挙によって選ばれる国会を開かなくてはいけない。好意的な言い方をすれば、明治政府の人たちは理想主義者でした。ちょっと皮肉に言いかえると、後世の人々、つまり我々のような子孫に、明治政府の人々は偉かったと称えて欲しいと思っていました。そういう歴史に名をのこしたいという欲望、見栄があったのです。世に恥も外聞もなくという言い方がありますが、彼らは逆に、「歴史への見栄」に衒《てら》いもなく従っていた。そこで結果として立派な政治ができるようになったんだろうと思います。見栄も外聞も気にしない、恥知らずの人は結構世界中にいて、政治家には特に多いように見えます。困ったことですが、明治の日本には幸いなことに、そんな政治家は多くはありませんでした。

(3)立憲政による「官」「民」の妥協

「君」の位置づけ

そこで、国会が開かれたわけです。が、ここでちょっと立ち止まって考えねばならないことがあります。今まで「官」と「民」の話をしてきたのですが、もう一つ、「君」の要素も無視してはいけません。と言いますのは、世界では、トップにいる人物、君に当たる地位にある人が全権を握り、人事と資金配分のほとんどを決めるという慣行が、普遍的に見られます。中国共産党の総書記だけでなくて、韓国大統領やアメリカ大統領にも、そういう傾向が見える。しかし、日本の場合は伝統的に、天皇を始め、「君」というものが実際の上では決定権を持っていませんでした。それが立憲政の導入にとっては有利な条件を与えていたのです。

日清戦争後には、朝鮮や清朝が憲法を作り始めました。その際には明治憲法を意識していたと言われます。しかし、朝鮮あらため大韓帝国の国制や清末の立憲政導入の改革は、けっして君の権限を削ろうとするものではありませんでした。むしろ憲法を設けても君主主権を強化する方向にゆきます。それは明治立憲政とは逆さまなのです。明治憲法は、文面だけを見ると「君」権は強大で、天皇が統治の権限の全部を握っているように書かれています。しかし、実際は天皇の決定はすべてそれを補佐する大臣による副署が必要と書かれています。そして、当時の政治家がのこした手紙や文書を見れば、実質的な決定を維新に功労のあった元老集団が行っていたことは明らかです。

ですから、よく世界の人は誤解します。文面だけ見るとすごい専制主義だと思わざるをえない。しかし、実際は逆なのです。天皇は室町以降と同じく、自己の意志を政府に押しつけようとはせず、常に受け身で対処していました。

京都の国際日本文化研究センターにいらっしゃる瀧井一博さんという方が、伊藤博文が同僚にしきりにウィーンに行けと勧めたと書かれています。伊藤は、憲法の起草にかかる直前に欧州各国に調査に行きましたが、一番気に入った説を語った人はローレンツ・フォン・シュタインという教授、ウィーン大学の比較憲法学の先生でした。それで帰国後にこの人の話をぜひ聞きに行けと、山県有朋その他、藩閥の領袖《りょうしゅう》たちにウィーン行きを勧めたのです。

それはなぜかと言いますと、憲法の制定に当たっては、「官」と「民」の関係だけではなくて、「君」と「官」の関係も大事だったからです。

彼らの信念では天皇の地位は神聖にして侵すべからざるものである。これは譲れません。しかし、彼ら「官」がそれまでの政策決定をすべて担ってきたのも事実です。明治の初めからずっとそうしてきたけれども、憲法の制定に当たって、これをどのように西洋式の法体系の中で処理すべきかというのが、彼らが抱えた大問題だったのです。シュタインは、オーストリア・ハンガリー帝国での皇帝の地位について、むしろ官僚が優位に立ってきたという解釈を語ったようです。それはまさに、伊藤らが維新以来行ってきたことを正当化する学説のように見えた。そこで、伊藤は「ウィーンに行け、ウィーンに行け」と仲間に勧めたのです[19]。

暴力の抑制と「敗者」の復活

さて、議会の開会後ですが、民党が多数派になって、政府の予算も法律もなかなか通してもらえない。いくら選挙をやっても、民党の側が多数派になる。政府としては困ったことになりました[20]。

その時、明治政府の中には少々暴力を使っても構わないと思う人がいて、やってしまいました。この講義の冒頭に申し上げたと思いますが、第二回総選挙では、選挙の過程で六〇人も殺されています。第一回総選挙ではゼロで、第三回以降もなかったのに。

この時の内務大臣は長州出身の政治家でしたが、選挙後に同じ長州の伊藤に厳しくとっちめられました。以後明治政府は、歴史に対する見栄もあって、選挙で暴力を使って民党を痛めつけるということはやらなくなりました。暴力は封じられたのです。これも非常に重要なステップでした。

　そして、明治憲法を実際に使い始めて八年後、民党の側が政権をとりました。大隈と板垣がいわゆる隈板《わいはん》内閣というものを組織します。彼らは政府から追放されていた人ですね。征韓論で板垣、明治一四年政変で大隈が追放されていたわけです。世界では、こういう人たちはしばしば殺されます。殺されないまでも、終生幽閉されることが少なくない。中国ではいまでもそうです。しかし、明治の日本では彼らはそういう目に遭わなかった。これも明治史の謎で、どうしてそうならなかったのか、良い説明を思いつかないのですが、事実そうだったのは確かです。私はあまりこういうことを言わないのですが、これは、明治日本が誇っていいことだと思います。

　板垣や大隈は殺されなかっただけではなくて、政界に復帰した。選挙に出て政界復帰し、内閣まで組織してしまった。これは本当に驚くべきことだと思います。ご存じのように、伊藤博文は、憲法を書いた時には、民党に政権を引き渡さないために、いろいろなバリアを設け、政党に政権を渡すつもりはないと公言していたのですけれど、議会開会後、数年たったらころりと態度をかえて、渡しても構わないと言い出した。

　伊藤はその結果、あくまでも薩長の権力を維持しようとする山県と厳しい対立を経験しましたが、そのリスクを冒してでも、大隈と板垣に一旦政権を渡すということをやりました。さらにその数年後には、今度は自らが政党人になって内閣を組織することにまで踏み切ったのです。いい加減といえばいい加減なのですが、柔軟といえば柔軟とも言えます。こういう舵の切り方が、日本で立憲君主政が定着した重要な条件になったことは疑えません。

隈板内閣や伊藤の政友会内閣はすぐ内部崩壊してしまいますが、その後しばらく経つと、官僚と政党の内閣が交互に組閣されるようになりました。日露戦争の最中からその後にかけて、維新の功臣たちの次の世代に属する、陸軍官僚出身の桂太郎と公家出身で政友会を引き継いだ西園寺公望《きんもち》が、政権をたらい回しする慣行ができました。そして、藩閥の最大にして最後の領袖だった山県が亡くなった後は、官僚で内閣を組織できる人はほとんどいなくなったので、政党と政党が交互に内閣を組織する体制になりました[21]。一九二〇年代の終わり頃のことです。

というわけで、ここまでは一種めでたし、めでたしと結びうるお話をしてきました。幕末の安政五年政変、これが一八五八年ですから、政党内閣の交互組織が始まったのはその七〇年くらい後ですね。近代の日本では、七〇年もの長い時間をかけて、公議・公論に基づく政治が、時々の政変を挟みながら、徐々に形成されていったのです。

このパートのまとめとして、比較上大事なポイントを指摘しておきます。いまの世界と違って、当時の日本人は、民主化や立憲政治の採用について西洋人から強制されたことはありませんでした。逆に助けてもらってもいない。全部自力でやったのです。それはちょうど明治政府が日露戦争以前には外国から借金をせずに経済を発展させたのと似たようなところがあります。いずれも強烈なナショナリズムがなければできなかったことでしょう。良きにつけ悪しきにつけ、ナショナリズムは非常に大きな役割を果たしたのです。

4　比較と教訓

以上、近代日本の経験をざっとご説明しました。ここからどんな一般論が語れるか、最後に大急ぎでお話しししようと思います。

上からと下からのイニシアティヴ

日本の経験からまず言えるのは、西洋の人々がよく言うように下からのイニシアティヴだけが大事なのではなくて、上からの、政府からのイニシアティヴもかなり重要なことです。民主化に当たって、エネルギーのほとんどは下から供給されるのですが、上からの努力も結構大事なことだった。実は、日本だけではなくて、お隣りの韓国でも、台湾でもそうです。韓国では軍人の大統領が、あえてリスクを冒して選挙に訴えました。やってみたら成功して彼は政権を維持できた。ソウルオリンピックの直前、一九八七年のことでしたが、その後、韓国は自由な政治体制に移行して、以後は政党同士が政権を争うようになっています。[22] 同じようなことが台湾でも一九九六年、九〇年代半ばに起きて、長い間権威主義体制を築いていた国民党が李登輝《りとうき》さんのリーダーシップの下で総統選挙に踏み切り、やはり成功しました。[23]

ですから、日本だけでなく、隣の二つの国も政府が決定的な局面で民主化のイニシアティヴをとったのです。時期はかなり違いましたが、やったことは似ていて、これは大事なことと思います。

二〇一一年にミャンマー政府が自由化をやると言い出しました。本気なのかどうかまだ分かりませんが、彼らがアウンサンスーチーさんを始め、牢獄に繋《つな》いだり、自宅に軟禁していた政治犯を釈放したのは、一つには「歴史に対する見栄」のせいではないでしょうか。今日の新聞に出ていましたが、次のASEANをミャンマーで開催するのに備えた行動のようです。このように、見栄というのは結構大事な要素です。どこまで進んでゆくか、いまはまだ分かりませんけれど。

ナショナリズムの二義的機能

次に、ナショナリズム。日本を見ていると、これも非常に強烈な印象を与えます。ナショナリズムで何が大事かというと、公共問題への関心を育てることです。「いま・ここ」に住んでいる人たちが問題を共有し、それを一緒に、真剣に考えなくてはいけないと思う。その枠組みを与えるのが一番重要なポイントです。

この時、その集団をネイションと把握するか、シティズンと把握するかで常に揺れが生じます。同じ人々からできているグループが、別の顔を持っている。シティズンというのは、内部からの秩序形成という観点からの呼び名で、ネイションというのは、外部集団との対抗関係を意識する場合の呼び名と考えると分かりやすいのですが、この両面は常に存在し、しばしばその間のウェイトが入れ替わります。

まともな社会を築き、維持するには、住民がシティズンとして振る舞うことが不可欠ですが、それはしばしばネイションという意識にすり替わります。ところが、ネイションという規定は諸刃の剣になる。尊攘運動や民権運動で証明されたように、愛国の主張はとても説得力があって、政府はこの批判に弱い。「愛国無罪」のレトリックを無碍《むげ》に斥けられません。だからきわめて有効です。

しかしながら、ネイションとしての愛国の訴えは、外国への攻撃を引き起こしがちです。戦争にまで駆り立てなくても、外国への反感を煽って国際関係を損なうことが多い。二〇〇五年の日中関係もそうでした。小泉首相の靖国参拝問題が引き金となりましたが、あれは中国側にも問題の取り上げ方、大・小の判断に問題があったと私は思っています。とはいえ、問題発生後、中国政府は腹を決めて若者の街頭反乱をぎりぎりで押さえ込みました。もしそう決断しなかったら、中国だけでなく日本の世論にも火が付いて、両国の世論の間に悪循環が発生し、政府の手には負えなくなってしまう危険がありました。

その後、二〇一二年の夏には領土問題が発生しました。今度は中国政府はむしろ街頭での抗議行動を奨励した形跡があります。日本の世論は領土問題なので以前よりもっと硬化しました。ただ、世論のレヴェルでは両国間ののしり合いにまで発展せず、お互いに国内のみで相手をこき下ろす線で止まっています。しかし、政府レヴェルの関係は最悪となりました。遠くから見ると、これは離れ小島をめぐる些細な争いに過ぎませんが、まかり間違うと、それが戦争までエスカレートする可能性が生じました。日本にとっては「戦後」初めての経験で、私はテレビで中国での激しいデモを見た後、満洲事変の記念日、九月一八日の朝は、今日は何が起きても驚かないようにと自分に言い聞かせていました。この紛争の引き金を引いたのは、なぜか日本政府ではなく東京都の知事だった石原慎太郎さんでしたが、中国政府の対応が以前と異なって激烈なものになったのは、数年前に外交政策の優先順位を変え、西太平洋での覇権獲得を長期目標に昇格させていたからと思われます。

私は専門家ではないので、これ以上深入りしませんが、大局を言えば、世論のナショナリズムを煽るのはやさしいけれども、それを鎮めるのは大変に困難だという一般則があり、それには、当事者皆が十分注意していただきたいと思います。内政の困難を対外紛争にすり替えて当座をしのぐのは歴史の中によく見られる術策ですが、相互依存の深まっている現在、賢明なことでしょうか。一旦、実行に踏み切ったら何が起きるのでしょうか。

ナショナリズムは内政の面でも問題を抱えています。我が国は強い外敵に取り囲まれている。我が国には味方がいない。我が国を守れるのはこの政府だけだ。だから政府のやることに文句を言わず、言うことに素直に従え。外敵の脅威を名目にして言論統制をやるのです。これまたしばしば見られる現象で、一九三〇年代の日本はその典型例でした。愛国への訴えは自由を封ずるためにも使われるのです。

ナショナリズムはこのように、民主化を促進もすれば、阻止するようにも機能します。もう一つ例を挙げましょう。アメリカ同時多発テロ事件です。私の記憶では、それまでアメリカ人たちは、政治問題についてシティズンというキイワードを使って議論していた。ところが、突然それがネイションに変わった。同じ人々が政治議論のキイワード、したがって観点を突然変えてしまった。シティズンによるシティズンのための議論が、ネイションという捉え方での議論に切り替わったのです。ネイションは外敵を意識する時に使う言葉で、そうすると、国内の議論を制限し、シティズンたちの自由を制限する方向に動いて行くことになります。自由な民主主義にとって、この言葉の使い方の変化は、けっして等閑視できることではありません。

暴力の放棄

第三の論点は、暴力とどうやって決別するかという問題です。それにはいろんな条件が考えられるのですが、一つのきっかけに、在野勢力が武力反乱に失敗することがあります。西南戦争で負けた時に、民権運動家は暴力を諦めざるをえなくなった。彼らにとって極めて不本意だったに違いありませんが、放棄せざるをえなくなったため、言論に活路を求めるようになりました。

軍事的敗北には対外戦争で負けることも含まれます。一九三〇年代、四〇年代の日本は大規模な戦争に踏み込み、その中で言論の自由を抑圧しましたが、失敗したらやり直しを始め、政治的自由も取り戻しました。対外戦争に敗北すると、新しい可能性や元に戻ってやり直す可能性が開けるのです。

たとえば、昭和天皇が昭和二一年の元旦に公表したいわゆる人間宣言です。天皇は五箇条誓文を引き、明治の初めに戻って日本を文明的に再建しようと述べました。戦後、アメリカが新憲法を押しつけたと言われますが、その前に、この宣言は立憲政治を日本人自らが目ざしてきたものとして受け入れる基盤をつくったのです。戦後の民主政はアメリカから強制されたものではない。半信半疑ながら、国民の間にそういう合意ができたのは、一つには満洲事変以後の歴史を反省し、維新の原点に戻ってやり直そうと考えたからです。日本人は敗戦によって開かれた可能性を自前の論理で正当化したと言ってよいでしょう。

一方、政府の側での条件はどうでしょうか。民間にたてつく者が出てきたら、抑えにかかる。これはすべての権力者がほとんど本能的に取る態度ですが、先に見ましたように、明治政府は、民権家の監視や拘束や選挙干渉などをやるにはやったのですが、大きく見ると、それを極限までもって行かないよう、我慢していました。どうしてでしょう。

実はおととい、北京大学で臨時に集中講義を受けているお金持ちのグループが私のキャンパスに来ました。友人の頼みでちょっと明治維新の話をし、間接戦略というのは面白いでしょうという話をしたら、みんな喜んでいました（笑）。彼らは富裕層に属しているので、いまの中国の一番の受益者であると同時に、問題も肌身で感じています。より文明的で、暴力がものを言わない社会になった方が良いと思っているのは間違いない。いまの中国には構造化された暴力がありま す。政府批判をやったり、役人への対応を、つまり袖の下を上手にやらなかったら、すぐ痛い目に遭わされる。それは、civilized wayじゃない。権力からいちいち干渉されない、自由で穏やかな社会の方が望ましい。そうした願いはいま、どんどん強くなっています。金儲けの機会を与えるだけでは、そういう人たちをずっと満足させておくことはできないでしょう。

では、そうした民間の願望を政府が受け止めることがあるのでしょうか。明治の日本はその点で興味深い例です。彼らはあえて、民間の政治運動家の弾圧を徹底的には行わず、逆に政府の一部である議会に招き入れました。それは先に指摘しましたように、虚栄心のなせる業でした。政府の中心人物には、日本を良い国、文明的な社会、強い国家にしたいという願望がありました。彼らの理想は王政復古だけではなかったのです。ただ、単なる理想は非力です。欲望が伴わないと、人は本気で実現しようとは努力しません。明治の政治家にとっての欲望は「歴史への見栄」、自分たちの達成を同時代の西洋人や子孫たちに認めてもらいたいという切なる願いでした。理想というと非現実的だと思われがちですが、私的欲望、外国への対抗心や「歴史への見栄」と結びつくと、結構、現実の力になるのです。

代議制と独立司法権

それから、政治制度です。これには二つ重要なものがあって、その一つは代議政治、もう一つは司法権の独立です。

代議政治とは、国民が公選によって法律と予算を決める代理人を選ぶという仕組みです。これがあると、自由な政治的発言が可能になる。これがない場合には、政府が人々の口を塞《ふさ》ごうとしても、民の側に対抗する手段や正当性がありません。代議制の下では、選ばれた人たちがちゃんとした法律や予算をつくるか否か、つくれるか否かということが大事ですけれども、もっと根本的には、これがないと政治的自由が制度的に保障できないという面があるのです。

同様に、司法権が独立していることも非常に重要です。古来、行政官は司法権を合わせ持つのが普通でしたが、その制度の下では、行政官自身が不法を冒したら、たとえば賄賂《わいろ》を取ったり、民間の財産を横領したら、それを是正し、予防する手段がありません。皇帝や共産党が専門機関を設けて監視しても、十分に手が回るはずがない。行政権から独立した司法権があったなら、遠慮なく行政の監視ができますし、人々も報復を恐れずに訴えることができる。何よりも、こうした制度では、監視の眼が分散し、遍在しているので、目こぼしも少なく、効率的なのです。

とはいえ、先ほども指摘しましたように、いずれも現在の中国では、憲法によって不可能になっていて、目覚ましい改革は望めそうもありません。

なお、代議制については、特に付け加えるべきことがあります。いまのアメリカのように、政党が対立して決定ができないということがしばしば起きるという難点です。代議制は、実際には政党によって運営されます。政党はよく政策や利害を共有する人々の集合だと見なされますが、実際は選挙のための互助会といった性格が濃厚です。それを弁《わきま》えた上で、これを上手に組織しないといけない。たとえば、二大政党制は本当に適切なのかどうか。二大政党制でも、イギリスはうまくやっているようですが、アメリカはかなりの病いを抱えているように見える。日本では一時、熱狂的に追求した人があったようですが、いまは幻滅が拡がっているように見えます。代議制では政党を組織する以外に運用する方法がないようなので、政党を実際にどう組織するかが決め手になります。大事な問題ですが、これまた素人の私が制度を論じても意味がないので、次にゆきます。

公論の慣習

さて、中国では、民主化のために政治制度から手をつけることはできない。共産党の権力を分散させるような憲法改正を共産党自身がするはずがありません。したがって、制度はいじれないので、別の方面に期待せざるをえないのが実情です。そこで、私が以前から眼をつけてきたのは、コミュニケーションのあり方です。

コミュニケーションには、直接的なものと間接的なものがあります。直接コミュニケーションは、我々が日常的に知っているように一番重要なもので、一対一の対話、数人からなる会議、さらに多数で開く集会といった、様々のタイプがあります。

一対一や少人数の会議では、知り合い同士の場合、自由で率直な議論がしやすいので、大きな問題はないと思います。ところが、不特定多数の人を集めてやる大衆集会になりますと、ナチや今の北朝鮮のように、しばしば大衆に対するプロパガンダの道具になる。そこにいる人の多くは盛り上がっていて、一体感で高揚していますが、実際には思考の自由を奪われている。これでは成熟した「公論」空間にはならない。[24] ただし、同じように多数を集めても、一方的なプロパガンダにならない場合もあります。たとえば、アメリカの大統領選挙で候補者同士が公衆の面前で論戦することがあります。アメリカ合衆国の人たちは、一七世紀の入植以来、教会の説教から始まり、大学教育に受け継がれてきた長い演説の伝統があって、演説の使い方が上手です。[25] 最近はそれに対話の手法を導入し、フロアから厳しい質問をすることもよく行われるようになったので、味方ばかりを集めた集会はともかく、そうでない演説会は、ある程度、批判的思考が展開される余地がのこされているようです。

　次に、間接的なコミュニケーションですが、これも大事です。これにも一対一、一対多、多対多といろんなタイプがある。一対一は手紙や電話など、一対多は演説や新聞・テレビなどのマス・メディア、多対多はいま流行のツイッターなどのインターネットを介するものですね。

　これらはいずれも、参加者を増す働きをするメディアですから、「公論」のために重要なものですが、歴史の順で言うと、まず一対一の公論がある。しかし、これはエリートの間だけで可能なことですね。これに対し、近代になって重視され、大きな働きをしたのは、一対多のコミュニケーションでした。しかし、この場合、上から下への一方通行でしかないのが問題です。演説も、新聞・ラジオ・テレビなどのマス・メディアも、特定主体の主張を一方通行の形でばらまくもので、双方向のコミュニケーションではありません。ですから、歴史的に大きな働きはしたものの、実は民主主義のメディアとしては不完全なものだったのではないでしょうか。ある新聞社の方に、昔『評論新聞』が一つの紙面にいろんな意見を載せた、不特定多数の人から意見を募って、「公論」を実現した、これはマス・メディアが今後有力なメディアとして生き残るためのヒントになるのではないかと言ったことがありますが、あまりはかばかしい反応はありませんでした。でも、新聞は少しずつながらその方向に動き出しているようで、それは良いことと思います。

さて、間接的コミュニケーションでも、プロパガンダの問題は重要です。よく指摘されるように、プロパガンダがもっとも影響を振るったのはラジオの時代です。テレビになると、あまり有効ではなくなった。しかし、それでも、それとは別の恰好で、やはり一つの方向に世論が誘導されているように見えます。意図的な誘導というより、事件報道への光の当て方に問題があります。テレビのワイドショーなどでは、政治問題をエンターテインメントとして取り扱っています。大騒ぎして視聴率を稼ぐ。そして結論は単純です。政治ニュースで大事なのは、その政治的意味の解説です。どうしてそれが起きたかという背景を深く掘り下げ、事件の内包する様々の側面も示して、政治判断の材料を提供することです。昔、新聞はそのような教育的機能も果たしましたが、いまテレビには、優れたドキュメンタリーはあるものの、普通の番組ではそのように視聴者の政治的洞察力を鍛えるといった面は乏しいようです。一体どうしたらよいのでしょうか。

一方、現在ではインターネット上の多対多のコミュニケーションが盛んになっており、特に若い世代の間で普及し、有力になっています。これは日本・韓国・中国、世界中どこでも同じですね。ここには、既存のメディアと同じく、新しい可能性を開くというメリットと同時に、デメリットもあるようです。

インターネットでは、いまのところ顔を見せないものが主流です。中国のようにマス・メディアが統制されているところでは、「公論」はインターネットの上だけで可能になるというメリットがあります。

その反面、メディアが自由な報道ができる世界では、インターネットのウェブサイトは「公論」の場と意識されることが少ない。個人的な感情表白の場になりがちです。お互いの顔が見えれば、我々は慎重に発言しますが、顔が見えないので、ついきついことを書いたり、無責任な放言をしてしまう。Eメイルでも、ときどき喧嘩が起きますね。また、ブログについて言えば、同じ意見の人だけが集まりがちです。これを大衆ならぬ分衆と呼んでいる方がいらっしゃいますが、うまい表現です。活力ある公論は多様な意見が闘わされないと生まれないので、これでは役に立ちません。そういうわけで、一体どうしたら、インターネットが民主主義のメディアになるんだろうということが、いま世界で共通に語られる話題です。

私はインターネットには疎く、Eメイルや情報検索に使っているだけです。公論をインターネット上で試みたことはありません。私のところで学位を取った與那覇潤《よなはじゅん》という若手の歴史学者が、ツイッターを熱心にやっていて、随分、フォロワーがいると聞きますが、私自身はいちいち応答するのは面倒くさいと思い、手を出しかねています。公論を研究しているくせに、言行不一致ですみません。

ただ、インターネット上の意見のやりとりを垣間見ると、感情の熟慮を欠いた表白やののしり合いが連なっていることがしばしばで、そうしたやりとりが盛り上がったり、サイトを炎上させたりするのを目撃するのは困惑の至りです。これでは一国や世界の運命を託すに足る公論は期待できません。

そこで、私自身は質の高い政治意見を載せるブログを競作してはどうかと提案したい。そのブログには、クオリティの高い意見だけを選んで掲載する。新聞のように編集者が介入するのですが、しかし、掲載する意見の幅は可能な限り広くとる必要があります。とくに、ブログの管理人の価値観と異なるものも積極的に載せる必要がある。そうすると、そこには多様な人が集まってきて、共通なアゴラがつくれるのではないでしょうか。明治の初めの『評論新聞』みたいに、です。一つのブログの中に極端から極端にわたる意見を、かつしっかりとした論理と根拠を備えているものを選んで載せるようにすると、いろんな人が自分の意見を練るために、いわば試金石として参照できるようになる。クオリティの高いブログを作るのは大変だと思いますが、これは質の高い公論を生み出す方法としてかなり有効なのではないかと期待します。

実は私自身も一時ブログを開設しようかと思ったことがあります。しかし、これまで、大学教員の仕事、日本だけでなく各国からきた大学院生を育てたり、論文や本を書いたりという仕事を専《もっぱ》らとしてきたので、まだ踏み切れません。しかし、日本でどなたか四、五人でもやって下されば、日本の公論界のシーンは大分変わってくるんじゃないかと思います。既にそういうブログはあって、私が無知なだけなのかも知れませんが、他力本願の譏《そし》りを承知で言えば、誰かそういうブログを作って下さらないかと願っています。無論、そうした場に自分の意見を寄稿することは厭《いと》いません。

国境をまたぐ公論

最後に現在の世界で特に留意せねばならない問題について触れておきます。明治の日本と違って、いま、ある社会の公論、あるいは民主化を考える際には、国際的なコミュニケーションや相互作用を抜きにはできません。一九八九年に起きた東ヨーロッパの革命がそうでしたし、現在起きているアラブの春も同じです。ある国の中にいる人々が外部の世界に憧れ、注視して、それを頼りに自分の社会を変えようとする。国境を越えた情報やアイデアの流れの重要性が高まっているのです。

これにどう対処すべきでしょうか。そういう事態が起きた時に、内部に生きる人間と外部の人間はどのような関係に立つべきなのでしょうか。これはとても重要な問題で、よく「内政干渉はけしからん」と言われます。中国の人たちは特にこれが大嫌いですね。アメリカ人はお国柄で、他国人に自分の価値観を押しつけるのが癖なので、「ああしろ、こうしろ。お前の国には人権がないからけしからん」と言いがちですが、中国人はこう言われるのが本当に大嫌いです。

アラブの春で、ＮＡＴＯは本当にリビアに武力干渉をやりましたね。そこまでやるのかという感じ。イラク戦争の時のアメリカもそうでした。でも、それらは有効だったのでしょうか。私の評価はかなりネガティヴです。

ただし、理念を語るだけに限定するなら、むしろ必要です。こっちの方があなたにとっても良いのではないかと指摘するのは、私はとても大事だと思っています。「我々も実は相似た問題を抱えています。我々もまた、この点については、いまのやり方よりこうした方が良いのではと思います」と言うと、「なるほど、そうかも知れない」と、素直に心を開いてくれるのではないでしょうか。外部の人間の議論をむしろ先方が歓迎してくれるはずです。

十数年前はそうではありませんでしたが、いまの中国人たち、特に知識人はむしろそれに熱心に耳を傾けるようになっています。中国社会の変化もさることながら、外部の側のものの言いよう、関わり方が大事だということですね。

しかし、そういう時、それ以上踏み込むのはまずいのではないでしょうか。外から強制されるのは、誰だっていやなはずです。我々が同じ目にあったとしたらそうでしょう。六〇年も経ったいまですら、年配の日本人の中には、戦後の改革や民主化をアメリカに強要されたとうらみがましく繰り返す人がいるくらいですから。改革の結果は良かったと思い、受け入れていても、かつて強要されたという記憶を思い出すと不快になるようです。良いことであっても、他人から押しつけられると、プライドが傷つけられてしまいます。

そこで、外国と関係を持つことを屈辱と思わないようにするのが大事ですが、その時に役立つのが自国の伝統です。先に、五箇条誓文が戦後民主化を正当化したと指摘しました。我々はもともとこういう理想を持っていた、そこに戻るのだと自己説得をするのです。

中国でも同じことができるはずです。それを一緒に考えるのは良い。どんな良いことでも、相手の面子《めんつ》、ナショナル・プライドを傷つけるようなアプローチは最悪で、むしろ「お宅にも、こういう伝統があったじゃないですか」と言うと、「うん、それはそうだな」と、心が開けるのです。

以上、多岐にわたって民主化に関わる論点をご紹介しました。日本の経験からだけでも、世界一般に妥当する様々なことが言える。その時その時、場面に応じて、いろんなモジュールが応用できる。それを当事者と外部の人間が一緒に考える。こうしたやり方が、これからの世界には必要なのだろうと思います。

この六回の講義では、三つの大きな問題、愛国・革命・民主という政治課題についてお話ししてきました。私がこれらのテーマを選んだのは、それを通じて日本史はけっして日本人専有のものではないと気づいていただくためです。日本の経験から人類に普遍的な洞察が取り出せるはずだと考え、それを実験してご覧に入れたつもりです。日本の歴史経験を世界の片隅の出来事として秘蔵しておくのはもったいないのではないでしょうか。無論、ここでの話は私の専門、一九世紀日本の政治外交史をはるかに超える領域にまで渡りましたので、覚束《おぼつか》ないままお話ししてしまったことが多々あります。中には明白に間違った認識も含まれているかも知れません。終わりになってからで恐縮ですが、それらはぜひご叱正ください。ただ、大筋については、こんな考え方もあるかとご理解いただければ、うれしく存じます。

長い間、どうもありがとうございました。

1　全体としては、次を参照。三谷博編『東アジアの公論形成』東京大学出版会、二〇〇三年、第一章。青山忠正『明治維新』吉川弘文館、二〇一二年。牧原憲夫『文明国をめざして』小学館、二〇〇八年。

2　三谷博『ペリー来航』前掲。

1　松平定信「宇下之人言」、『日本人の自伝』別巻一、平凡社、一九八二年。

4　井上勲『王政復古』中公新書、一九九一年。

5　佐藤誠三郎『「死の跳躍」を越えて』千倉書房、二〇〇九年、第二章。三谷博『NHK さかのぼり日本史⑤——幕末　危機が生んだ挙国一致』NHK出版、二〇一一年。

6　三谷博『明治維新とナショナリズム』前掲、第六、第七章。

7　三谷博『明治維新とナショナリズム』前掲、第七章。

8　吉田松陰、久坂玄瑞、中岡慎太郎などの言説について、次を参照。三谷博「日本世論の二重反転」、三谷博・並木頼寿・月脚達彦編『大人のための近現代史　19世紀編』前掲。

9 以下、制度面については、稲田正次『明治憲法成立史』上・下、有斐閣、一九六〇・六二年。鳥海靖『日本近代史講義　明治立憲制の形成とその理念』東京大学出版会、一九八八年。

10 渋沢栄一「雨夜譚《うやたん》」（あまよがたり）、『日本人の自伝』平凡社、一九八一年。円城寺清『大隈伯昔日譚』立憲改進党党報局、一九八五年（復刻版）。

11 稲田雅博『自由民権の文化史　新しい政治文化の誕生』筑摩書房、二〇〇〇年。升味準之輔『日本政党史論』第一巻、東京大学出版会、一九六五年。

12 牧原憲夫『明治七年の大論争　建白書から見た近代国家と民衆』日本経済評論社、一九九〇年。

13 三谷博「公論空間の創発」、鳥海靖ほか編『日本立憲政治の形成と変質』吉川弘文館、二〇〇五年。

14 鳥海靖『明六雑誌と近代日本』上・下、日本放送出版協会、一九九四―九五年。

15 升味準之輔『日本政党史論』前掲、第一巻、第二章。

16 上村希美雄『宮崎兄弟伝』日本篇上・下、葦書房、一九八四年。宮崎滔天『三十三年の夢』、『日本人の自伝』一一、平凡社、一九八二年。

17 升味準之輔『日本政党史論』前掲、第一巻、第三章。福田英子『妾の半生涯』岩波文庫、一九九四年。

18 塩出裕之「議会政治の形成過程における「民」と「国家」」、『東アジアの公論形成』所収。

19 瀧井一博『ドイツ国家学と明治国制――シュタイン国家学の軌跡』ミネルヴァ書房、一九九九年。

20 升味準之輔『日本政党史論』前掲、第二巻。坂野潤治『明治憲法体制の確立』東京大学出版会、一九七一年。

21 最近の研究として、伏見岳人『近代日本の予算政治――桂太郎の政治指導と政党内閣の確立過程』東京大学出版会、二〇一三年。

22 森山茂徳『現代韓国政治』東京大学出版会、一九九八年。木宮正史『国際政治のなかの韓国現代史』山川出版社、二〇一二年。
23 若林正丈『台湾の政治――中華民国台湾化の戦後史』東京大学出版会、二〇〇八年。
24 佐藤卓己『大衆宣伝の神話――マルクスからヒトラーへのメディア史』弘文堂、一九九二年。
25 アレクシス・ド・トクヴィル『アメリカのデモクラシー』全四冊、岩波文庫、二〇〇五―二〇〇八年。深い関係を持つ自発的結社については、シュテファン・ルートヴィヒ・ホフマン『市民結社と民主主義 1750-1914』岩波書店、二〇〇九年。

あとがき

いつかこのような本を出したいと思っていた。歴史研究を志して、当時国史学科と呼ばれていた学部専門課程に進学した頃からである。

日本史を専攻に選んだのは、大学入学直後に一九六八年の大学紛争に直面し、その不可解さ、そしてそれが起きている日本という場所について、何も知らないという事実に気づいたからである。それまで親しんできたのはヨーロッパの書物だったが、目前の問題を理解するには迂遠に思えてきた。しかし、日本を研究対象に選んだからといって、その場に閉じ籠もる気はさらさらなく、むしろ、この場から出発して世界を理解する手掛りを得たいというのが密かな望みであった。

とはいえ、職業的な研究者となるには、手書き史料の解読を始めとする専門家としての修練が必要で、それをやっていると、ひろく史料を漁りつつ特定の時代の特定の問題について論文を書くのも楽しくなってきた。それは、この本で試みたような、時空を超えた比較や方法的な反省とはまったくの別世界である。しかしながら、いつか日本を起点として世界を説明するような本を書きたいという願いは、つねに心の中にあった。

その点、私がお世話になった二つの職場はまことに良い環境を提供してくれた。学習院女子短期大学（現在、学習院女子大学）と東京大学教養学部（駒場）である。いずれも、高校を卒業したばかりの学生に学問の手ほどきをする場所であって、そこではつねに、問題を明確に、かつ分かりやすく語らねばならない。また、駒場の大学院には、主に近隣諸国から数多くの留学生が入ってきた。そういう環境では、たかだか十数人の専門家を相手に研究報告をするのとは異なって、「いま、ここ」を生きる我々が、なぜこの問題を考えねばならないのか、つねに説明できる心構えが必要だった。おのずから、目についた本を手当たり次第に読み、気づいた問題群とともに、頭のなかの道具箱に収めてゆくことになる。その三〇年ほどの、折り折りにたどった道草が本書の背後にはある。

本書の元になったのは、二〇一一年一〇月から一一月にかけて、世田谷市民大学で前後六回行った連続講義である。同大学は市民大学の老舗で、先方は初め、著者の専門に近い幕末・維新史を希望されたのであるが、私はあえてこのようなテーマを逆提案した、この機会に、東京大学教養学部で断続的に行ってきた「比較地域史」をコンパクトな形でまとめてみようと考えたからである。これを快く容れていただいた世田谷市民大学の方々に深く感謝したい。

本書のテクストは、同大学のご了解を得て録音し、それを文字に起こしたものに、かなりの修正を加えてできあがった。講義の時点と修正稿ができあがった二〇一三年春との間には一年半のギャップがある。とくに、二〇一二年夏に日本と中国・韓国との間に起きた領土紛争は、東アジアの国際関係に深甚の影響を与えることになった。しかし、本書では、必要最小限の加筆を行い、時制を若干それに伴って調整する程度に止めている。それは、こうした紛争や緊張に対処する方法は二〇一一年の時点ですでに語っていたからである。かつ、私は領土問題に関しては、あまり熱心ではない。というのは、土地争いは一般に、ことの大小・軽重の判断を狂わせがちだからである。私は身近にそのような悲劇を見たことがある。他にもっと重要で楽しいことがあるはずなのに、土地争いは人を解決不能な蟻地獄の中に引きずり込むことが少なくない。警戒した方がよいと思う。

それでも気になる方には次の書を勧める。著者の歴史観は私とはやや異なるが、多年、東アジアの外交に苦心を重ねてきた方の経験と洞察に学ぶことは、国際関係に成熟した態度で臨むために大いに役立つに違いない。

東郷和彦『歴史認識を問い直す――靖国、慰安婦、領土問題』角川書店、二〇一三年

長年の望みを叶えたいま、私はようやく維新史の世界に戻れることになった。維新をもう一度勉強し直し、その上で二〇一八年、すなわち維新一五〇周年に、日本で世界の諸革命を比較する国際研究集会を開きたい。そちらにも関心を持っていただけるなら、うれしいことである。

二〇一三年七月　　三谷　博

三谷博 みたに・ひろし

一九五〇年広島県福山市生まれ。歴史学者。専門は日本近世・近代史。東京大学大学院人文科学研究科博士課程単位取得退学。学習院女子短期大学助教授、東京大学教養学部教授などを経て、現在、東京大学大学院総合文化研究科教授。著書に『明治維新とナショナリズム――幕末の外交と政治変動』（山川出版社）、『ペリー来航』（吉川弘文館）、『ＮＨＫ さかのぼり日本史5――幕末 危機が生んだ挙国一致』（ＮＨＫ出版）、『明治維新を考える』（岩波現代文庫）、共著に『東アジアの公論形成』『大人のための近現代史――19世紀編』（以上、東京大学出版会）、『歴史教科書問題』（日本図書センター）などがある。

筑摩選書 0072

愛国《あいこく》・革命《かくめい》・民主《みんしゅ》 日本史《にほんし》から世界《せかい》を考《かんが》える

二〇一三年八月一五日 初版第一刷発行

著者 三《み》谷《たに》博《ひろし》

発行者 熊沢敏之

発行所 株式会社筑摩書房

東京都台東区蔵前二-五-三 郵便番号 一一一-八七五五

振替 〇〇一六〇-八-四一二三

装幀者 神田昇和

印刷 製本 中央精版印刷株式会社

乱丁・落丁本の場合は左記宛にご送付ください。

送料小社負担でお取り替えいたします。

ご注文、お問い合わせも左記へお願いいたします。

筑摩書房サービスセンター

さいたま市北区櫛引町二-六〇四 〒三三一-八五〇七 電話 〇四八-六五一-〇〇五三

 ISBN978-4-480-01577-8 C0321

筑摩選書 0043

悪の哲学　中国哲学の想像力

中島隆博

孔子や孟子、荘子など中国の思想家たちは「悪」について、どのように考えてきたのか。現代にも通じるこの問題と格闘した先人の思考を、斬新な視座から読み解く。

筑摩選書 0050

敗戦と戦後のあいだで　遅れて帰りし者たち

五十嵐惠邦

戦争体験をかかえて戦後を生きるとはどういうことか。五味川純平、石原吉郎、横井庄一、小野田寛郎、中村輝夫……。彼らの足跡から戦後日本社会の条件を考察する。

筑摩選書 0054

世界正義論

井上達夫

超大国による「正義」の濫用、世界的な規模で広がりゆく貧富の格差……。こうした中にあって「グローバルな正義」の可能性を原理的に追究する政治哲学の書。

筑摩選書 0060

近代という教養　文学が背負った課題

石原千秋

日本の文学にとって近代とは何だったのか？　文学が背負わされた重い課題を捉えなおし、現在にも生きる「教養」の源泉を、時代との格闘の跡にたどる。

筑摩選書 0062

中国の強国構想　日清戦争後から現代まで

劉傑

日清戦争の敗北とともに湧き起こった中国の強国化への意志。鍵となる考え方を読み解きながら、その国家構想の変遷を追い、中国問題の根底にある論理をあぶり出す。

筑摩選書 X003

明治への視点　『明治文學全集』月報より

筑摩書房編集部編

明治の文学遺産を網羅した『明治文學全集』月報所収の随筆を集める。当代一流の執筆者たちが、時代の佇まい、作家の面影を自在に綴り、「明治」を立体的に描き出す。